不當行為

Misbehaving

行爲經濟學之父
教你更聰明的思考、理財、看世界

理查 ・ 塞勒
（Richard H. Thaler） 著 ／ 劉怡女 譯

Misbehaving: The Making of Behavioral Economics

政治經濟學，以至任何一門社會科學之根基，顯然都涉及了心理學。或許有那麼一天，我們能從心理學原則演繹出社會學定律。

　　　　　　　義大利經濟學家　維爾弗雷多·巴雷多，1906年

CONTENTS

第 **1** 部

緣起：尋找更周延的經濟學研究方式

（1970年～1978年）

插曲

第**4**部

與諾貝爾經濟學獎得主康納曼共事

（1984年～1985年）

第5部

擂鼓鳴金號召戰友

（1986年～1994年）

第6部

行為偏誤對金融市場造成的影響

（1983年～2003年）

第 **7** 部

歡迎來到芝加哥

（1995年迄今）

第**8**部

援軍已至

（2004年迄今）

各界熱烈好評

塞勒不僅是開創行為經濟學的創意天才,還是很有趣的說故事高手,他的所有天分都在這本書裡發揮得淋漓盡致。

——2002年諾貝爾經濟學獎得主暨《快思慢想》作者
丹尼爾・康納曼

塞勒是過去30年間經濟學界裡最重大革命的中心人物。在這本迷人的傑作中,他舉出行為經濟學的例證,解釋學界抗拒的原因。拿起來品讀就對了,本書是這門新興刺激經濟學的最佳指南。

——2013年諾貝爾經濟學獎得主暨《金融與美好社會》作者
羅伯・席勒

本書必然成為經典!塞勒如今已是經濟思想史上的一號人物,可謂前無古人……確實顛覆出新局……種種銳利觀察激發出最遠大的真知灼見,簡直該獲頒奧運金牌。

——《新漫遊者評論》,哈佛大學法學院教授,與本書作者
合著《推力》 凱斯・桑思汀

對行為經濟學歷來發展的慧點探討,稍帶顛覆意味……引人入勝,相當發人深省。

——《紐約時報》,哥倫比亞大學商學院財務經濟學兼任
教授 強納森・肯尼

讀來非常享受……精采例子俯拾皆是……在理論與實務預測方面，早該把思維從「經濟」改為「人」。

——《華爾街日報》，社會心理學家　卡蘿‧塔芙瑞斯

塞勒在本書以冷冷的幽默感闡述他所掀起的經濟學革命，簡單說明箇中關鍵概念，時而挑戰既有看法。

——《芝加哥論壇報》

奇特而有趣。奇特之處在於，多數教授寫不出這樣好玩而切身的好書；有趣之處在於，書中內容不只道出塞勒的職涯歷程，也呈現行為經濟學的思維理路——這門學科是探討活生生的真人，不像傳統經濟學理論是預設人會理性的謀求最大利益。

——《魔球》《大賣空》作者

麥可‧路易士

社會科學領域的大膽聰明之作，妥善呈現這個重要的思維變革，一般讀者也能讀得興味盎然……一本處理重要主題的傑作。

——《泰晤士報》，丹尼爾‧芬克斯坦

先前並無書籍闡述此一主題的發展歷程，塞勒教授堪稱先

驅，憑本書補足現有缺口。

——《獨立報》

　　令人不忍釋卷……小說般的發展紀實，充斥英雄與惡徒、勝利與災難、衝突與友誼……塞勒才華洋溢，抱持無盡的求知欲，講究實證精神，關注公眾福祉。——《衛報》

　　我認為所有商界人士都應該購買此書，並且要求打五折。這本書實在太好了，再要求更多折扣就不道德了！

——英國奧美集團副總裁　羅里·沙瑟蘭

　　本書道出現代經濟學裡幾個最重要洞見的背後故事。如果我必須跟一位當代天才困在電梯裡，我會選擇塞勒。

——《異數》作者　麥爾坎·葛拉威爾

　　塞勒不只是行為經濟學的奠基者，還是擅長觀察的說書人，下筆幽默而風趣。找個位子，倒杯好酒，且聽塞勒娓娓道出他是如何讓經濟學界不得不承認人腦的影響。

——史丹佛大學商學院組織行為學教授暨
《讓創意更有黏性》作者　奇普·希思

把行為經濟學闡述得精采生動，寫得極好。

——普立茲獎得主　大衛·魏瑟

饒富趣味……精采道出傳統經濟學與金融理論的缺點。

——CFA特許財務分析師協會　羅納德·莫伊

精采道出塞勒如何把對判斷與行為的觀察跟經濟學鎔鑄於一爐，並呈現這些研究方法的箇中價值。

——《自然》雜誌

本書跟刻板老調大相逕庭。塞勒與同仁的研究發現無法整理為一條討喜公式，原因是這些發現關乎混亂的真人，但是本書讓人不得不同意，當談到經濟學的時候，我們真該把自己也擺進算式裡。

——《君子》雜誌

塞勒寫下了行為經濟學的聖經。本書引人入勝，內容廣泛全面，描述他如何投身論戰並大舉獲致成功，最終讓經濟學界不得不承認人類會做出不符合經濟學預測的行為。

——《展望》雜誌

結合個人自傳與學門歷史，講述塞勒如何從博士班即著迷一個現象：經濟學模型的預測是一回事，一般人的行為卻是另一回事。

——《今日管理》雜誌

導讀

行為經濟學帶你掌握人性，做出更聰明的決策

馮勃翰

「不當行為」這個名詞乍看可能有點怪，不過它正是呼應了本書的中心思想——人性。這本書談的是一個近年來很熱門，應用也極其廣泛的新興領域，也就是行為經濟學。透過這個領域的創建者理察‧塞勒博士以半自傳的方式娓娓道來，你會見證一個好奇又叛逆的心智，如何從看似正常的主流經濟學中，找到一個又一個理論無法解釋的反常現象，然後在眾多學術大老的反對之下，將「真實的人性」帶入經濟學的研究。

塞勒的故事要從1970年代他在羅徹斯特大學讀博士班時談起。當時他想要估算「人命的價值」，因此設計了問卷，並且提供受訪者兩個情境。第一個情境：社會上爆發某種疾病，導致每個人的死亡率都增加千分之一，現在有一種解藥吃了可以讓死亡率下降，你願意花多少錢買這種藥？第二個情境：你好端端地生活在一個沒受疾病感染的地方，但是你的老闆想要派你冒著千分之一的死亡風險進入疫區工作，他需要額外付你多少錢，你才願意接受這樣的差事？

根據傳統的經濟學理論，兩個問題的答案都代表了「千分

之一的死亡率」值多少錢，換句話說就是「千分之一條命」的價值，因此同一個人對於兩個問題的答案應該要大致相同。可是塞勒蒐集到的問卷結果卻不是這樣！針對第一個情境，大多數受訪者不願意付超過2,000美元的代價；可是針對第二個情境，卻有許多人認為至少要補償他50萬美元才夠。同樣是為人命估價，兩種方法所得到答案竟然南轅北轍！

塞勒把這個發現拿去找指導教授討論，指導教授卻叫他別在這種事情上浪費時間。不過塞勒並沒有照辦，反而開始仔細觀察周遭的世界，廣泛蒐集各種主流經濟理論所無法解釋的「不當行為」。

例如，他的朋友史丹利對花粉過敏，可是每個週末卻忍著過敏在自家院子割草，不願意花10美元的金額雇一個人來代勞。當史丹利被問到如果鄰居出20美元請他割草，他願意幫忙？他的答案卻是斬釘截鐵的不願意。這裡出現一個很吊詭的問題，如果史丹利不願意花10美元請人幫忙割自家的草，似乎表示他的時間成本（外加忍受花粉過敏的痛苦）不值10美元，另一方面鄰居用20美元卻請不動他，表示他的時間成本比20美元還貴。究竟為什麼一個人的時間成本可以同時比10元便宜，卻又比20元貴？

比方說，在暴風雪天裡，為什麼拿到免費贈票的朋友會放棄長途開車去看球賽，但是自己花錢買票的人卻執意冒著危險出門，只為了把球票的錢「賺回來」？經濟學原理不是都教我們，花出去的錢是潑出去的水，已經是「沉沒成本」，所以如

果天候不佳開車太危險,無論是別人送票或自己買票,都不應該出門。

此外,開派對的時候,大夥怕先吃零食反而吃不下主菜,所以乾脆把零食收起來,免得吃個不停。這不對呀!經濟學原理說,人的選擇越多越好,因為如果多出來的選擇你不喜歡或認為不應該選,永遠可以不要選。不過,現實似乎不是如此,我們常常會缺乏意志力,吃的永遠太多,存錢永遠不夠,想規律運動卻每天立志從明天再開始吧……

就這樣,在作者塞勒的眼中,各種「不當行為」層出不窮,問題到底出在哪裡?這需要從經濟學發展的脈絡談起。

19世紀著名的經濟思想家阿爾弗雷德‧馬歇爾曾經在《經濟學原理》一書中下了一個定義:經濟學旨在研究人的日常生活,包括他如何賺取財富和使用財富,所以經濟學一方面是在研究財富,一方面是在研究人。

正因如此,經濟學一直都是一門入世的學問,無論是亞當‧史密斯或凱因斯,都是在透徹觀察真實世界的「人類行為」,並且藉此形成他們的理論。但是這種狀況在1930、40年代出現改變,經濟理論的建構開始轉向依賴數學模型分析。為了數學分析的需要,經濟學家開始廣泛假設模型裡的「人」永遠會竭盡所能地根據利益最大來做選擇,而這種凡事求最佳化的態度被稱為「理性」。

當年困擾著塞勒的問題就是,活生生的人是有感情、有靈魂的個體,他們的行為真的可以用「理性經濟人」的模型來

描述、解釋，以及預測嗎？從前面提到的幾個「不當行為」來看，事情似乎不是這樣！其後塞勒認識了丹尼爾‧康納曼（2002年諾貝爾經濟學獎得主）與阿莫斯‧特維斯基等心理學家，從他們的研究中驚訝地發現，活生生的人不但在做決策時會犯錯、有慣性，而且這些慣性是有系統、有規律的，可以被分析和預測。這樣的發現帶給塞勒極大的衝擊，讓他開始思考如何將「人性的存在」納入經濟學的研究方法。在往後的學術生涯裡，他要結合心理學來分析真實世界裡有缺陷、有弱點的人如何進行各種經濟行為，而不是只聚焦在數學模型裡的「理性經濟人」。

　　這樣的研究方向曾經讓塞勒被學界大老認為是離經叛道，他的多篇論文也曾經難以在主流的頂級期刊上發表，甚至當首屈一指的芝加哥大學商學院延攬他的時候，另一位曾經拿過諾貝爾獎的默頓‧米勒公開指出這是錯誤的決定，在某一場演講中，法律經濟學的重量級學者理查‧波斯納也指責他：「你不科學！」

　　從某種程度上來說，本書有點像是一部電影，你會從塞勒的眼睛出發，和他一起經歷這個好奇探索、對抗權威、求知求真的過程，並且在這個過程中認識行為經濟學的每一個重要發現，諸如稟賦效應、心理帳戶、自我控制、過度自信、人對公平的感受等，你也可以透過這些觀念來重新理解社會現象、消費心理、商業決策、股票交易、金融危機等各種問題。到今天，行為經濟學已經從當初一小撮人所熱衷的「邪魔歪道」

（這是塞勒自己的說法），成為了經濟學研究的新典範，有許
多學者前仆後繼為這個學門建立起更扎實的理論與實證基礎。
塞勒亦在2015年擔任美國經濟學會主席，在過去包括傅利曼、
貝克、高伯瑞，以及沈恩等經濟學大師都坐過這個位子。

　　塞勒對於行為經濟學的探索雖然是從知性出發，但是他並
沒有把自己關在象牙塔中。他在年輕時，就曾經運用自己發明
的「心理帳戶」概念，幫助一家陷入財務危機的滑雪場重新設
計票價和服務，並且透過高額折扣的套票方案創造顯赫的預購
業績，成功轉虧為盈。而後他又帶著對人性的洞察投入金融市
場的研究，開創了「行為財務學」這個嶄新學門，為股票、基
金，以及各種金融性商品的價格與投資帶來更寫實，也更有預
測能力的理解。

　　但是塞勒所做的還不止如此，他又進一步思考：既然人
性有弱點，我們能不能運用人性的弱點來推動良好政策，達到
一些立意良善的目標？他特別關心的一個議題是，為什麼許多
人無法存到足夠的退休金，以致老年時陷入經濟困境。他利用
「人性本懶」的特質，找到方法破解一般人「自制力不足」的
問題，為政府與企業提出一套退休儲蓄計畫的改革方案，最後
大幅增加了參與退休儲蓄的人數和儲蓄金額。

　　在本書中，你會讀到一個又一個這樣的故事，看見行為經
濟學所帶來的洞見如何改變我們的世界。另一方面，行為經濟
學也可以幫助你建立一套看世界的新觀點，帶你掌握人性、善
用人性，做出聰明的決策，讓社會更美好。

本文作者為台灣大學經濟系副教授

前言

行為經濟學的有趣之處

　　進入正題之前，我想先聊聊兩位與我亦師亦友的認知心理
學家：阿莫斯‧特維斯基與丹尼爾‧康納曼。透過幾樁關於他
們的往事，或許能讓各位對於本書要表達的內涵略有掌握。

挖空心思討好特維斯基

　　即使是像我們這種老記不得上回把鑰匙放在哪裡的人，生
命中仍不乏難以忘懷的時刻。有些是公開事件，譬如年齡與我
相仿的人，就不會忘記甘迺迪總統被暗殺的那一天（當時我還
是大一新鮮人，正在學校體育館的籃球場裡鬥牛）。對於年紀
大到能夠閱讀本書的人，難忘的時刻應該包括2001年9月11日
（我剛起床，聽著國家公共廣播電台，設法搞懂事件的來龍去
脈）。

　　有些難忘時刻則屬私人回憶，從婚禮到一桿進洞皆為此
類。對我而言，一通來自康納曼的電話就是這樣的時刻，雖然
我們常交談，彼此之間也已打過數百通不復記憶的電話，但是

我到現在仍清楚記得接到這通電話時，自己正站在什麼地方。1996年初，康納曼來電來通知我，他的朋友暨研究夥伴阿莫斯·特維斯基已經癌末，壽命只剩六個月。聽到惡耗，我錯愕到必須把話筒交給內人，到一旁設法讓自己恢復冷靜，好友性命垂危的消息總是令人震驚，但是特維斯基不像那種五十九歲便將辭世的人，他的行文立言向來一絲不苟，書桌上只擺著鉛筆與便箋，而且整整齊齊地平行排放，怎麼可能是行將就木的人？

特維斯基一直到他再也無法進辦公室工作，才對外公布病情，在此之前只有少數幾個人知情，包括我的兩位密友。除了我們的妻子，他不希望有任何其他人知道這件事，所以我們苦苦守了五個月的祕密，期間只能互相安慰打氣。

特維斯基之所以不願公開病情，是因為他不希望生命的最後幾個月都在扮演瀕死之人，他還有活兒要幹，打算與康納曼共同編輯一本書，針對他們為心理學領域率先開拓的判斷與決策研究，彙整他們自己與其他人撰寫的相關論文，並且將這本書命名為《選擇，價值和框架》。大部分時候，特維斯基只想做他喜歡的事：工作，與家人共處、看籃球賽。這段期間特維斯基婉拒會見前來表示慰問的訪客，但是他接受工作上的會晤，因此我得以在他去世前一個半月，以完成共同論文為由與他見上一面。我們花了點時間討論那篇論文，然後看了場美國職籃季後賽。

特維斯基的智慧展現在他生命中的幾乎各個方面，包括

他如何面對疾病①。他與史丹佛醫學院的專家討論過預後的問題之後，認為將生命最後幾個月虛擲在無意義的治療，不但會把身體折騰得異常虛弱，最多也只能延長數週的壽命，這並非他想要的選項。他的頭腦仍相當清明，於是向腫瘤科醫師解釋癌症並非零和遊戲：「能消滅腫瘤的，不見得對我有益。」有天，我在電話上問他感覺如何，他說：「挺好笑的，平常感冒時，覺得自己簡直快死了，但是當你真的快死了，大部分時候倒感覺還不賴。」

特維斯基於六月溘然長逝，葬禮在他與家人定居的加州帕羅奧圖市舉行。他的兒子歐倫發表了簡短致詞，並且引述特維斯基過世前幾天寫給歐倫的一段話：

在最後的日子，我們互相聊了些軼聞往事，期望它們能夠被記在心裡，即使只有一陣子也好。我想這是個行之有年的猶太傳統，歷史與智慧的代代相傳靠的不是文獻書本，而是軼事趣聞與得宜的玩笑。

葬禮結束後，特維斯基一家在自宅舉辦了猶太傳統守喪儀式。那是個週日午後，職籃季後賽正熱鬧開打，幾個人紛紛移步至視聽室觀賞球賽最後幾分鐘。我們感到有些心虛，但是特維斯基的兒子塔爾表示：「若家父還在世，他會贊成把葬禮錄影起來，看球賽比較重要。」

自從1977年認識特維斯基，我總會在寫論文時自我審查：

「特維斯基會同意這個論點嗎？」好友韋納‧強生（本書稍後會再提到他）可以做證，我們共同合作的一篇論文被某個期刊接受後，又花了三年工夫才正式刊登。儘管審查人與韋納都對這篇論文頗爲滿意，特維斯基卻對某個論點斟酌再三，而我希望能駁倒他的異議，於是我在這篇論文拚命下工夫，可憐的韋納只得在沒能用這份論文充實履歷的情況下爭取升遷。幸好韋納仍有許多其他內容堅實的論文作品，我的拖延才不至於妨礙了他的前途。最後，我終於讓特維斯基感到滿意。

　　撰寫本書的過程中，我將特維斯基留給歐倫的話時時放在心上。一般人預期經濟學教授會寫的內容與風格將不會出現在本書之中。我不談論述，也不進行論辯。當然了，我會針對研究做一些討論，而本書亦不乏趣聞、（或可算是）滑稽的故事，甚至冷笑話。

康納曼的品質認證

　　2001年初的某一天，我前往柏克萊登門拜訪丹尼爾‧康納曼，一如既往，我們坐在他家客廳閒聊。接著，他突然想起有個電話採訪的邀約，對方是《紐約時報雜誌》記者羅傑‧洛溫斯坦，正準備報導我的研究結果，他也是知名著作《天才的失敗：長期資本管理的興衰》的作者，自然會想向我的老友康納曼多多討教。這下可尷尬了，我該離開現場或留下來聽呢？「留下來。」康納曼說：「應該會很有趣。」

　　訪談開始。聽著朋友訴說關於自己的陳年往事，我有些坐立難安，何況聽別人讚美自己總是令人不自在，於是我隨手拿了些東西來讀，才能逐漸轉移注意力，直到我聽見康納曼說：「喔，塞勒最大的優點，也就是他最與眾不同的地方是，他很懶。」

　　什麼？真的嗎？我絕不會否認自己很懶，但是康納曼認為懶惰是我唯一的最大優點？我拚命對他搖頭揮手，他卻繼續吹捧我的懶人美德，直到今天他還堅稱那可是至高無上的讚美。他說懶惰促使我只投入足夠吸引人的問題，以克服完全不想勞神費力的糟糕天性。這世上能把我的懶惰變成資產的人，看來也只有康納曼了。

　　這下各位明白了吧。在你繼續往下讀之前，請記得本書作者是經過認證的懶鬼。根據康納曼的說法，好處是我只會提及夠有趣的事，至少是我自己覺得挺有意思的事。

---

① 在特維斯基生前，心理學家之間廣為流傳的一則笑話是他想出了只有一道題的智力測驗：越早明白他比你聰明，你的智力就越高。

第1部

緣起

尋找更周延的經濟學研究方式（1970年～1978年）

第 *1* 章

無關勝有關

剛開始擔任教職時，我的一番苦心不經意地惹毛了個體經濟學班上的大多數學生，而且還難得地與我在課堂上說過什麼話無關，問題是出在期中考。

我設計了一份測驗，目的是將學生依程度區分成三群：確實嫻熟學習內容的明星隊、已經掌握基本概念的中等生，以及根本沒讀懂的墊底一族。為了達成這次鑑別程度的任務，測驗內容必須包括一些只有明星隊學生答得出來的題目，換句話說，這次考試並不容易。測驗結果顯示我確實成功達到目標了，所有成績均勻分布，但是學生拿到成績時卻一片嘩然，他們最主要的投訴是滿分100分，可是班上的平均分數卻只有72分。

讓我納悶的是，平均分數對於成績分布根本毫無影響，校方的等第制給分標準是平均分數列為 B 或 B⁺，只有極少部分學生才會得到 C 以下的評分。我以為學生之所以抱怨，是因為他們還搞不清楚平均分數代表的意義，所以我向他們解釋分數是如何換算的：這次得分高於80分的給 A 或 A⁻；高於65分的或

許給 B；只有分數低於50分者可能得到 C 以下的評分。既然校方是依照考試分數的分布來為個人等第制評分，全班平均分數的高低其實並不影響等第制評分標準。不過，這番解釋沒能撫平學生情緒，他們依舊討厭我的考試，而且也不怎麼喜歡我。當時還年輕的我憂心教職不保，於是決定設法改善情況，可是我並不想因此讓測驗變得比較簡單，那麼我該怎麼做呢？

最後，我想到一個主意。下次考試時，我將滿分從100分提高至137分。這回的測驗題目比第一次稍難些，學生只答對七成答案，但是全班平均分數是皆大歡喜的96分。學生們高興極了！雖然校方的等第制評分並不會因為班上平均成績提高而跟著改變，可是每個人都很開心。從那時候起，只要我教個體經濟學這堂課，我總會把滿分定為137分。我選擇這個數字有兩個理由：首先，這會將平均分數提高至九十幾分，有些學生甚至能拿到100分以上，讓他們樂不可支。其次，由於137這個數字不方便做心算，多數學生似乎懶得將自己的分數換算成比率。為了避免欺騙學生的嫌疑，接下來的幾年我都會在課程大綱印著幾行粗體字：「考試的滿分為137分，而不是常見的100分。這套給分方式對學生個人的等第制評分並無影響，不過似乎能讓大家都開心。」確實，我做了這項調整之後，就再也沒有學生來抱怨我的考試太難了。

從經濟學家的角度來看，我的學生們「行為不當」。我的意思是，他們的舉措不符合經濟理論核心中的理想行為模式。對經濟學家而言，滿分137分得96分（占70%），並不比滿分

100分得72分好到哪裡，可是學生卻區別看待。只不過了解他們的心態之後，我就可以設計自己想要的考題，同時又能避免學生們大發牢騷。

經濟理論不承認人類是不理性的

　　四十多年來，從研究所畢業之後我就一直在思考這類案例。人類做出種種不符合經濟模型中想像的理性生物行為，可是我想表達的絕不是人類究竟有什麼毛病，畢竟我們都是生物學上的智人，我想要質疑的是經濟學家所用的模型，竟然是用虛構的「經濟人」來取代真實存在的智人。迴異於虛構的理性經濟人世界，真實人類經常做出所謂的不當行為，這意味著經濟模型的預測能力很差，而且造成的後果比惹毛一群學生要嚴重得多。事實上，沒有任何經濟學家預見2007年～2008年會爆發金融危機（確實有位經濟學家曾提出警告，指出房價增幅過快將造成危機，那位仁兄就是我的行為經濟學同僑羅伯‧席勒，也就是2013年諾貝爾經濟學獎得主），甚至當時有許多人還認為那次危機與其後果根本不可能發生。

　　諷刺的是，這些建立在對人類行為錯誤認知之上的正規模型，正是讓經濟學享有最具影響力社會科學美譽的功臣，它的影響力表現在兩方面：其一是無可爭辯，在所有社會科學學者當中，經濟學家對公共政策最說得上話，甚至獨享政策建議發言權，猶在不久之前，其他社會科學學者仍鮮少受邀與談，即

使獲邀，被分配到的座位也差不多相當於家族聚餐的兒童桌。

　　另一個方面，從學術角度來看，經濟學被認爲是最堅實有力的社會科學，力量源自於下述事實：經濟學是一門擁有核心思想的統合學問，幾乎所有論述都從這個核心出發。當你提到「經濟理論」這個名詞，大家都知道你指的是什麼，沒有任何其他社會科學學科擁有類似的根基，且後者的理論偏向特殊目的，也就是解釋特定環境下所發生的情況。經濟學家本人也經常將自己的領域與物理學相比，同樣是從少數幾個核心前提來建構整個經濟學。

　　經濟理論的核心前提，就是人會根據最大利益來做選擇。在一個家庭所能購買的種種商品與服務中，他們會從負擔得起的品項中挑選最好的。尤有甚者，這套理性經濟人信念甚至假設我們的選擇公正客觀，換句話說，我們會根據經濟學家所謂的「理性預期」來做出選擇。假如我們著手創業，是因爲相信成功機率有七成五，那麼實際上的成功機率也應當如此，畢竟理性經濟人不會過度自信。

　　學者們將「受限制的最佳化」這個前提，亦即從有限預算中選擇最佳商品，結合了另一個拉動經濟理論的主力——均衡。在價格自由浮動的競爭市場中，供需均衡決定了價格的波動，簡單來說就是最佳化＋均衡＝經濟學，這可是其他社會科學都望塵莫及的強大組合。

　　不過，這其中有個問題，其實經濟理論據以發展的前提是錯的。首先，一般人遇到的最佳化問題往往難以自行解決，

甚至完全處理不來。隨便走進一間具備相當規模的超市,裡面往往就有數百萬種符合一般家庭預算的商品組合,他們真的會選中經濟效益最佳的組合?當然了,生活中還有許多比超市採購更棘手的問題,像是挑選職業、房屋貸款方案,或是結婚對象。我們已經實際看到這些領域的失敗率並不算低,因此也很難堅持主張常人做的選擇都能夠顧及最佳效益。

　　其次,常人並未如經濟學家所相信的,會做出公正客觀的選擇。經濟學家的字典裡或許沒有「過度自信」一詞,但是它卻深植於人類天性。再者,人類還有其他許多心理學家已記錄在案的誤判與偏見,羅列起來族繁不及備載。

　　第三,最佳化模式忽略了許多因素,譬如我前文舉過滿分137分的例子。在理性經濟人的世界有著太多應可排除在考慮之外的無關因素。理性經濟人不會在星期二買超大分量的晚餐,只因為他在星期天購物時覺得肚子很餓。星期天肚子餓,照理說無關星期二的餐點分量選擇。理性經濟人也不會在星期二硬是把超大分量的餐點吃完,即使他根本不餓,只因為他已經付了帳,不想浪費錢。對理性經濟人來說,先前所付的餐費無關他現在打算吃多少,也不會期待在每年的特定日子收到禮物,譬如結婚紀念日或生日,這些日子跟其他日子究竟有什麼差別?事實上,理性經濟人可能根本搞不懂送禮物這回事到底有何意義,說不定還覺得現金就是最好的禮物,可讓受贈者自行選購效益最佳的商品。不過,除非你的配偶是經濟學家,否則我不建議你在下次結婚紀念日給對方現金當禮物,回頭想想,

就算你的配偶是經濟學家，送現金大概也不是個好主意。

　　其實大家都知道，我們並非生活在理性經濟人組成的世界，運轉這個世界的是人類，而既然絕大多數經濟學家也算人類，他們自己都心知肚明世界並非由理性經濟人所構成。現代經濟思想之父亞當·史密斯就明確地體認到這個事實。在他提筆撰寫巨著《國富論》之前，曾寫過另一本主題為人類「熱情」的書，這個字眼可不曾出現在任何經濟學課本中。理性經濟人沒有熱情，他們是追求最佳效益的冷血族群，各位不妨將他們想像成電影《星際爭霸戰》裡的史巴克。

　　然而，從只有理性經濟人存在的世界推論出的經濟行為模式，不但發展得枝繁葉茂，還將經濟學抬升至如今的影響力巔峰。多年來，無論面對什麼樣的批評總能靠著爛藉口，鐵臂一揮掃除異議，用說服力薄弱的替代解釋來敷衍令人尷尬的事實證據。儘管如此，一連串的研究已逐個為這些批評提供了背書，傳統經濟理論面臨的挑戰也越來越大。考試成績的例子很容易被一笑置之，但是有些研究就無法等閒看待了，包括我們為何在儲蓄退休金、選擇房貸方案，或投資股市等高風險範疇的事情上做出糟糕的選擇。更不可能忽視的是1987年10月19日的股災，我們在這次事件觀察到繁榮、泡沫，以及崩盤。在這個黑色星期一，全球股市在沒有任何利空消息出現的情況下暴跌逾20%，接著上場的是科技股的泡沫與崩盤，但是房價泡沫旋即取而代之，房價泡沫破滅後，又引爆了全球金融危機。

　　所以，我們不該再繼續找藉口了，而是需要一套更周延的

經濟學研究方法，一個將人性的存在與關聯性納入考量的研究方法。值得慶幸的是，我們並不需要把已知的經濟與市場運作原理砍掉重練，也不應該直接揚棄假設每個人都是理性經濟人爲前提而發展的理論，當我們建構更貼近眞實的經濟模型時，它們仍然是有用的出發點。在某些特殊情境下，例如當我們要解決的問題比較簡單，或經濟活動的參與者擁有相對專精的特殊技能時，理性經濟人模型或許就能提供貼近眞實的描述。不過，我們將會看到這類情況純屬特例，絕非通則。

除此之外，經濟學家所做的大多是蒐集分析市場運作的相關數據，不但審愼細心，也精通於統計，更重要的是，他們大部分的研究並非建立在理性經濟人追求最佳效益的前提上。過去二十五年來，有兩種研究工具的問世成爲經濟學家探索世界的利器：第一種是隨機對照試驗，這套方法長年以來已用於其他科學領域，譬如醫學。典型的研究方法是給實驗受測者一些「處置」，然後看看會發生什麼結果。第二種則採用自然情境試驗（例如一部分人參與，其他人則否），或採用聰明的計量經濟學技巧來觀測實驗處置所造成的影響，即實驗者並未爲了配合特定目的而刻意設計情境。這些新的研究工具已被廣泛運用於多種重要社會議題的研究，當中涉及的實驗處置包括提高教育程度、小班制、強化師資、企業管理顧問服務、接受協助就業、入獄服刑、遷居至中低收入社區、接受聯邦醫療補助計畫提供的健康保險等。研究結果顯示，我們不需要最佳化模式也能深入了解這個世界，有些案例甚至提供了可靠證據，能說

明最佳化模式並不符合真實的人類反應。

　　大部分的經濟理論，並不把所有行為主體都會追求最佳利益這個前提納入重要考量，即使研究對象皆非財經專家。舉例來說，我們大可預測當肥料價格滑落時，農夫們勢必會使用更多肥料，儘管許多農夫對於市場的變化回應遲緩。這項預測之所以安全是因為它不夠精確：僅僅指出影響的方向，等於是預測當蘋果從樹上掉落時，一定是往下墜，而不會朝上跑，儘管這項預測正確，卻不等於萬有引力定律。

　　若要做更精確的預測，便有賴於所有人皆嫻熟經濟原理，這時候經濟學家可就遇上麻煩了。我們再回頭看看農夫的例子吧。請先假設科學家已發現使用比慣常分量更多或較少的農藥，可以增加農夫的收成。接著我們假設只要每個人都能獲得適當的資訊，就可以把事情做對。如此推論下來，當局的最妥切政策無非是讓這項資訊得以自由流傳，把科學家的發現潤飾成吸引人的陳述說明，然後設法讓農夫們接觸到這些說明，接下來就等市場發揮魔法，搞定其餘一切了。

　　只不過，除非所有農夫都是理性經濟人，否則以上建議作法純屬無效。或許跨國食品企業會針對最新研究發現而火速做出應對調整，可是印度或非洲的農民也會表現相同行為嗎？

　　同樣的，假如你相信每個人都會自行準備適當金額的退休金，就像任何理性經濟人會採取的作法那樣，然後你從上述分析得到一個結論，指出政府當局根本沒有理由要協助人民儲蓄（譬如建立退休金計畫），那麼你就放棄了一個能夠讓許多人

生活過得更好的機會。同理，假如你壓根認為金融泡沫在理論
上是不可能發生的，而你又恰巧是個中央銀行總裁，那麼你就
可能犯下嚴重的錯誤，正如美國聯邦儲備委員會前任主席葛林
斯潘自己所坦承的疏失。

　　我們不必全然放棄描述理性經濟人行為的抽象模型，該放
棄的是假設這些模型對行為的描述皆為正確，以及根據這些錯
誤分析來決定政策。除此之外，我們也必須開始注意那些「原
本認為無關的因素」。

　　光是要讓大家改變心意，試試不同內容的早餐就已經夠
難了，更別說要讓他們對研究了一輩子的問題改弦更張。長久
以來，許多經濟學家一直在抗拒異議者的呼籲，後者要求他們
將模型建立在更準確的人類行為特徵描述上。幸好近年出現了
一群願意冒險的年輕經濟學家，決心與傳統的研究方式分道揚
鑣，讓提升經濟理論價值的夢想終於得以實現，這些人所投入
的領域被稱為「行為經濟學」，它依然隸屬於經濟學旗下，只
不過大量注入了堅實可靠的心理學和其他社會科學內涵。

　　將真實人類納入經濟理論的主要理由，是為了提高運用這
些理論做預測的正確率。除此之外的另一個好處是，行為經濟
學比一般經濟學要來得更有意思，研究起來也更有樂趣，這是
一門完全不憂鬱的科學（蘇格蘭文學家卡萊爾曾揶揄經濟學是
憂鬱的科學）。

　　行為經濟學如今是經濟學中不斷成長茁壯的一支，世界各
地的頂尖大學多半都可見到追隨者。行為經濟學家與行為科學

家最近更逐漸成為決策當局的諮商對象。英國政府在2010年成立了內閣辦公室行為研究小組，其它國家亦加入此一行列，成立特殊任務小組來將其他社會科學的研究發現整合至公共政策規畫。此外，商界也跟上了腳步，體認到了解人類的行為，就跟了解財務報表與經營管理一樣重要，兩者都是經營成功不可或缺的要素，畢竟經營公司的是人類，而他們的員工與顧客也都是人類。

　　本書要談的就是上述這一切如何發生的故事，至少是我個人親身見證的部分。雖然本人並未包辦所有研究（如各位所知，我還挺懶的），但是我有幸從一開始就參與，並且經歷了這個新領域的整個創造發展過程。繼阿莫斯・特維斯基的睿智言論之後，本書還會講述許多其他的故事，但是我的主要目的是描述這一切如何發生，並解釋沿途學到了哪些事物。可想而知，這段過程必然充斥著與傳統派人士之間的爭論，後者仍希望用慣常方式來研究經濟學。這些爭論有些時候令人不快，就像糟糕的旅行經驗一樣，事後往往能成為有趣的笑談，而且由於我們必須使出全副本領捍衛新領域，也讓這個領域變得更加堅不可破。

　　就跟所有故事一樣，本書的內容並非直線進行，從一個概念自然前往下一個概念。許多概念會在不同的時間點，以不同速度滲透於故事之中，所以本書的組織架構兼具了時間順序與主題。以下我將為各位做個簡短的預覽：一開始我將回溯我的研究生時期，我開始著手蒐集不符合課堂所學模型的古怪行

為案例。本書第一部分聚焦在早年的蠻荒探索，並且描述我所面對的許多質疑。接下來，讀者們將進入我研究生涯的前十五年，包括我在這段期間投注大部分心力的一連串主題：心理帳戶、自我控制、公平原則與財務金融。在此，我的目標是解釋同事們和我在過程中學到了什麼，讓各位讀者也能將這些洞察運用於增進對人類的了解。不過，讀者們或許也能從中學到如何改變其他人的思維方式，尤其當他們已經在維護現狀投資了不少心血。之後，本書將轉向最近的研究成果，從紐約市計程車司機的行為，美式足球聯盟的球員選秀，到高獎金競賽節目的參加者行為。最後我們將前往倫敦唐寧街十號，見識在那裡逐漸浮現的刺激挑戰與新機會。

　　對於閱讀本書，本人只有一個建議：倘若覺得沒意思了，就停下來吧，若逼著自己讀下去，這說不定會被算成「不當行為」呢。

第 *2* 章

稟賦效應：
人類更看重已擁有物品的價值

　　當我開始對經濟學理論產生離經叛道的想法時，是我在紐約上州的羅徹斯特大學就讀經濟學系研究所時。雖然我從那個時候就對課堂上的教材感到疑慮，可是還不太確定究竟是理論本身出問題，抑或我個人的理解有誤。當時的我實在算不上明星學生，論文指導教授舍溫・羅森對我的評價被引述在本書前言提過《紐約時報雜誌》記者羅傑・洛溫斯坦的報導中，教授根據我在研究所的表現判定：「我們對他期望不高。」

　　我的畢業論文主題「生命的價值」聽起來頗有些挑釁，但是研究方法完全符合傳統標準。從觀念上來說，思考這個問題的恰當方式可見於經濟學家托馬斯・謝林的精彩論文〈你救的或許正是你自己〉。多年來，我與謝林一直有著興趣上的交集，而他也是行為經濟學萌芽之初的支持者，撰寫了不少相關論文。以下這段著名文字，便是出自於他的論文：

　　　若說有個六歲棕髮女孩急需數千美元的手術費，好讓她延

長壽命到能夠和家人共度今年的聖誕節，郵局裡將湧進無數指定救治這女孩的小額捐款。但是，如果新聞報導是描述取消營業稅將使得麻州醫院無力維護設施，導致原本可預防的死亡無聲無息地增加，大概不會有多少人因此落淚，或慨然開出支票救苦救難。

　　謝林的論文風格是我手寫我口，配上一抹狡黠的微笑和眼中閃爍的惡作劇光芒。他想讓讀者感到有些坐立不安①，生病小女孩的故事生動地捕捉了這篇論文的要旨，醫院代表著謝林所謂的「統計數字生命」概念，相對於小女孩所代表的「被識別和認同的生命」。我們偶爾會遇到被識別和認同的生命在真實世界中遭遇危機的例子，譬如搶救受困礦工的驚心動魄過程。謝林指出，我們幾乎不會純粹因為缺錢，就放手讓任何被識別和認同的生命撒手人寰，然而每天卻有幾千名未被識別和認同的生命，只因為缺乏蚊帳、疫苗，或乾淨水源這些簡單的東西而死亡。

　　迥異於生病的小女孩，一般國內公共政策決定往往是抽象的，缺乏打動情感的影響力。假設我們正在興建一條新的高速公路，安全工程師表示若將中央分隔島的寬度增加三呎，工程費便會額外增加4,200萬美元，但是可望在未來三十年內，每年減少1.4件死亡事故。我們應該同意拓寬中央分隔島嗎？當然了，我們不會知道這些受害者的身分，他們「只不過是」統計數字上的生命，可是若要決定中央分隔島的寬度，我們就必須

爲多出來的成本所延長或「拯救」的人命賦予價值。在理性經濟人的世界，一個被識別和認同的生命，其價值並不高於二十個統計數字上的生命。

如同謝林所提，正確的問法應該是詢問高速公路的使用者（或許也包括他們的朋友與家人）願意付多少錢來確保每趟行程都能更平安一些。儘管謝林已指明正確的問題，卻一直沒人能想出回答方式。要解決這個問題，我們需要創造一個情境，讓大家在金錢與死亡風險之間做出取捨，才能從中推斷他們花錢買安全的意願有多高。不過，我們該從何處觀察他們的取捨呢？

經濟學家理查·澤克豪澤是謝林的學生，他認爲我們可從俄羅斯輪盤的邏輯來思考這個問題。以下就是他提供的一個改編例子。假設艾登被要求玩一場俄羅斯輪盤遊戲，得使用一把有上千個膛室的機關槍，而對手隨機選了其中四個膛室裝入子彈。艾登必須扣下一次板機（幸好這把槍被設定爲單發射擊），那麼艾登願意付多少錢來交換取出一顆子彈[2]？雖然澤克豪澤的俄羅斯輪盤構想確實以優雅的方式來呈現謝林所提出的問題，卻無助於我們提出任何具體數字。這種讓上膛手槍的槍口頂著受測者腦袋的實驗，不是取得有效數據的實際方法。

當我在思考這些問題時，我想出了一個主意。假設我取得了各種職業的死亡率數據，包括開礦、伐木、清洗高樓玻璃窗這類較危險的工作，以及務農、看店、清洗低樓層窗戶這類較安全的工作。在理性經濟人的世界，風險越高的工作，收入當

然也會越高，否則有誰還願意幹呢？高死亡率工作所得到的額
外薪資是爲了補貼工作者涉入的風險（以及該工作的其他特殊
要求），所以我可以先取得各種職業的薪資數據，然後根據謝
林的分析來推估數字，毋需邀請大家玩俄羅斯輪盤。遺憾的是
我做了一番搜尋，卻找不到任何職業死亡率的資料來源。

　　這時候，家父艾倫出手相救了。他是一名保險精算師，負
責想出爲保險公司管理風險的方法，可說是整天與數字爲伍的
職業類型之一。我問他能否幫忙找到職業死亡率的數據，沒多
久之後就收到一本由精算師協會出版的精裝紅皮書，裡頭列出
所有我需要的數據。我比對書中各職業死亡率，以及手上已經
有的各職業薪資數據，從中推估出一般人得拿到多少薪資，才
願意從事死亡風險較高的工作。

　　雖然，想出主意也拿到數據是個好的開始，可是正確的統
計分析才是關鍵。我得在經濟系裡找到對我的論文產生興趣的
指導教授，先前所提過積極進取的勞動經濟學家舍溫・羅森是
個明顯的選擇。我們之前從未共事過，我的論文主題涉及到他
正在進行的一些理論架構工作，所以他同意擔任我的論文指導
教授。

　　接著，我們根據我的畢業論文一起合寫了一篇標題爲〈人
命價值幾何？〉的論文。我們當時所估計的數據，其更新版如
今仍被用於政府單位的成本效益分析，目前的估計數字是拯救
每條人命的價值約700萬美元。

　　在撰寫畢業論文的同時，我想到說不定可以問受訪者一

些假設性的問題,藉此了解他們在金錢與死亡風險中取捨時會出現哪些偏好。設計問卷之前,我得先決定該採用哪一種方式來提問:是問他們「願意付多少錢」,或是問「願意接受多少錢」。第一種問法,主要是詢問受訪者願意付多少錢來降低明年死亡的可能性,譬如降低千分之一的機率。第二種問法,則是若要提高相同比率的死亡風險,受訪者會要求拿到多少錢做為補償。為了和實際情況做對照,一個五十歲美國居民每年的死亡機率大約是千分之四。

　　以下是我在課堂中提供討論的典型問題,兩種問法都有學生們提出答案。

　　一、假設你因為上了這堂課而接觸到罕見的致命疾病。如果你被傳染,下週某個時候就會毫無痛苦地快速死亡,被傳染這種疾病的機率是千分之一。現在我們手上有一劑解藥,準備賣給開價最高的人,吃下解藥,死亡機率就會降至零。你願意最多拿出多少錢來買這劑解藥(假如你的現金不夠,我們會提供零利率的三十年分期貸款,好讓你能買下解藥)?

　　二、大學附設醫院的研究人員,正針對上述罕見疾病進行研究。他們需要志願者進入染病教室五分鐘,冒著千分之一的可能機率,染病後幾天內毫無痛苦地快速死亡。目前醫界尚未研發出解藥。你覺得自己最少要拿到多少錢,才會願意參加這次的研究計畫?

　　大家會如何回答這兩種不同版本的問題?經濟理論有著鐵口直斷的預測,認為兩種問法的答案應該差不多一樣。當某個

五十歲的受訪者回答問題時，如果是以 A 問題詢問他在金錢與
風險之間的取捨，死亡率從自千分之五降至千分之四；如果是
以 B 問題詢問他，則從千分之四提高到千分之五，照理說不
會有多大的不同。然而，雖然受訪者的回答因人而異，卻出現
了一個明顯的模式：同一個人對於這兩種問法的各別回答簡直
是天差地遠。典型的回答如下：針對 A 問題，我不會付出超過
2,000美元的代價；針對 B 問題，我覺得至少該拿到50萬美元。
還有許多受訪者對 B 問題的回答是：無論對方給多少錢都不會
參加這項研究計畫。

　　認定這兩種問法的答案應該要相同的，不只有經濟理論，
邏輯一致性也要求如此。讓我們再以五十歲美國居民為例（在
他碰到我之前），明年死亡的機率為千分之四，假設他的回答
與上述相同：對 A 問題最多只願付2,000美元，對 B 問題至少
得拿到50萬美元。第一個回答暗示著，死亡機率從千分之四升
高到千分之五，情況變壞的代價頂多是2,000美元，既然他不願
意拿出更多錢來規避額外風險。然而，第二個問題的回答卻顯
示除非拿到超過50萬美元，否則他不願意承擔相同比率的額外
風險。很明顯的，死亡率千分之四與千分之五之間的差別，不
可能相當於多付2,000美元，以及最少拿50萬美元之間的差別
吧！

機會成本的迷思

　　這其中的眞相不是每個人都能看清，就算經過一番解釋，許多人依舊拒絕接受，就如各位讀者現在可能抱持的想法，但是這當中的邏輯明顯到無可迴避③。在經濟學家看來，這些研究發現令人困惑，甚至覺得荒謬，我將調查研究結果拿給羅森教授看，他只告訴我別再浪費時間，回頭是岸，好好完成我的畢業論文，但是我已經入迷了，忍不住一直想著這究竟是怎麼回事？沒錯，假設一個可能發生死亡的情境確實是有點極端，可是我一旦開始找尋案例，便發現這類例子無處不見。

　　其中一個例子來自經濟系主任暨資深葡萄酒收藏家理查·羅塞德。他曾告訴我，他的酒窖裡有一批多年前以每瓶10美元購入的紅酒，現在每瓶價值逾100美元。事實上，有位名爲伍迪的當地酒商曾主動提議，以當時市價購入這批羅塞德多年前買下的酒。羅塞德說他偶爾會在特殊場合從這批酒中開個一瓶來喝，可是他絕對不會花100美元買酒，也不會將其中任何一瓶賣給伍迪。這實在很沒道理，假如他願意喝掉能夠以100美元價格賣出的酒，爲什麼就不願意花同樣的金額來買酒？也就是說，他爲什麼拒絕爲任何一瓶酒掏出上百美元的鈔票？身爲經濟學家，羅塞德知道自己這種行爲並不理性，但他就是控制不了④。

　　這些例子都涉及經濟學家所謂的「機會成本」。某項活動的機會成本，就是你若放棄從事這項活動所要付出的代價。假設我今天決定出門健行，而不是待在家裡看足球賽，那麼健行的機會成本就是放棄了看球賽的樂趣。若以羅塞德酒窖裡價值

100美元的紅酒為例，喝掉這瓶酒所付出的機會成本，就是酒商願意付給羅塞德的收購金額，無論羅塞德是喝掉自己的藏酒，或另外買同價位的新酒，兩者付出的機會成本都是一樣的，可是羅塞德的行為卻顯示，就連經濟學家都很難在機會成本和掏出口袋裡的錢之間畫上等號。放棄賣出賺錢的機會，感覺不像從皮夾裡拿出錢來那麼難受，相較於親手奉上實實在在的現金，機會成本既模糊又抽象。

我的好友湯姆·羅素曾提出另一個有趣的例子。當時，信用卡剛開始普遍使用，發卡機構與零售商大打法律戰，爭論商家能否向現金付費，以及向信用卡付費的顧客收取金額不同的價格。既然發卡機構會向零售商收取手續費，有些商家，尤其是加油站經營者，便希望信用卡使用者能支付較高金額。這種作法當然不見容於信用卡業者，他們希望消費者認為使用信用卡是免費的。當這樁案子仍在法規程序中曲折行進時，信用卡的說客兩面下注，將焦點從實質轉移至形式。他們堅稱，假如商家真的對付現顧客與使用信用卡的顧客收取不同金額，那麼商品的「定價」將變成使用信用卡所支付的價格，而付現顧客得到的是「折扣價」。若是倒過來，將付現價格當成定價，那麼使用信用卡的顧客等於被迫支付「額外費用」。

在理性經濟人來看，這兩種定價策略其實都是一樣的。假如信用卡支付價格是1.03美元，而現金支付價格是1美元，那麼這3美分的價差可以被稱為折扣，也可以被稱為額外費用。然而，信用卡業者押對了寶，他們傾向於大力支持折扣策略。

多年後，丹尼爾·康納曼與阿莫斯·特維斯基將這種區別稱為「框架」，但是行銷界早就憑著直覺體認到框架的重要性，支付額外費用等於再從口袋裡掏錢，而沒能得到折扣僅僅是損失機會成本。

我將這種現象稱為「稟賦效應」，因為以經濟學家的行話來說，你所擁有的東西就是個人稟賦的一部分，而且我偶然地發現，常人對於自身已經擁有的東西，會比可能擁有的東西，也就是有機會取得卻尚未擁有的東西，要來得更加看重。

對於那些考慮參加特別音樂會或體育賽事的人，稟賦效應的影響尤為顯著。通常，門票的零售價會遠低於市場價，有些幸運兒搶到了票，可能是透過排隊或線上購買，接下來他們得決定，究竟該持票入場或轉賣門票？現在世界上有許多地方已出現Stubhub.com這類可以輕鬆合法轉售門票的網站。手上有票的人不必再親自跑到活動地點場外叫賣，將價值不菲的搶手貨換成一大疊鈔票。

除了經濟學家，很少有人能正確思考這項決定。目前任職於耶魯大學的行為經濟學家狄恩·卡蘭的親身經驗就是個好例子。狄恩在芝加哥大學就讀企業管理碩士時，正值麥可·喬登稱霸美國職籃，喬登時期的芝加哥公牛隊共贏得了六次總冠軍。有一年，當公牛隊在季後賽第一輪遭遇華盛頓巫師隊，雖然球迷大多認為公牛隊勝券在握，這場比賽的門票依舊十分搶手，部分原因是他們知道接下來的賽事門票會變得更貴。

狄恩有個大學朋友當時正為巫師隊工作，送給他兩張門

票。狄恩的另一位朋友是神學院研究生，同樣認識巫師隊裡的人，也拿到了兩張免費門票。除此之外，這兩人同為阮囊羞澀的研究生，雖然狄恩的長期錢途較為看好：企業管理碩士能賺到的錢，通常比神學院研究生來得多（當然了，神學院學生的財富可能在非常、非常久的時間後能迎頭趕上）。

狄恩和朋友都發現，不管看比賽或轉賣門票都是頗為容易的決定。這位神學院學生邀請另一個人同行，高高興興地看了比賽，狄恩卻是忙著到處找哪裡有靠顧問工作賺得荷包滿滿的籃球愛好者，將手上的門票以每張數百美元賣出。狄恩和他的朋友都覺得對方的行為根本是神經病。狄恩不明白朋友為什麼自以為負擔得起看球賽，而朋友則無法理解狄恩為什麼沒想通，這些門票根本是免費的。

這是所謂的稟賦效應，我知道它真實存在，雖然當時還不了解該如何將這種現象派上用場。

---

① 這是典型的謝林思想實驗：假設有一種療程可對健康產生些許助益，可是治療本身極為痛苦，療程中會使用一種藥物，雖無法解除痛苦，卻可在事後消除所有回憶，你會願意接受這項療程嗎？

② 澤克豪澤感興趣的問題是：艾登付錢的意願是否端看機關槍裡有多少顆子彈？假如所有膛室都裝滿子彈，艾登應該會拿出所有財產（還可以借錢）來交換取出子彈。如果裡面只裝了兩顆子彈呢？他會拿出多少錢來交換取出一顆子彈？至於最後一顆子彈，他願意花

更多錢，或較少的錢來交換取出？

③技術上來說，造成兩者答案不同的是經濟學家所謂的「收入效應」或「財富效應」。在問題 A 當中，你的情況是由好變壞，問題B則不然。假如你在問題 B 當中決定什麼也不做，也不會有罹患疾病的可能，但是財富效應無法解釋為何不同問法有如此兩極的反應，即使我在其他調查研究中，將問題A改為假設他們拿到了一筆錢，譬如5萬美元，這兩種問法得到的回應依舊差異懸殊。

④羅塞德似乎沒有為自己這種行為感到不安。我後來將他的例子寫進文章裡公開發表，文中他被化名為R先生，文章出版後，我影印了一份寄給他，而他的回應是：「啊，我紅了！」

第 3 章

人類的「不當行為」清單

　　前一章所描述的買價與賣價差異，勾起了我的好奇心，常人還會做哪些其他不符合經濟學家理性選擇模式的事呢？打從我將注意力轉向這方面，實例便源源不斷地冒出來，多到我開始在辦公室的黑板上列清單。以下描述是發生在我朋友身上的一些行為：

　　◆ 我和傑佛瑞弄到兩張在水牛城舉行的職籃賽免費門票，從我們在羅徹斯特的家開車過去通常是一個半小時車程，但是比賽當天發生了規模不小的暴風雪，於是我們決定放棄這次球賽。傑佛瑞說，假如是自掏腰包買這兩張昂貴的門票，我們就會冒著狂風暴雪，搏命開車去看比賽。

　　◆ 史丹利每個週末割草坪，儘管這會讓他的花粉症嚴重發作。我問史丹利為什麼不乾脆雇個小孩來代勞？他說不想為割草坪花上10美元。接著我問他，若鄰居出20美元，他願不願意幫對方割草坪？史丹利的回答是當然不願意。

　　◆ 黎妮雅正在選購鬧鐘收音機，看中其中一款，價格恰巧是她經過一番研究之後認定為理想的45美元。當她準備結帳

時，店員提到同一款鬧鐘在另一家分店為優惠價35美元，而那家分店距離這裡10分鐘車程，正在舉行開幕特惠活動。她要為了買這個鬧鐘收音機特別跑到另一家店嗎？

另一次購物經驗是選購電視機，她找到一個標示為495美元的不錯價格，這次又有店員告訴她，同款電視機在十分鐘車程外的分店只賣485美元。同樣的問題，卻似乎有不同的回應。

◆ 李在聖誕節收到了太太送的昂貴喀什米爾羊毛衫。他曾經在店裡看過這件毛衣，當時實在狠不下心買這麼貴的衣服，不過做為禮物，他倒是高高興興地收下了。這對夫婦的所有財產都是共有的，兩人都沒有可以自行支配的金錢來源。

◆ 幾個朋友來家裡共進晚餐，我們一邊喝酒，一邊等著烤箱裡的菜，等所有的菜上桌才會開始進餐。在此之前，我拿出一大碗腰果，不到五分鐘大家就嗑掉了半碗腰果，不過再吃下去恐怕會沒胃口吃晚餐，於是我把這碗腰果拿走，藏進廚房裡。大家都毫無異議。

上述的例子均描述了不符合經濟原理的行為。傑佛瑞忽略了經濟學家的鐵律忽略沉沒成本，所謂沉沒成本在此指的是已經花掉的錢，我們買票所花的錢不應該影響到是否去看球賽的決定。史丹利則違背了買賣價格理當相同的箴言。若黎妮雅為了優惠10美元的低單價商品，情願多花10分鐘開車到其他分店，卻不打算為了優惠10美元的高單價商品而特地跑這一趟，我們可說她對於時間的評估標準並不一致。李對於撥出家庭預

算來購買一件昂貴毛衣覺得不安，但如果這個決定出自妻子，他便覺得好過多了，即使這件毛衣並沒有變得比較便宜。我拿走腰果，等於剝奪了大家可以吃更多的選擇，在理性經濟人看來，選擇向來是越多越好。

　　我花了不少時間盯著這份清單看，並陸陸續續添上新的例子，但是我還不知道該拿這份清單做什麼。「常人幹的蠢事」實非上得了檯面的學術論文標題，可是我後來交上了好運，在1976年夏季與舍溫共赴加州蒙特利市附近舉辦的討論會，當時的討論內容便是生命的價值。這場討論會對我而言有著特殊意義，因為另外兩名心理學家也參加了，他們是巴魯克・費施霍夫和保羅・斯洛維奇，兩人當時都在研究人們是如何做決定的。這種感覺像是發現了新物種，我從來沒遇過背景與他們類似的學術界人士。

　　最後，費施霍夫搭我的便車前往機場，路上他告訴我，他在以色列的希伯來大學取得心理學博士，與兩個我從來沒聽過名字的人共事：丹尼爾・康納曼與阿莫斯・特維斯基。他還談到自己那如今已聲名大噪的博士論文主題〈後見之明偏誤〉，即我們會在事實發生之後，以為自己早就知道結果將如何，假如這件事並非早已成定局，例如原本沒沒無聞的非裔美籍參議員歐巴馬擊敗呼聲甚高的希拉蕊・柯林頓，贏得民主黨總統候選人提名之後，許多人以為自己早就預料到這結果，但是他們其實沒有，只是記錯罷了。

　　「後見之明偏誤」的概念令我大感著迷，而且它對於經營

管理也有著相當的重要性。企業執行長所面臨最艱難的挑戰之一，就是說服麾下經理人如果預期收益能抵過風險，就大膽接受高風險計畫。但是經理人有很好的理由擔心，因為如果計畫走樣，無論負責人的決策在當時是否明智，終究得一肩扛起失敗責任接受指責。後見之明偏誤大幅惡化了這個問題，因為執行長會錯誤地認為，無論失敗原因為何，都應該是可以事先料想到的，而且後見之明還給了他一個方便，他可藉此自認為早就知道這項計畫風險過高。後見之明偏誤特別糟糕的一點是，我們都在別人身上看到這種偏誤，卻獨獨看不見自己的。

　　費施霍夫推薦了幾本他的論文指導教授們所寫的著作，覺得我應該會有興趣。隔天一回到羅徹斯特的辦公室，就直接前往圖書館，在經濟學領域混了一輩子，這可是我首次開發圖書館的另一區。我先從康納曼與特維斯基這對雙人組發表在《科學》月刊的論文〈不確定下的判斷：捷思與偏誤〉開始。當時我還不確定捷思是什麼意思，後來發現這個詞彙是經驗法則的另一種稱呼，只不過聽起來比較酷。讀著讀著，我的心跳開始加快，彷彿正經歷一場拉鋸賽的最後幾分鐘。我只花了三十分鐘就從頭到尾讀完這篇論文，但是我的生命自此徹底改變。

　　這篇論文簡練扼要，有鑑於人類的時間與腦力皆有限，因此他們會運用簡單的經驗法則，也就是捷思法來幫自己做判斷。讓我來舉個「可得性」捷思法的例子吧。假設我問你，圖魯夫是否為常見的名字，若你來自於世界上大部分國家，你可能會回答並不常見，但是在印度，圖魯夫恰好是個常見的名

字。既然印度人口眾多，從全球範圍來看它可說是個常見的名
字。當我們在猜測一件事物的頻率時，我們通常會自問能否想
出該類事物的例子，這是一種實用的經驗法則。在我們生活的
社群中，我們越容易想起和某個名字的人碰過面，就越能從中
推測雙方碰面的實際頻率。不過，凡法則必有例外，有些事物
的實際例子多寡與是否容易想出例子沒多大關係（例如圖魯夫
這個名字）。上述概念便是該論文的宗旨，我讀的時候手一直
發抖：這類捷思法導致人們犯下「可預測的錯誤」，原來論文
標題中的捷思與「偏誤」指的就是這個。關於可預測之偏誤的
概念，為我迄今為止宛如一團亂麻的想法提供了思想架構。

　　跑在康納曼與特維斯基之前的先驅是赫伯特・西蒙，這
位通才型學者的職業生涯大半在卡內基梅隆大學度過。西蒙在
幾乎所有社會科學領域都算得上是名人，包括經濟學、政治
學、人工智慧，以及組織理論，但是讓他聲名大噪的是一本關
於所謂「有限理性」的著作。本書早在康納曼與特維斯基的上
述論文問世之前出版，所謂有限理性指的是人類缺乏解決複雜
問題的認知能力，這顯然是個事實。雖然他得到了諾貝爾經濟
學獎，我只能說他對經濟學這門行當實在影響不大[1]。我相信
一定有許多經濟學家沒理會西蒙的高見，因為他們可以輕易將
有限理性當成「真實但不重要」的概念掃到一邊。經濟學家並
不介意他們的模型不夠精確，所以根據那些模型所做的預測自
然會出現錯誤。當經濟學家使用統計模型時，遇到這種錯誤的
處理方式就是在方程式裡加個「誤差項」。假設你以雙親的身

高當成預測因子，藉此預測一個孩子成年時會長多高，這種推估模式還算可行，畢竟個子高的父母親往往會生下個子高的後代。可是它並非百分之百精確無誤，誤差項表述的就是方程式與實際之間的差距，只要這些誤差是隨機的，也就是說模型的預測呈現出相同頻率的偏高或偏低（即所有誤差項的總和等於零），那麼一切就沒問題了，因為誤差會互相抵銷，而經濟學家就是用這套推論來合理化我們為什麼可以安心忽略有限理性所造成的偏誤。大家別再浪費時間，快回歸完全理性的經濟模式吧！

康納曼與特維斯基所做的事，就是搖著大紅旗吶喊這些誤差不是隨機發生的。隨便挑個人問問，在美國死於槍擊的案例是他殺來得多，或是自殺來得多？大部分人會猜他殺，實際上，槍擊死因為自殺的案件數幾乎是他殺的兩倍（光是在屋裡放一把槍，就會提高一名家戶成員自殺的發生機率）。這就是一種可預測的偏誤，就算回應人數再多，這些誤差也不會互相抵銷至零。雖然我當時還不完全明白這些道理，可是康納曼與特維斯基的睿見確實推動著我前進，我只差一步就知道該拿黑板上那份清單做什麼了，其實清單上的每一條都是系統性偏誤的例子。

這份清單羅列的項目，還有另一個值得注意的特色。經濟理論對於任何案例都會鐵口直斷地認定一些關鍵因子，譬如腰果的出現或職籃賽門票的金額不應該會影響到我們的決定，這些因子都是「原本認為無關的因素」。後來，行為經濟學的許

多研究顯示哪些原本認為無關的因素其實與行為預測呈現高度相關，而這些研究通常是運用康納曼與特維斯基那份1974年論文提到的系統性偏誤[2]。現在這份清單的長度，遠遠超過了那些年我寫在黑板上的例子。

　　我又花了幾個鐘頭，興奮地閱讀所有康納曼與特維斯基合著的作品，然後頭昏腦脹地離開了圖書館。

---

[1] 經濟學獎並不屬於阿弗雷德‧諾貝爾生前設立的原始獎項之一，但目前是一併頒獎。該獎項真正的全名是「瑞典中央銀行紀念阿爾弗雷德諾貝爾經濟學獎」。

[2] 若讀者有興趣知道他們的名字在論文上的先後順序，最初他們採用了罕見的輪流排第一位方式，委婉暗示彼此是平起平坐的夥伴。在經濟學界，標準作法是按照英文字母順序排列，但是在心理學界，名字的順序往往代表貢獻度由高至低。康納曼與特維斯基的輪流列名方式，可避免每篇論文都得決定誰貢獻得更多，這種情況要比出個高下，有時候還頗為傷神（參見本書第28章）。

諾貝爾經濟學獎
歷年得獎名單

第4章

我們對損失比獲得更加敏感？

　　從圖書館回來後，我打電話向費施霍夫致謝。他告訴我康納曼與特維斯基正在進行一項關於決策的新研究計畫，我應該會有興趣，他也提到華頓商學院的霍華·肯魯瑟教授說不定有一份影本。於是我打電話給霍華，順利地挖到了寶，他手上確實有這份研究的初稿，而且願意寄影本給我。

　　當時這份論文的標題為〈價值理論〉。我收到的影本頁邊空白處，寫滿了霍華字跡潦草的評語，這份初稿就是讓丹尼爾·康納曼在2002年獲得諾貝爾獎的論文初版（若不是特維斯基已過世，他將與康納曼共享榮耀）。最後這兩位作者將標題改成〈展望理論〉[①]。這份論文甚至比之前談捷思與偏誤的論文更貼近我的清單，當中有兩樣東西立即吸引了我的目光：一項組織原則，一張簡單的曲線圖。

規範性與描述性理論

　　組織原則存在著兩種理論：規範性與描述性理論。規範性理論告訴你正確的思考問題方式。我所謂的「正確」並非道德

上合乎公義，而是邏輯一致，符合經濟推論中最佳化模型所限定的思維方式，有時候又稱理性選擇理論。我在本書使用「規範性」一詞時，除此之外別無其它定義。舉例來說，畢氏定理是一種規範性理論，假如你知道直角三角形其中兩條邊的長度，就能計算出第三條邊的長度，若你改用其他公式，得出的答案必然錯誤。

　　下面這個題目，可測驗出你是否具備畢氏思考的直覺力。假設路上有兩條鐵軌，每條約一英里長，尾端相接，請見圖表1。它們的另一端釘在路面上，只有中間相接，但是由於天氣太熱導致鐵軌膨脹，所以兩條鐵軌各膨脹了一英寸。既然它們的另一端被釘死，膨脹部分只能朝中間延伸，所以兩條相接的鐵軌像橋一樣向上拱了起來，而且由於材料堅硬，這兩條鐵軌雖然向上拱，卻仍維持筆直的形狀（這是為了讓題目簡單些，所以別抱怨上述假設不符現實）。各位要解答的問題如下：

　　若只考慮一邊的鐵軌，我們看到了一個底邊為一英里、斜邊為一英里加一英寸的直角三角形。請問這個三角形的高是多少？換句話說，鐵軌升離了地面多少距離？

　　若你還沒忘記高中幾何學，身邊找得到可計算平方根的計算機，而且知道1英里為5,280英尺、1英尺為12英寸，那麼你就能正確解開這道題，但是如果你必須以直覺來回答問題，你會猜答案是多少？

圖表 1　猜猜 X 高度為何

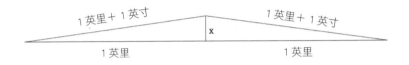

提醒：本圖表非按比例製圖

　　大部分的人會想，既然鐵軌膨脹了1英寸，它們拱起來的高度也應該差不多是這個數字，或許是2、3英寸吧。

　　正確答案是29.7英尺！你的答案夠接近嗎？

　　現在，假設我們打算從大家如何回答這個問題的回應中，發展出一套理論。若我們是理性選擇理論信徒，會假定大家都將提出正確答案，所以會把畢氏理論同時視爲規範性和描述性模型，並預測大家的答案都接近30英尺。實際上，這項預測大錯特錯，大家對這個問題所給的答案，平均爲2英寸左右。

　　上述測驗結果直指傳統經濟學的問題核心，也彰顯出展望理論帶來的觀念性突破。當時的經濟理論和目前的大部分經濟學家，無論做的是描述性或規範性表述，用的都是同一套

理論。就以廠商理論為例吧，這套理論是運用最佳化模型的簡單例子，假定公司會主動追求最大利潤（或企業價值），而這套理論的進一步發展則闡釋了上述過程應該如何進行。舉例來說，公司的定價應該要能讓邊際成本等同於邊際收益。經濟學家使用「邊際」這個詞彙時，指的是增量，所以上述法則意指公司應持續增產，直至最後一個出廠的產品成本，完全等同於該項產品所創造的增量收益。同樣的，經濟學家蓋瑞・貝克首開先河提出的人力資本形成理論，假定一般人會自行選擇教育種類，並且決定他們打算投注多少時間與金錢來取得所學技能，因為他們能正確預測自己將賺進多少錢，也能預測接下來的職涯會得到多少收入（和多少樂趣）。然而，極少高中生與大學生所做的選擇能夠反映他們確實針對上述要素做了審慎分析，不少人反而是選擇他們最喜歡的科目，根本沒仔細想過自己會因此走向什麼樣的人生。

展望理論的目標，就是要顛覆同一套人類行為理論可以同時是規範性，也是描述性的傳統想法，尤其他們這篇論文特別著墨於如何在不確定狀況下做決策的相關理論。這項理論的背後概念可追溯至丹尼爾・白努利在1738年提出的解釋。白努利幾乎什麼都學過，包括了數學與物理，他在這方面的一大成就是解開表兄尼古拉想出的聖彼得堡悖論[2]（他們來自一個早慧的家族）。基本上，白努利發明了「風險規避」的概念。他假設一般人的快樂或經濟學家愛用的名詞「效用」，會在他們變得更富有時呈現增長，不過增長幅度將逐漸遞減，這項原則被

稱爲敏感度遞減。財富越是增加，增加部分（譬如10萬美元）
所能創造的影響就越來越小。對一個農夫來說，10萬美元的意
外之財可能會改變他的一生，但是這筆錢根本入不了比爾‧蓋
茲的眼。圖表2呈現了上述效用遞減現象。

　　這種曲線的效用函數隱含著風險規避概念，因爲頭一筆
1,000美元的效用要大過第二筆1,000美元，依此類推。這表示
如果你的財富爲10萬美元，而我讓你在百分之百機率額外獲得
1,000美元，以及只有百分之五十機率獲得2,000美元之間做選

圖表 2　財富的邊際效用遞減

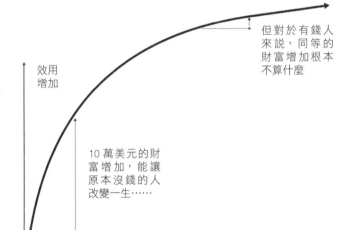

效用
增加

但對於有錢人
來說，同等的
財富增加根本
不算什麼

10萬美元的財
富增加，能讓
原本沒錢的人
改變一生……

財富增加

擇，你會選擇前者，因為你對可能得到的第二筆1,000美元，看得不若第一筆1,000美元那麼有價值，所以你不願意為了得到2,000美元，冒著失去第一筆1,000美元的風險。

關於一般人在高風險情境下如何做決策的完備理論，又稱「預期效用理論」，是由數學家馮‧諾伊曼和經濟學家奧斯卡‧摩根斯坦在1944年發表。約翰‧馮‧諾伊曼是二十世紀最了不起的數學家之一，曾與愛因斯坦同時期任職於普林斯頓大學高等研究院。第二次世界大戰期間，他決定投身於解決實際問題，完成了六百多頁巨著《賽局理論與經濟行為》，預期效用理論僅僅是這次心血結晶的副產品。

馮‧諾伊曼與摩根斯坦建立這套理論的方法，是先寫下一連串理性選擇的定律，然後推論有意遵循這些定律的人會出現怎樣的行為表現。這些定律大部分是一些毫無爭議的概念，譬如遞移性，意指若你偏好A勝於B，而且偏好B勝於C，那麼你一定偏好A勝於C。值得注意的是，馮‧諾伊曼與摩根斯坦證明了，如果你希望符合這些定律（這是一定的吧），就得根據相關理論來做決策。他們的論點說服力十足。假如我得做出重大決定，無論是房貸重新貸款，或投資一門新事業，我都會根據預期效用理論來做決定，就像我會用畢氏定理來計算鐵軌三角形的高度。預期效用是做決定的正確方式。

康納曼與特維斯基的展望理論，則是提供了替代預期效用理論的另一種思維。展望理論並不假裝自己能被當做理性選擇的有用指引，但是稱職地預測人們在真實生活中所做的選擇。

這個理論關照的是人類行為。

雖然建立一個以實際人類行為為主的理論，似乎是個挺合邏輯的作法，可是經濟學家對此向來接受度不高。赫伯特‧西蒙雖創造了「有限理性」一詞，卻未具體闡述有限理性的人與完全理性的人之間有哪些差異。還是有其他少數的先行者，可是也都沒能立地生根。舉例來說，優秀傑出（大致上也算傳統）的普林斯頓大學經濟學家威廉‧鮑莫爾針對傳統的（規範性）廠商理論（假設利潤最大化）提出了另類版本，假定廠商若要讓規模最大化，譬如用營業收入來衡量，利潤就必須達到某個最低水準。我倒認為營收最大化或許才是更符合許多企業的描述性模型。事實上，遵循這項策略對執行長而言，說不定是更聰明的作法，畢竟執行長的薪資不但要看公司獲利，也得看公司的規模。如果是這樣的話，上述情況將會和企業追求最大化價值的理論發生抵觸。

初次接觸展望理論時，我最先體會到的是這則使命宣言：建立一個正確勾勒人類行為的描述性經濟模型。

大開眼界的曲線圖

我得到的另一項收穫是描繪「價值函數」的圖表，這也是經濟學思維的一大觀念轉變，亦為新理論的真正引擎。繼白努利之後，經濟模型是建立在「財富的邊際效用遞減」這項簡單假設上，如圖表2所描繪。

這種財富效用模型雖然正確地掌握了基本的財富心理，但是康納曼與特維斯基體認到我們必須將重心從財富的多寡轉移至財富的變化，才能建構更可靠的描述性模型。這樣的轉移聽起來只是個小更動，但是從數量多寡轉向變化其實是躍出了一大步，其價值函數呈現如圖表3。

康納曼與特維斯基聚焦在財富變化，原因在於人類是透過變化來體驗生活。假設你坐在一棟辦公大樓裡，運作良好的空調系統讓環境維持在我們一般認定的室溫。然後你離開辦公室，前往會議室去開會。走進會議室後，你對裡面的溫度有什麼反應？若這裡的溫度與你的辦公室和走廊相同，你根本不會多想，唯有會議室的溫度相較於大樓其他地方，異常的偏高或偏低時，你才會特別留意。當我們已經適應環境時，往往不會有任何覺察。

財務金融方面也是同樣道理。假設珍每年賺8萬美元，年終時得到原先不在預期之內的5,000美元分紅。珍對這筆意外之財做何想法？她會去計算多了這筆錢之後，這輩子的財富有多少些微程度的改變嗎？不會，她比較有可能的反應是：「哇，多了5,000美元！」常人思考生活是透過相對變化，而非絕對水平高低。所謂變化可以是與現況相比，也可以是和原先預期相比。無論是哪一種形式的變化，都能讓我們歡天喜地或愁雲慘霧。這番道理可說是一大創見呢！

圖表3勾起了我的無邊想像，我甚至將它畫在黑板上的清單旁邊。如今再看它一眼，這條S形曲線蘊含著關於人類本質

的飽滿智慧。圖的上半部，增益部分的曲線形狀與一般財富效
用函數相同，表現出敏感度遞減的現象，不過我們可注意到，
損失部分也呈現出敏感度遞減現象。損失10美元與20美元之間
的差異，遠高過損失1,300美元與1,310美元之間的差異，與標
準模型大不相同，因為以圖表2的財富水平為起點，損失部分的
曲線會隨著財富效用減少這條線往下跑，表示損失得越多，痛

圖表 3　價值函數

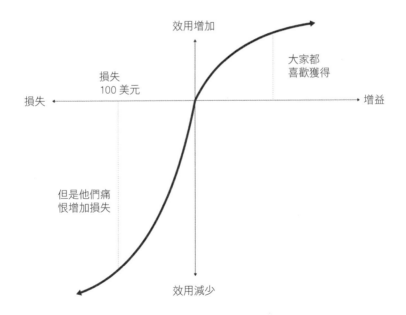

苦的感覺也越深（假如你對財富的增加越來越不放在心上，照理說你應該對財富的減少越來越在乎）。

　　對於現狀改變之後發生的差異，我們會經歷敏感度遞減的情況。這項事實反映了另一種人類基本特質，也是心理學最早的發現之一，被稱為「韋伯—費希納定律」。韋伯—費希納定律表達的是任何變項中的恰辨差，會與該變項的量呈現正比關係。舉例來說，假設我的體重增加了一盎司，我不會注意到這件事，可是如果我要買新鮮藥草，兩盎司與三盎司之間的差別就很明顯了。心理學家將這種引發差別感受的最小改變，稱為恰辨差（亦譯做最小可覺差異），若你想得到學術派心理學家的青睞，不妨在雞尾酒會的談笑中用上這個名詞吧（你可以說：「我為新車挑了比較貴的音響系統，因為多花的錢可不是恰辨差。」）。

　　下面這個擷取自美國國家公共廣播電台長青節目「談車」的例子，可讓各位測試自己對韋伯—費希納定律背後的觀念有多少理解。該節目的主持人是一對同樣畢業於麻省理工的兄弟檔，湯姆與雷·麥格里歐齊，他們接受觀眾來電詢問關於汽車的種種問題。不可思議的是，這個談汽車的節目竟然滑稽得要命，尤其主持人經常講完笑話後自己笑個不停（湯姆·麥格里歐齊在2014年過世，這個節目持續重播中，我們仍可聽到兩兄弟的笑聲不斷）。

　　在某一集節目中，來電的聽眾問：「我的兩個頭燈同時都熄了。我把車開進車廠，技師說只要換兩個新燈泡就行，這會

不會太草率啊？兩個燈都同時燒壞也未免太湊巧了吧？」

　　湯姆立刻回答這名聽眾：「啊，這就是鼎鼎大名的韋伯—費希納定律！」原來湯姆也是心理學與行銷學博士，他的指導教授麥克斯・貝瑟曼是判斷與決策研究領域的佼佼者。所以，這名聽眾的疑問究竟和韋伯—費希納定律有什麼關係？這項定律帶來的洞察又是如何幫助湯姆解決這個問題？

　　答案是，這兩枚燈泡事實上並非同時燒壞的。只有一枚燈泡燒壞時，開車不會有什麼問題，你可能根本沒注意到，尤其當你生活在燈光明亮的城市。從兩個頭燈亮變成只有一個頭燈亮，有時候並不是一個我們可以察覺得到的差異。然而從一個頭燈亮，變成所有燈都不亮，我們就一定會察覺到了。上述現象也解釋了清單中的一個例子：我們比較願意為了定價45美元的鬧鐘收音機，開十分鐘的車去買折價10元的同樣商品，卻不願意為了定價495美元的電視機，開十分鐘的車買折價10元的同樣商品。這正是因為後者所省下的錢算不上是恰辨差。

　　常人對於獲得和損失都呈現敏感度遞減，這項事實還有另一層意義。面對獲得，我們抱持著風險規避態度，面對損失，卻抱持風險偏好態度。下面這個針對兩組受測對象進行的實驗便體現了這一點（請注意，這兩個問題的第一個句子雖數字不同，但假使受測者如一般所預期是根據財富水平來做決策，那麼這兩個問題將會變得完全相同）。受測者選擇個別選項的比率，列於括弧之中。

問題1. 假設你比今天多擁有300美元，你會從下列兩者中選擇哪一個？

（a）確定獲得100美元。【72％】

（b）50％的機率獲得200美元，以及50％的機率損失0元。【28％】

問題 2. 假設你比今天多擁有500美元。你會從下列兩者當中選擇哪一個？

（a）確定損失100美元。【36％】

（b）50％的機率損失200美元，及50％的機率損失0元。【64％】

我們面對損失時會出現風險偏好的理由，就跟我們面對獲得時出現風險規避的理由，是同一個敏感度遞減邏輯。在問題2當中，損失第二筆100美元的痛苦，已不若損失第一筆100美元的痛苦。所以受測者已準備好冒著損失更多的風險來交換撈本機會，他們尤其渴望一次性消除所有損失，理由已呈現在圖表3當中──損失。

請仔細看這張圖表中，價值函數兩條曲線的共同起點。損失函數線形顯然比增益函數來得陡峭，下降速度超過增益函數的上升速度。大致來說，損失帶來的痛苦程度，是獲得所帶來快樂程度的兩倍。價值函數的這項特質令當時的我目瞪口呆，圖表中畫的不就是稟賦效應嗎？假如我拿走羅塞德教授的紅酒，他會覺得遭受到了損失，而且痛苦程度是得到新酒之快樂

的兩倍，這就是他爲什麼絕對不會用和私藏紅酒同等市價的金額去買一瓶新的紅酒，這種在損失與獲得等量的條件下，人類對損失比獲得更加敏感的現實，就叫做損失規避，這套理論可說已成爲行爲經濟學家的最強大利器。

　　所以，我們人類從改變中覺察生活，對於獲得與損失表現出敏感性遞減，而且對損失要比對獲得來得更有感覺。上述圖表蘊含了不少智慧，但是當時的我並未預期到自己將終其職涯與這張圖表共舞。

———————————

① 我曾問丹尼爾爲什麼要改標題，他回答：「『價值理論』有誤導之嫌，所以我們決定改用一個完全無意義的詞彙。假如我們時來運轉，這項理論變得重要了，它自然就會產生意義。『展望』這個字眼恰好符合需求。」

② 聖彼得堡悖論係指假設你正在玩一個賭博遊戲，必須一直擲銅板直到正面向上，遊戲才結束。若第一次投擲便出現反面向上，你可贏得2美元。若第一次未成功，但繼續投擲第二次成功了，你可贏得4美元。依此類推，每次投擲獎金會增加一倍。所以你的預期獎金是1/2 x 2美元 +1/4 x 4美元 + 1/8 x 8美元……這條算式可無窮盡列下去，亦即獎金的期望值是無窮大，但是爲什麼沒人願意拿出大筆賭金玩這種遊戲？白努利的答案是，隨著財富增加，我們能從中獲得的價值會逐漸減少，最後將導致風險規避心態。一個簡單的解決辦法是告訴大家，這世界的財富有限，所以玩家只需擔心贏的話，對方能否付得出錢來。假如你連續投出四十次反面，獎金將超過1兆美元。如果你以爲這會讓玩家傾家蕩產，實際的情況是和預期差遠了，賭金不超過40美元。

第5章

加州夢：初晤康納曼與特維斯基

　　1977年時，舍溫・羅森打算暑假要待在史丹佛大學，於是邀請我一起到西岸做更進一步的生命價值研究工作，正巧那年春季我已得知康納曼與特維斯基計畫從九月起在史丹佛待一個學年，既然他們的研究給了我莫大啟發，一想到自己可能在他們抵達史丹佛之前就得離開，我簡直無法接受。

　　我趁著春假飛往加州，研究了一下夏季要住的地方，並想方設法讓自己在秋季學期能夠留在史丹佛，最終就是希望和我的兩位新偶像共度一些時光。之前我曾將自己的第一份行為經濟學論文初稿寄給特維斯基，當時那份論文的標題是〈消費者選擇：一個關於經濟學家行為的理論〉，內容暗指只有經濟學家才會表現得像個理性經濟人。他給了我簡短且友善的回覆，表示我們顯然英雄所見略同，可是回覆內容僅此而已。在那個還沒有電子郵件的年代，長距離對話實在很不容易進行。

　　我花了幾天時間在學校裡到處懇求請託，試圖爭取客座的機會，可是終究徒勞無功。就當我快放棄時，我和一名歷史性人物，也就是當時擔任美國國家經濟研究局局長的衛生經濟

學家維克托・法赫斯有過一段對談。美國國家經濟研究局是我與舍溫後來工作的地方,我在維克托面前賣力表演,滔滔不絕宣揚我的清單、捷思與偏誤、展望理論,以及即將降臨史丹佛的以色列明星學者。維克托若不是真的感興趣了,就是對我產生憐憫,他提議將我列入一項秋季學期的研究計畫提案。我在七月抵達史丹佛大學後,便經常與維克托討論我的那些奇思怪想,後來他又提議付我薪水,聘用我到隔年夏季。

我們一家人在六月來了趟悠閒的橫越美國之旅,造訪沿途經過的國家公園,也讓我有不少時間思考如何結合心理學與經濟學。其實任何題目都有好好思考一番的價值,舉例來說,假設我今天要駕車300英里,我應該開得多快?如果時速是70英里,而非60英里,我們會早43分鐘到達目的地,省下的時間似乎值得冒著被開超速罰單的風險。可是,假如路程只剩30英里,開得快些也只省下4.3分鐘,這樣做似乎並不值得。所以我應該在接近目的地時,把速度逐漸放慢嗎?這也不對,尤其我們明天還是得繼續上路。我應該為整趟旅程訂定單一策略嗎?嗯,最好把這一條列入清單(答案:整趟旅程保持同樣的駕駛速度。假如其他因素均未改變,收到超速罰單的機率和你的駕駛時間成正比)。

這趟旅程最後一個繞道地點是俄勒岡州的尤金市,我到那裡拜訪巴魯克・費施霍夫,以及最早激發我在這方面興趣的心理學家保羅・斯洛維奇。趁著家人四處探索尤金市,我和巴魯克、保羅,以及他們的合作夥伴莎拉・利希藤斯坦一起聊天。

當時也有另一名心理學家前來訪問他們的研究中心，而且這位
女士和費施霍夫一樣，在研究所讀過康納曼與特維斯基，這名
心理學家就是瑪雅・巴爾-希勒，他們不久之後都加入了我的非
正式心理學導師隊伍。

　　那年夏末，康納曼與特維斯基的心理學集團成員浩浩蕩蕩
抵達。特維斯基與妻子芭芭拉現身史丹佛大學心理系。丹尼爾
與未來的妻子，知名心理學家安妮・特利斯曼則造訪從國家經
濟研究局往山丘上走的行為科學高等研究中心。

　　在維克托・法赫斯安排的一場飯局上，我有幸與特維斯基
和康納曼首次見面。這次聚餐的細節我記不清了，只記得自己
緊張得要命，只能仰賴健談的維克托讓對話保持流暢進行。更
重要的是，這次的引見給了我走上小山順道拜訪康納曼的通行
證（特維斯基的辦公室在校區內，遠得沒法順道過去）。當時
他和特維斯基正準備完成那份現在稱為〈展望理論〉的論文，
而我有時候會在他們忙著工作時闖進去。由於該中心的電話系
統實在太原始，與其打電話過去問他在不在，還不如直接走上
山丘找康納曼來得方便。

　　有時候我順道拜訪康納曼時，會發現他們正在工作，將要
完成展望理論的最終版本定稿。康納曼負責打字，兩人逐句討
論，可是他們幾乎對每個字都意見不同，對話則夾雜著希伯來
語和英語，聽起來挺奇怪的。他們可能原本用一種語言交談，
但瞬間轉換成另一種語言，完全毋需事先知會。他們提到「損
失規避」這類術語時會換回英語，因為懶得將術語翻譯成希伯

來語，可是我歸納不出他們何時會換成希伯來語。假如我懂這
種語言，或許能從中看出端倪吧。

他們花了幾個月的時間修改潤飾這份論文。大部分學者
覺得，研究過程中最有意思的部分是一開始的發想，而實際進
行研究也還算有趣，只有少數學者樂在撰寫論文。說學術寫作
很無聊，還算太抬舉它了，雖然仍然有許多學者將無聊的寫作
視為榮譽，認為風采洋溢的文筆顯示作者並未嚴肅看待自己的
作品，所以讀者也用不著認真[1]。「展望理論」讀起來有點難
度，不過由於兩位作者持續不輟地編輯修改，而且特維斯基始
終堅持「把事情做對」的目標，最後終於創作出這部文筆流暢
清晰的作品。

我和康納曼沒多久便養成了在研究中心附近山丘散步的習
慣。既然我們都對彼此的領域所知甚少，卻又充滿好奇，兩人
的對話便提供了許多學習機會。我們從這些共同訓練活動中學
到的事，包括了解另一個專業領域的成員有哪些想法，以及如
何說服他們相信我們的發現。

假設性問題的運用便是一個好例子。康納曼與特維斯基
的研究到目前為止，靠的是假設一些簡單場景，譬如：「想像
一下，除了你原本就擁有的一切，你還得到了400美元。現在
請從下面兩個選項當中擇一，你會選確定損失200美元，或是
參加有50％機率損失400美元，但是也有50％機率毫無損失的
賭局？」（大部分的受訪者選擇參加賭局）。康納曼在他的著
作《快思慢想》中喜孜孜地解釋，他們會先在自己身上試試這

些思考實驗，假如兩人有了一致的答案，就暫時假設其他人也會有相同回答，接著會著手進行確認，將這些問題拋給實驗對象，通常是他們的學生。

經濟學家不會為假設性問題的回答，或為這類調查問題買單。他們宣稱自己更關心的是人們實際做出的行為，而非他們口頭表示自己會怎麼做。康納曼與特維斯基知道學界有反對意見，而且必然是他們遇過的一些存疑經濟學家所提起的，可是他們沒什麼選擇。展望理論的一項關鍵預測是面對損失與獲得，常人會有截然不同的回應，但是他們幾乎不可能獲得許可去進行說不定真的讓受測者損失大筆金錢的實驗。就算有人志願參加這類實驗，大學裡負責審查以人為實驗對象的研究計畫委員會，應該也不會同意放行。

在展望理論的印刷版本中，特維斯基與康納曼為自己的研究方法做了如下辯護：「假設性選擇看樣子是一口氣探討大量理論性問題的最簡單方式。這套研究方法所仰賴的前提是，一般人通常知道自己若處於選項中的實際處境會做出怎樣的行為。另一個前提則是實驗對象沒有掩飾真實偏好的特別理由。」基本上，他們要說的就是：假如實驗對象能夠還算正確地預測自己在某些情況下所做的選擇，而他們表明的選擇與預期效用理論互相抵觸，那麼我們至少應該假定後者描述人類行為的真實程度值得懷疑。

上述辯護顯然讓期刊編輯感到滿意，但經濟學界仍有許多年視之為邪魔歪道。展望理論逐漸獲得各方接受，因為它在解

釋各種高風險情境下的人類行為，已被證實為相當管用。這些高風險情境可讓研究人員觀察一般人實際做出的選擇，無論對象是散戶投資人或競賽節目的參賽者。但是，我覺得經濟學家絕對想不出這套理論，就算把康納曼與特維斯基在心理學方面的深刻見解借給他們參考，由於他們就是不願意信賴假設性問題，使得他們無從學習康納曼與特維斯基有能力辨識的行為細微差別。

　　只需要問別人幾個問題，然後把回答當回事，我發現上述構想開放了許多可能性。在此之前，黑板上羅列的清單僅僅是思考實驗，然而在我看來事實變得很明顯了，假如讀者們看到我的假設性例子，他們就會按照自己的直覺同意例子中的行為確實存在（這當然是個天真的想法）。再說，就算這種調查方式被認為欠缺權威性，也比純粹只看我個人的直覺好多了。

　　幾年後，我有幸從這兩位大師身上學到如何進行這類實驗。他們採用了清單上鬧鐘收音機和購買電視機的例子，並改成購買外套與計算機，然後問受測者會怎麼做。以下就是他們設計的問題，圓括號與方括號內是兩個不同版本的價位。

　　想像你正打算以（125美元）【15美元】購買一件外套，並以（15美元）【125美元】購買一台計算機。計算機銷售員告訴你，你打算買的這款計算機在另一家分店有優惠價（10美元）【120美元】，而該分店離這裡有二十分鐘車程。你會特別跑到另一家分店去買嗎？

就如我之前所推測，針對較便宜的商品，實驗對象說他們願意為了省5美元特別開車去另一家分店。如今我們有了實際數據來支持這項推測。沒多久我也開始採用這套研究方式，雖然只是偶一為之。不過七年後，我和康納曼在一項關於公平認知（參考本書第14章）的研究計畫中，便幾乎全數仰賴假設性問題的回答。

沒和康納曼在山丘間漫步的時候，我就窩在國家經濟研究局，什麼事也沒做，純粹動腦思考。法赫斯像個善於引發罪惡感的猶太媽媽，每隔一段時間就問我的進度。這時候我可有些犯難了，雖然我認為自己有個重要的創見，可是研究過程卻得一步一腳印地將小步驟串連起來，而且我不知道究竟是當中哪些小步驟才能讓這個重要創見開花結果。再說，有創見是很好，可我還是得發表論文才能保住工作。回想起來，這就是科普作家史帝夫‧強森所謂的「緩慢直覺」，迥異於一切豁然開朗的「啊哈」頓悟，緩慢直覺只讓你有個模糊的印象，覺得好像有什麼有趣的事正在醞釀，本能告訴你某個重要的事物就潛伏在不遠處。緩慢直覺的問題在於，你無從得知自己是否會走向死胡同，當時我覺得自己來到了一個新世界的海岸，可是手上沒有地圖，腦子裡也沒概念該尋找何處，甚至不知道能否發現任何有價值的東西。

康納曼與特維斯基會做實驗，所以我自然認為自己也應該做點實驗。當時有個新興領域叫實驗經濟學，我主動聯繫了這

門學問的奠基人，也就是加州理工學院的查爾斯‧普拉特，以及當時任教於亞利桑那大學的弗農‧史密斯。傳統上，經濟學家是用歷史數據來測試他們的假設，可是史密斯與普拉特不但身體力行，也積極勸說經濟學概念可以透過實驗來進行測試。我的第一步，便是前往圖森市拜訪史密斯。

　　史密斯打算透過研究達成的目的與我所想的不同，至少在當時是如此。多年後，當他與康納曼共享諾貝爾經濟學獎榮耀時，我告訴記者雖然他們都得了獎，不過其個別目的卻大不相同。史密斯試圖證明經濟理論的優越之處，而康納曼所做的則恰恰相反[②]。

　　我拜訪史密斯時，他正提倡運用一種他稱之為「價值誘導」的研究方法。這種方法並不實際交易物品或是玩賭博遊戲，而是透過代幣來創造市場。每個實驗對象會得到一枚代表個人價值的代幣。我的代幣可能值8美元，而你的代幣可能是4美元，這表示假如我們在研究進行的最後，手裡持有一枚代幣，這就是我們能夠從實驗人員那裡拿到的金額。史密斯透過這套方法來測試供需分析等經濟學原理，然而我對這種研究方式不無疑慮。當你在店裡決定是否買下一件要價49美元的外套時，沒有人會越俎代庖地告訴你，你願意付多少錢來買這件外套。你得自己做決定，而且能夠接受的價格也受到各種因素影響，譬如這項商品的零售價是多少、這個月已經花了多少錢買衣服，以及你是否恰好剛收到退稅款。不過我在多年後才終於著手證明我對這套研究方法的疑慮，採用的方法是將代幣換成

馬克杯，如本書第16章所說明。

　　後來，我帶著全家到迪士尼樂園時，也到了加州理工學院去朝聖，拜會同樣是實驗經濟學先驅的查爾斯‧普拉特（他與史密斯同獲諾貝爾獎可說是當之無愧）。或許是加州理工學院的環境使然，普拉特喜歡用風洞的比喻來描述他的研究工作。他感興趣的倒不是透過實驗證明經濟學的基本原則確實有效，而是測試當市場規則改變時究竟會發生哪些事。查理十分健談，「喋喋不休」這個詞彙簡直是為他而發明的，而他和史密斯同樣溫暖而友善。

　　儘管史密斯與普拉特皆和藹可親且令人佩服，當時我還沒準備好斷然宣稱自己是實驗經濟學家。我想研究「行為」本身，對於研究技巧仍抱持開放的態度。有時候我會規畫實驗，假如我當下認為那是觀察行為的最佳方式；有些時候我只是詢問受測者幾個問題，不過我也希望能研究人們在自然情境中的行為⋯⋯假如我能想出具體的研究方法。

　　我在史丹佛待了一陣子之後，決定將籌碼全押在這項新嘗試。羅徹斯特大學不是理想的發展地點，學校裡的資深教職人員醉心於傳統經濟學研究方法，知識傾向與我天差地別，所以我將眼光轉向別處[3]。

　　應徵學術界工作時，你得在教員研討會上提交論文。研討會上的簡報和論文決定了應徵是否成功。當時我與羅森合作的「生命的價值」論文已頗有名氣，要是我想安全過關，大可針

對同樣主題做一些額外研究,但是我希望進入一個能夠容忍些許異端的環境,所以我提交的論文主題是關於自我控制、腰果之類。任何聽過這份論文內容還願意聘用我的地方,至少會對我接下來的研究抱持開放態度吧。我很幸運地得到康乃爾和杜克大學的聘書,最後在康乃爾大學落腳。我的下一站,將距離羅徹斯特九十英里之外。

---

① 這項通則當然也有例外。在那段時期,經濟學家喬治・史蒂格勒與托馬斯・謝林就是我印象中文筆極佳的論文作者。

② 當時我指的是史密斯的早期研究,即諾貝爾委員會所表彰的作品。後來他投入了其他更激進的領域,包括一系列他可從中創造資產價格泡沫的實驗(參考史密斯、Suchanek、Gerry在1998年發表之論文)。

③ 熟悉學術界的人可能會好奇,我怎麼會在羅徹斯特大學經濟系畢業後,又在同一所學校的商學院任教。這事說來話長,簡單來說就是我讀研究所時,便已經在商學院教書。當我的第一份差事差點落空之際,院長比爾・梅克林給了我一年的定期契約幫助我暫時過關,結果我在那裡又多留了好幾年。

第6章

舌戰群英

　　我在史丹佛工作時，便接受了康乃爾的教職，並於1978年
8月展開新工作。當時我必須在兩方面加把勁，其一是寫出論文
來說明我們能夠透過先前提議的新研究方法學到哪些東西。第
二個方面也同樣重要，由於幾乎每次我做研究簡報時，都會被
同儕們你一言我一語地質疑，所以我得要能夠提出具備說服力
的回應。經濟學家有他們自己的一套做事方法，而且他們已經
投注多年心血在這片領域，好不容易才建立一塊立足之地，自
然有可能會抗拒改變。

　　在一次談最近手上研究工作的初步成果發表會上，讓我對
上述事實有了深刻體會。在演說結束後的問答階段，一位知名
經濟學家向我提問：「假如我認真看待你剛剛說的研究，我該
怎麼辦？我所擁有的技巧就是知道如何去解決最佳化問題。」
他的意思是，假如我是對的，最佳化模型的確無法貼切描述真
實的人類行為，他的一身本領豈非完全過時。

　　他的反應出奇坦白，可是其他人如果稍微認真聽我說，比
較常見的反應是解釋我哪裡弄錯了，以及我忽略了哪些明顯因

素。沒多久我的清單又多了一項：經濟學家安心忽視清單上這類行為的理由。在朋友面前，我直接將這連串質疑稱為「鐵手套」，因為我每次談自己的研究工作時，都覺得像迎戰中世紀鐵手套的攻擊。以下是幾個最重要的質疑，以及一些我當時構想出來的初步回應，從某種程度來說，這些質疑如今仍存在爭論，你會在本書看到它們一再出現。

彷彿

最常被提出的質疑之一只有兩個字——彷彿。簡單來說，質疑者認為就算一般人不若經濟學家假設的有能力解決複雜問題，也表現得「彷彿」有能力。要理解「彷彿」派的批評，我們不妨先稍稍回顧經濟學史。第二次世界大戰後，這門學科經歷了一場革命。由肯尼斯・亞羅、約翰・希克斯，以及保羅・賽穆爾森領導的經濟學家們，加快了經濟理論數學化的發展趨勢。儘管經濟學的兩大核心概念不變，即主體追求效益最佳化，以及市場達到穩定均衡，但是針對呈現最佳化解決方案，以及決定哪些環境條件能使市場達到均衡，經濟學家已變得更加老練。

一個例子是所謂的廠商理論，歸根究柢就是說企業會追求利潤（或股價）最大化。當代理論學家才剛要說清楚這到底是什麼意思，一些經濟學家便出言反對這項理論，理由是現實生活中的經理人沒有能力解決這樣的問題。

　　「邊際分析」是個簡單的例子。本書第4章曾提到，一家努力追求利潤最大化的公司，會把價格與產量維持在邊際成本等於邊際收益。同樣的分析也可套用於聘雇員工。公司應該持續增聘員工，直到最後一名員工的薪資成本，等同於該員工為公司創造的盈利。這些結論或許看似無傷大雅，然而在1940年代，一場關於真實市場中經理人是否依照上述理論行事的論戰在《美國經濟評論》中激烈展開。掀起論戰的是理查‧萊斯特，他是一位大膽的普林斯頓經濟系副教授，竟然直接寫信給製造公司老闆，請他們解釋自己如何決定雇用多少人、該製造多少產品。根據他收到的回覆，沒有任何一個主管的決策考慮到「讓邊際成本等同於邊際收益」。首先，他們似乎根本沒把產品價格改變造成的影響，或調整員工薪資的可能性列入考量。與理論恰恰相反，他們並不認為薪資變化會在多大程度上影響聘雇或產量，反而盡可能銷售更多產品，並根據需求水準來決定增聘或減聘員工。萊斯特在他的論文大膽宣稱：「本文向傳統邊際理論，以及該理論所仰賴之假設的有效性提出嚴重質疑。」

　　擁護邊際理論的隊伍則由弗里茨‧馬克洛普領軍。當時他人在紐約州立大學水牛城分校，後來轉往萊斯特任教的普林斯頓大學，大概是想繼續面對面與對方交戰。馬克洛普認為萊斯特的調查數據不值得參考，理由是經濟學家並不關心一般人嘴上說他們會怎麼做。他主張這套理論並不要求公司明確計算出邊際成本與邊際收益，但是管理者採取的行動終究會大致符合

該理論的預測。他還做了一個類比，說這就像駕駛人在雙線道決定是否超車。駕駛人不會在當下仔細計算，仍會設法超越前方的卡車，經理人做決策的方式是同樣道理：「他可能會靠自己的理解，或是他對當下情況的『感覺』……模模糊糊地『知道』聘用更多人是否值得。」馬克洛普對萊斯特的研究資料頗多批評，自己卻拿不出任何數據。

兩派人馬交鋒之間，即將暴得大名的年輕經濟學家米爾頓·傅利曼加入了這場論戰。在一篇影響深遠的論文〈實證經濟學方法論〉當中，他主張依據假設的真實性來衡量一個理論是相當不智的作法。真正重要的是該理論的預測正確度（傅利曼論文標題中的「實證」，等同於我在本書所說的「描述性」，都是相對於「規範性」）。

為了說明他的主張，他將馬克洛普的駕駛人例子改為撞球高手。他指出：

> 精準的預測是源自於這個假設：撞球高手擊球的方式「彷彿」他知道如何做複雜的數學公式，能運算出最佳做球路線，而且靠眼睛就能推估角度、鎖定每顆球的位置，然後飛快計算出結果，讓球按照公式算出的方向前進。我們對這項假設的信心，並非建立在撞球手，即便是高手級，都能完成前面所描述的連串精準計算過程，而是我們相信但凡撞球高手，都應該有能力達到如同計算過的結果。

　　傅利曼不但辯才無礙，他的論點確實也頗具說服力。對許多當時的經濟學家來說，這個議題算是塵埃落定了。《美國經濟評論》不再刊出任何相關辯論，經濟學家們則回歸原來的模型，不必再操心他們的假設是否「符合眞實」。看樣子，一個好理論是不能單靠調查數據來擊敗的，就算擁護者根本沒拿出自己的數據。直到三十年後，當我開始有了離經叛道的想法時，這樣的情況依舊不變，即便是到了今天，這些「彷彿」說詞仍不時在經濟學研討會中冒出來，任意排除那些不支持標準理論預測的結果。

　　幸好康納曼與特維斯基針對「彷彿」提供了回應之道。他們針對捷思與偏誤，以及展望理論所做的研究，清楚地顯示了人類的眞實行爲並非「彷彿」他們是根據理性經濟模型來做出選擇。當他們的實驗對象挑了另一種選項，也就是說他們沒有挑那個在各方面都比較好的選項，我們就不能認定他們的作爲「彷彿」做出了正確判斷。再說，羅塞德教授的買酒習慣也稱不上是理性的。

　　爲了向我衷心仰慕的傅利曼教授致敬，我將自己的第一篇行爲經濟學論文標題定爲〈消費者選擇的實證理論〉、論文的最後部分包含了我對勢必出現的「彷彿」問題所做的詳盡回答。不過，論文一開始我也用了撞球的例子，我的主要論點是經濟學理論關照的是每一個人，而不僅限於專家。撞球高手或許表現得彷彿他嫻熟所有相關幾何學與物理學，可是一般人在酒吧裡打撞球時，通常只盯住最靠近球袋的那顆球，擊球還常

常失誤。假如我們要針對一般人如何購物、存退休金、找工作或煮晚餐提出有用的理論，就最好別假設他們的行為彷彿專家。我們的棋藝不若大師，投資能力比不上華倫・巴菲特，燒菜的工夫和「鐵人料理」節目參賽者天差地別，連「彷彿」的邊都沒沾上；比較接近現實的是，我們一般人的廚藝接近巴菲特（他喜歡到「冰雪皇后」連鎖冰淇淋店吃東西）。然而光是嚴厲反駁「彷彿」說詞還遠遠不夠，我需要堅實的實徵證據來說服經濟學家，才能贏得這場論辯。

　　迄今，經濟學圈子裡談到「調查證據」一詞時，免不了要加上形容詞「僅僅是」，相當於一聲冷笑，這種蔑視根本就不科學。以選舉投票為例，數據的來源是直接問受訪者是否打算投票與他們有意投給誰，然後透過奈特・席佛這些高明統計學家的仔細爬梳運用，才得以產生高度正確的選舉預測。這種反調查態度最耐人尋味的地方是，許多重要的總體經濟變數，正是由調查而產生的！

　　舉例來說，美國媒體經常熱中於報導每月最新就業數據，並邀請神情肅穆的經濟學家說明如何解讀這些數字。不過，就業數據是從哪裡來的？它們來自於人口普查局的調查，而總體經濟模型的重要變數之一──失業率，也是透過調查而確立的，方法則是調查人員直接詢問民眾他們是否正在找工作。不過在總體經濟學中，使用當局公布的失業率數據並未被視為不恰當，顯然只要不是研究人員自己所蒐集的調查數據，經濟學家一概都能接受。

　　到了1980年，問卷式調查再也抵擋不住「彷彿」說詞的攻擊了，我們必須找到適切數據來呈現一般人在真實生活中所做的選擇並不盡然合乎理性。

誘因

　　經濟學家對誘因有著莫大的信任。他們聲稱利害關係提高的時候，一般人會有比較大的誘因努力思考、尋求協助，或採取必要行動搞定問題。由於康納曼與特維斯基的實驗通常不涉及較高的利害關係，所以對其他經濟學家來說，這表示他們大可忽視這對搭檔的研究。就算康納曼與特維斯基在實驗場景安排了實質誘因，利害關係通常也相當低，不超過幾美元之譜。當然了，經常有人說假如提高利害關係，一般人就會做出正確的選擇。雖然這種主張沒有任何證據支持，卻深植人心，完全無視於沒有任何經濟理論或實踐曾明示或暗示，經濟學只適用於利害關係高的問題，無論是買爆米花或汽車，經濟理論都應該要管用才對。

　　兩位加州理工學院經濟學家大衛‧葛瑞瑟與查爾斯‧普拉特，他們為我方前線提供了反擊的初步證據，也是我的實驗經濟學導師之一。葛瑞瑟與普拉特無意中看到我的兩位心理學指導者，莎拉利希藤斯坦與保羅‧斯洛維奇共同合作的研究。利希藤斯坦與斯洛維奇發現了「偏好逆轉」，一種讓經濟學家坐立難安的現象。簡而言之，實驗受測者先是被誘導說出他們

偏好A選項而非B選項，同時也被誘導說出他們偏好B選項更勝
於A選項，這項發現顛覆了正式經濟理論仰賴的理論基礎，譬
如一般人有所謂「定義明確的偏好」，簡單來說就是我們一直
都知道自己喜歡什麼。經濟學家不在乎你偏好軟床墊還是硬床
墊，可是他們無法接受你說喜歡硬床墊勝過軟床墊，同時又說
軟床墊比硬床墊更投你所好。這樣的說法行不通。如果個人偏
好有固定順序的假設必須被揚棄，那麼經濟理論教科書會從第
一頁開始空白，因為沒有了穩定不變的偏好，最佳化便全然無
用武之地。

　　利希藤斯坦與斯洛維奇是在賭博遊戲中推衍出偏好逆轉：
他們給實驗對象兩個選擇，其中一個勝算較高，譬如97%的機
率贏得10美元；另一個選擇則風險較高，譬如37%的機率贏得
30美元。他們稱勝算較高的選項為 P 賭注，取自高概率的英文
字首。風險較高的選項則為 $ 賭注，因為它提供了贏得更多金
額的機會。首先，他們會問實驗對象偏好哪一種賭博遊戲，大
部分選擇了 P 賭注，畢竟多數人喜歡幾乎穩贏不輸的賭局。對
這些實驗對象來說，這表是他們偏好 P 賭注更勝於 $ 賭注。接
著他們問那些喜歡 P 賭注的實驗對象：「假設你拿到了 P 賭
注，最少要付你多少錢，你才願意將它轉賣出去？」他們也針
對 $ 賭注問了同樣的問題。奇怪的是，這些實驗對象當中的絕
大多數對轉賣 $ 賭注的開價竟然比 P 賭注高，表明了他們更喜
歡 $ 賭注。也就是說，他們偏好 P 賭注更甚於 $ 賭注，同時也
偏好 $ 賭注更甚於 P 賭注。這簡直是對經濟理論的褻瀆啊！

葛瑞瑟與普拉特想知道，這些詭異的實驗結果究竟是如何產生的，而誘因是他們的主要假設[1]。他們推測，假如用實際金錢來當賭注，就不會發生這種荒謬的情況了。所以他們用真的錢來進行實驗，卻出乎意料地發現偏好逆轉現象反而變得更頻繁、更嚴重。提高利害關係只讓事情變得更糟。雖然這些發現並未讓支持誘因的反對陣營偃旗息鼓，可是至少當有人宣稱金錢能解決為研究中經濟學家遇到的所有問題時，我們有份論文可用來引述反駁。我們也將看到，在爭論實驗證據的有效性時，這會是一再重複上演的主題。

學習

康納曼與特維斯基的實驗方法經常被挑剔為「只此一次機會」。經濟學家們說，我們在「真實世界」是有機會學習的，這樣的說法倒也相當合理，雖然我們不是一開始就擅長駕駛，可是大部分的人無須經常闖禍就能夠學會開車。一個聰明的心理學家確實可以設計出引誘受測者在實驗室內犯錯的問題，但是並不表示後者在「真實世界」也會犯同樣錯誤（實驗室被視為不真實的世界）。他們在實驗室外有的是時間練習做決策，所以不會犯下我們在實驗室中看到的錯誤。

用學習當辯詞的問題在於，這套說法是假設大家生活在宛如比爾‧墨瑞主演的電影《今天暫時停止》中的世界。墨瑞的角色每天醒來，迎接的都是同一天，就這麼日復一日重新度過

同一天，當他發現這是怎麼回事之後，他有了學習能力，因為他可以一次改變一件事，然後看看情況會有怎樣的發展。真實生活可無法如此操作，而且幸好我們不必重複過同一天，然而這也表示學習可能會有點困難。

心理學家告訴我們若要從經驗中學習，有兩個要素不可或缺：頻繁練習與即時回饋。當這兩項條件存在時，無論學騎腳踏車或學開車，即使過程中可能發生一些事故，我們最後總是能夠學會。然而生活中有許多問題並未提供這樣的學習機會，因此我們可從中推衍出一個有趣概念：學習與誘因論據在某種程度上來說是互相抵觸的。我頭一回想到這件事，是在我與英國博奕理論專家肯‧賓默進行公開辯論之時。

當時我和賓默出席了一次為研究生舉辦的研討會，每天得各自進行一場演說。我的演說包括了行為經濟學的新發現，賓默的演說則是與之毫不相關的研究。然而，他卻利用機會在每次演說的開頭回應我前一天的演說內容。聽完我的第一場演說後，賓默提出了「低利害關係」版本的批評。他說，假如他經營的是一間超市可能就會參考我的研究，因為我研究的東西或許能解釋低價商品的購買行為，可是假如他是汽車代理商，我的研究就沒什麼參考價值了，因為利害關係提高的時候，一般人會做出正確選擇。

隔天，我提出了一套論述。為了向賓默表示敬意，後來我將這套論述命名為「賓默連續體」。我在黑板上列出商品清單，根據購買的頻率由左排列至右。左邊的第一項是自助午餐

（每天），然後是牛奶與麵包（每週兩次），依序寫至毛衣、汽車、房子、職業選擇，以及配偶（大部分的人終其一生不超過兩、三個）。現在，請注意清單上的趨向。我們經常會碰到一些小事，就有機會學習如何做對，可是面臨住屋、房貸，或工作上的抉擇時，就沒那麼多練習或學習機會了，至於存退休金或投胎轉世，基本上一生只有一次。所以，賓默把事實搞反了。學習是需要練習的，我們比較可能做對的其實是利害關係較低的小事，而非利害關係高的大事，這也表示批評者得決定他們打算採取哪一種論據，若關鍵在於學習，那麼隨著利害關係升高，決策品質就可能會隨之降低。

市場：看不見的手勢

　　鐵手套攻勢當中，最重要的反駁論點涉及了市場。我曾任教的羅徹斯特大學商學院的領袖人物麥克・簡森主辦了一場研討會，我還記得很清楚，特維斯基最初就是在這次研討會的晚餐時間被扯進這場論戰。簡森當時是理性選擇模型與金融市場效率的忠實擁護者（但是他從那時候起逐漸在各方面改變了觀點）。我想他大概打算利用這次研討會，親眼瞧瞧康納曼與特維斯基到底在紅什麼，順便擺平兩個迷途的心理學家。

　　對話進行之際，特維斯基請簡森評價他太太的決策能力。麥克立即端出一堆他太太做過的滑稽決定來娛樂賓客，像是買了一輛昂貴的車卻不肯開出去，因為她怕車子會被撞凹。接著

特維斯基問及麥克的學生，麥克又滔滔不絕地說出他們犯過的愚蠢錯誤，抱怨他們連最基本的經濟學概念都得花很長的時間才能搞懂。我們灌進越多紅酒，麥克的故事就越精彩。最後特維斯基直接攻向要害：「麥克，你好像認為差不多你認識的每個人連最簡單的經濟決策都無法做對，然而你卻假設你的模型中所有行為主體都是天才。這是怎麼回事呀？」

麥克一臉平靜：「特維斯基，你就是不明白。」接著他發表了一番我個人歸因於米爾頓‧傅利曼的宏論。雖然我從來沒能在傅利曼的著作中找到這項論據，但是當時羅徹斯特的人都認為它的原主就是大家親愛的米叔叔。該論據的說詞如下：「假設有些人幹了蠢事，譬如你的那些實驗對象，而這些人必須在競爭市場上互動，那麼……」

我將這套辯詞稱為看不見的手勢，因為就我的個人經驗來說，沒有人在說完那段話之前雙手還能保持不動，而且他們認為這些說法與亞當‧史密斯的「看不見的手」多少有些關聯，可是這隻看不見的手作用被過度誇大，而且神祕難解。他們主張市場能規範那些行為不當的人。看不見的手勢之所以必要，是因為他們沒有其他合理方式能做出市場可以將人類轉化為理性主體的結論。假設你很在意沉沒成本，而且在吃完大餐後勉強塞進豐盛的點心，只因為你已經為點心買單了。接下來會怎麼樣？若你經常犯這種錯誤，頂多就是身材圓一點，不會遇到什麼嚴重的問題。如果你掛心的是損失規避呢？這會要了你的命嗎？不會。假如你決定創業，因為你過度自信，自認有九成

的成功機率，實際上絕大部分的新創事業是以失敗告終，那麼你不是僥倖成功，就是連餬口都快成問題，也可能乾脆放棄，關門大吉另做打算。市場儘管冷酷，卻無法將人變得理性，除了極少數的情況，沒能按照理性主體模型來行動並不會致命。

有時候，看不見的手勢會結合誘因論據，指出當利害關係升高，並且選擇變得困難時，我們會向外求助，雇用專家來幫自己一把。這種說法的問題在於，要找到利益不衝突的真正專家並不容易。一個沒有足夠能力為自己的退休金儲蓄挑選優良投資組合的人，竟然有能力自行尋找財務顧問、房貸經紀人或不動產經紀人，這實在是說不通。許多人發財靠的是販賣仙丹和龐氏騙局，只有少數人能靠販賣建議賺到大錢：「別買那玩意兒。」

這套論據的另一個版本是：競爭壓力必然會迫使企業追求利潤最大化，即使企業的管理者是人類，而且還包括一些不擅長學習的人。當然，這套說詞不無道理，但是我認為市場競爭的力量被過度誇大了。我想不起來這輩子曾有任何時候專家們認為通用汽車是一家經營良好的企業，可是通用汽車拖著病懨懨的體質撐了好幾十年，而且這段期間的大部分時候，通用依舊是全世界規模最大的汽車製造商。或許他們原本會在金融危機發生後，自2009年徹底退出全球經濟舞台，然而政府的紓困又讓他們爬回全球第二大車廠的地位，稍稍落後於豐田汽車，並且迎頭趕上了福斯汽車。市場競爭壓力顯然作用遲緩。

我在這裡幫簡森說句公道話，他的論據其實有一個比較連

貫的版本。他並非聲稱市場會迫使人變理性，而是主張市場價格將維持理性，即使許多個人毫無疑問的保有人性弱點。這套說法確實聽似合理，甚至還挺有說服力，不過它恰巧是錯的，而它為什麼是錯的就說來話長了，我將於本書第四部另做說明。

為了要讓行為經濟學成功站穩腳步，當時我們必須回答這些問題，而在某些領域，我們直到如今仍在試圖回答問題。只不過，我們現在面對的挑戰不再是被一句話打發，如今的反對者可以引援他們對真人在利害關係較高的市場，甚至在金融市場的互動行為所做的研究，他們預期那看不見的手勢，在這類市場中是最能奏效的。

我帶著對鐵手套的記憶，在1978年秋季抵達了紐約州綺色佳市郊的康乃爾大學。綺色佳是個小地方，冬季漫長多雪，沒什麼事情可做，是個進行研究工作的好地方。我在加州時，已經設法完成了兩篇論文，其中一篇闡述了我黑板上的清單，另一篇標題為〈自我控制的經濟理論〉。這兩篇論文的出版過程可謂曲折。第一篇，即稍早提過的〈消費者選擇的實證理論〉被六、七家大型期刊退稿，我克制自己別去計算次數。事後回想起來，這一點也不奇怪，這篇論文提出了許多概念，卻少有證據能支持這些概念。每次被退稿，我都會收到一份審稿意見，下回修改時我都會設法將這些意見納入論文當中，然而我似乎依舊毫無進展。

　　直到某個節骨眼，我一定得讓這篇論文出版了，因為我必須繼續前進。幸運的是，兩位思想開明的經濟學家創立了一份名為《經濟行為暨組織期刊》的新刊物，我猜他們應該急著收到投稿，於是我把論文寄給他們，而他們也在創刊號刊登出來，我總算發表了人生第一份行為經濟學論文，雖然是刊登在沒人聽過的期刊。

　　倘若我要留在學術圈，在康乃爾這種以研究為主的大學得到終身教職，就得開始在頂尖期刊固定發表論文。我從加州返回時，已經從探索主題清單頂端挑出了兩個點子。第一個點子是了解支出、儲蓄，以及其他家庭財務行為的背後心理學，也就是現在所謂的心理帳戶。第二個點子是關於自我控制與涵蓋面更廣泛的，從當下與延後當中做選擇。本書接下來的兩部分，將深入探討這些主題。

----

① 利希藤斯坦與斯洛維奇在1973年發表的論文，在拉斯維加斯賭場內以真的錢複製了葛瑞瑟與普拉特的研究，不過後者還是偏好誘因假設：他們之所以無視於實際證據，或許是由於他們的另一項假設。他們很明顯地考慮過實驗出現詭異結果可以用實驗人員的身分為心理學家來解釋，畢竟大家都知道心理學家擅長在實驗中騙人。不用說，看過這份論文的心理學家都不會接受這套假設。

第2部

心理帳戶：

一般人如何思考金錢？（1979年～1985年）

　　與特維斯基和康納曼在加州共處一年後，他們繼續攜手合作，我則只能偶爾在學術研討會上看到他們。當時他們正投入「展望理論」的後續論文，我也繼續思索消費者選擇這個主題。然而，有個主題是我們三個人都在思索的，雖然大部分時間是各自獨立進行，就是「一般人如何思考金錢？」起初我將這種思考稱為「精神帳戶」，不過特維斯基與康納曼在後來的一份論文中將名稱改為「心理帳戶」，所以我也如法炮製。

　　在接下來的學術生涯，我持續不斷地思考、撰寫、談論心理帳戶，迄今仍覺得它引人入勝、刺激帶勁，而且一針見血，是幫助我了解這個世界的透鏡。本書接下來的幾章將詳細闡述心理帳戶的基本概念，不過這個主題其實遍布在整本書接下來的部分。對心理帳戶的思索是有傳染性的，你可能沒多久便發現自己脫口而出：「對了，這就是個心理帳戶問題。」

第 *7* 章

撿便宜與宰客

　　我的朋友瑪雅・巴爾-希勒正要選購被褥，打算當成家裡雙人床的被子用。她走進店裡，發現了一款很喜歡的特價品，原價是特大號尺寸300美元，大號尺寸250美元，標準尺寸200美元。不過本週有限期特價活動，所有尺寸均爲150美元。瑪雅實在抗拒不了撿便宜的誘惑，於是她買了特大號尺寸。

　　開始討論心理帳戶之前，各位最好先了解關於消費者的基本經濟理論。還記得本書之前討論過的稟賦效應吧，所有經濟決策都是透過「機會成本」這個透鏡來判定。今晚看電影與吃晚餐的成本不只看帳面上的財務支出，也要看這些時間與金錢若另做他途會有多少效用。

　　若你眞正了解機會成本，而你手上有一張可轉賣1,000美元的球賽門票，那麼這張票原先是花多少錢拿到的，其實就無關緊要了。這次看球賽的成本應該是轉賣門票換得1,000美元可發揮的其他效用。只有當這筆錢的最佳效用是看球賽時，你才應該帶著門票進場觀戰。去看球賽是不是比看一百場每場門票

10美元的電影更好？比為衣櫥裡的破爛行頭汰舊換新更好？比存下這1,000元以備不時之需或週末度假花用更好？這類分析並不限於涉及金錢的決策，若你花了整個下午讀小說，那麼你所付出的機會成本，就是如果這段時間去做其他的事可發揮的效用。

　　消費者選擇的規範性理論，要求的就是一般人能夠做到上述思考分析。理性經濟人便是如此，原則上我們也應該在大部分時候努力達到這樣的思考，不過假如每個人都試圖在每項決定上進行這種分析，結果八成是決策癱瘓。這1,000美元有幾乎數不清的運用方式，我怎麼可能會知道哪種方式會讓自己最幸福快樂？對任何人來說，這個問題都過於複雜、難以解決，以為一般消費者會認真投入這種思考，更是不切實際的想法，能夠以稍稍接近這種分析方式來思考的人根本少之又少。針對上述的1,000美元門票問題，一般人只會考慮少數幾個選項。我可以在家裡看電視轉播球賽，將這筆錢用於拜訪住在羅德島普羅維登斯市的女兒，這樣是不是會比較好呢？為這筆錢想出最佳其他用途，不是我或任何人有能力考慮清楚的，我們甚至連擦邊球都打不到[1]。

　　那麼一般人是如何應付的呢？我不確定該如何進行這方面或其他方面的消費者決策研究，所以我雇用一名學生訪問當地家庭，看看我們能從真實的人身上學到什麼。我將重點放在中低階層家戶，因為預算吃緊時，購買決策會變得更重要。

　　這次訪談的目的，是要讓參與者有足夠的時間暢所欲言

（每位參與者都得到同樣金額的酬勞，可是有些人話匣子一開就聊了數小時之久）。調查對象則鎖定那些在家裡負責管帳的人。若是一對夫妻，管理金錢的責任通常會落在妻子身上。不過這次訪談的目的，倒不是為了蒐集學術論文要用的數據，只是希望有個整體概念，大致了解一般人對於家庭財務的管理有何想法。亞當·史密斯的知名故事之一，是他曾經造訪一家大頭針工廠，親眼觀察製造流程如何運作，而這次訪問就是我的大頭針工廠，不但讓我更能掌握現實，也更深刻地影響了後來我針對心理帳戶所寫的全部內容。

交易效用左右消費者的心態

　　這次研究要處理的第一個問題，是我打從列清單開始就不斷在思考的問題：「成本在什麼時候會變成損失？」雖然這個問題已經在我心裡擺了很久，而「發現」展望理論之後我更是想知道答案。各位還記得顯示損失規避傾向的價值函數吧：若從零出發，往下走的曲線會比往上走的曲線來得更為陡峭，這是因為損失造成的痛苦，強度是獲得帶來快樂的兩倍。如此一來產生了一個疑問：假設你花5美元買了一個三明治，你會感覺到損失了5美元嗎？若這是慣常的交易，答案顯然是否。首先，這種想法會讓你心情惡劣。既然損失造成的情緒強度是獲得的兩倍，就連把一張10元鈔票換成兩張5元的，在這種思考方式下都會有虧錢的感覺，「損失」一張5元鈔的感受強度，

說不定會凌駕獲得10美元帶來的愉悅。所以在你購物的當下究竟發生了什麼事？瑪雅買下那件特大號尺寸的被子時，她到底在想什麼？

最後我想出了一套包含兩種效用的公式：獲得效用與交易效用。獲得效用是根據標準經濟理論，相當於經濟學家所說的「消費者剩餘」。顧名思義，它的算法是我們評估所獲得物品的效用之後，減去放棄的機會成本而得到的剩餘。對理性經濟人來說，獲得效用就是他要的最終結果。唯有當消費者對某件事物的評價超過市場對它的評價時，購買行為才會產生夠多的獲得效用。假如你異常口渴，那麼一瓶1美元的水便會創造莫大效用。對一個家裡有張雙人床的理性經濟人來說，購買符合床墊尺寸的被子，獲得效用將高於以特價買來的特大號被子。

但是，真實生活中的人還會考慮到另一個層面——他們所認知的交易品質。這便是交易效用所表述的部分，其定義是我們為某件物品實際支付的價格，與通常預期支付的價格，也就是參考價格之間的差異。假設你觀賞了一場體育賽事，並在活動現場買了一個跟平常午餐吃的一模一樣，可是價格為三倍的三明治。雖然三明治味道還不錯，但是價錢實在太離譜了，所以它交易效用是負值，說白了就是「宰客」。相反的，當賣價低於參考價格，交易效用則會是正值，也就是俗話說的「撿便宜」，就像瑪雅的超大號被子和其他尺寸較小的同款被子是均一價。

接下來我以下面這個調查問題為例，為各位說明上述概

念。兩群就讀於企業管理碩士在職專班,並且有固定喝啤酒習慣的學生,被詢問到他們若處於下面所描述的兩種版本情景之一,將會做出怎樣的回答。兩種版本的不同之處標於圓括號和方括號內。

在一個炎熱的日子,你躺在沙灘上。你只需要來杯冰水,而過去一小時你滿腦子想著如果能喝到一罐冰冰涼涼,最喜歡牌子的啤酒,該有多痛快。一個同行旅伴起身準備去打通電話,他主動提議順便到附近唯一賣啤酒的(時尚度假飯店)〔破舊的小超商〕,幫你去買罐啤酒回來。他說啤酒可能會賣得很貴,所以先問你最多願意付多少錢。如果啤酒價格和你的開價相同或低於你的開價,他才會幫你買回來,否則他就不買了。由於你信任朋友,而且反正也不可能跟(飯店酒保)〔超商店主〕殺價,你會告訴朋友多少價錢呢?

為了應付我預期經濟學家可能會提出的異議,我將這個例子做了微調,而其中有幾項值得各位注意的地方。最關鍵的是,這兩種版本的消費行為是完全相同的。受測者能夠在沙灘上喝到一罐最喜歡牌子的啤酒,他本人從沒親自走進或親眼看到賣酒的地方(無論是正面或負面),所以無從感覺那個地方的環境氛圍。此外,受測者沒機會和賣酒的人討價還價,因此也沒理由掩飾自己的真實偏好。用經濟學家的術語來說,這種情境可謂「誘因相容」。

排除這些但書之後，我們就可以直接進入重頭戲了。假如啤酒是在度假飯店，而非從超商買的，一般人會願意多付點錢。我們蒐集到的答案中數[2]經通膨調整後，各為7.25美元與4.10美元。

這些結果顯示，一般人願意為同樣的啤酒支付不同價格，儘管都是在沙灘上的同一地點享用。他們看的是啤酒在什麼地方購得。為什麼受測者要在乎啤酒是哪裡買來的？理由之一是他們有自己的預期，會預期時尚飯店的售價會比較高，部分原因是成本顯然也比較高。在度假飯店花7美元買一罐啤酒雖不愉快，卻是在預期之內，可是小超商賣這種價錢可就太過分了！以上就是交易效用的本質。

理性經濟人沒有交易效用的體驗。對他們而言，購買地點只不過是個他們認為無關的因素。這倒不是說理性經濟人對撿便宜無動於衷，倘若有人願意在海灘上賣每罐10美分的啤酒，就連理性經濟人也會覺得很開心，然而他們的開心屬於獲得效用。至於為交易效用而感到喜悅（或痛苦）的人，他們的感受來自於交易本身的條件。既然交易效用可以是正值，也可以是負值，換句話說有些交易會讓人感到超划算，有些則讓人覺得自己被敲詐了，它有可能會阻礙我們進行能夠增進福祉的消費，並誘使我們把錢浪費在某些採購上。從沙灘上的啤酒這個例子來看，我們可發現受測者說不定會因為被勸阻而放棄一椿其實很值得的購買。假設丹尼斯說他只願為小超商的啤酒付4美元，為飯店的啤酒付7美元。朋友湯姆為了取悅他，於是花5

美元在超商買了啤酒,然後告訴丹尼斯說這是在飯店買的。丹尼斯一邊喝著啤酒,一邊想著這價格還挺不賴。若非湯姆耍了花招,他對支付超預期金額的厭惡會阻止他同意這次交易。

對於生活還過得去的人來說,交易效用為負值時,可能會阻礙我們把錢花在能夠創造終身快樂回憶的特殊經歷,儘管超出預期的花費早已被遺忘。從另一方面來說,划算的交易可能會引誘我們買下其實沒什麼價值的東西。每個人的衣櫥裡都會有幾件極少派上用場,但是當時覺得「非買不可」的東西,只因為價錢實在太划算了。我們抱著與瑪雅選購被子相同心態買回家的東西,最後當然都被扔進了車庫或閣樓。

由於消費者是這種思考方式,賣方當然有了操縱預期參考價格、創造「一筆好買賣」幻象的動機。有個被運用了數十年的例子是標示基本上純屬虛構的「建議零售價」,它的目的僅在於提供誤導性的預期參考價格。在美國,有些商品似乎一年到頭都在特價,譬如小毛毯和床墊,某些零售商則固定推出男性西裝優惠。以這種方式行銷的商品有兩個共同特色:它們不是消費者經常採購的項目,而且品質優劣不易評估。商家之所以挑選非經常採購項目,是因為這樣一來消費者就比較不會注意到該商品其實總是以特價賣出。當我們走進店裡打算買新床墊時,大部分的人都會驚喜地發現本週剛好有優惠活動。此外,由於床墊這類商品的品質不容易評估,建議零售價這時候就能發揮雙重功能了。一方面它提醒消費者該商品具有高品質(藉此提高買方所認知的獲得效用),同時它又暗示消費者能

從中獲得交易效用，因爲該商品提供了「特價優惠」。

　　交易效用帶來的興奮感能緊緊抓住顧客的心。經常舉辦優惠活動打響名號的零售商，若企圖讓顧客戒掉對超值折扣的期待，下場可能不會太好。有些零售商多年來以所謂的「天天都便宜」定價策略來吸引客源，其試驗往往以失敗告終③。得到一筆划算交易的樂趣，勝過在每項商品省下其實幾乎感覺不到的小金額。

　　有些美國零售商嘗試戒掉顧客對經常性折扣的癮頭，不過終歸失敗了，當中又以梅西百貨和潘尼百貨爲知名案例。梅西百貨的領導階層在2006年～2007年的形象改造計畫中，特別鎖定了折價券，打算減少這種折扣方式的使用。梅西百貨將折價券視爲威脅，會讓品牌形象降低至潘尼百貨或柯爾士百貨這類平價零售商的水準。梅西百貨收購美國境內其他幾家連鎖百貨，並且全數掛上自家的招牌之後，他們在2007年春季減少了30%的折價券使用（與前一年同季相比），但是顧客不接受這一套，銷售量隨之銳減，梅西百貨只得火速承諾，同年聖誕假期之前一定會恢復原來的折價券供應量。潘尼百貨也曾在2012年短暫減少折價券的發放，改採天天都便宜促銷策略。當該公司發現只有不到1%的營收來自原價出售的商品，執行長羅恩‧強森在一份出奇坦白的新聞稿宣布終結他所謂的「虛假價格」，意即虛構的建議零售價，並開始改用一套較簡單的定價方案。除了廢止傳統的折價券優惠，新方案也排除所有小數點後兩個數字爲99的標價，直接改爲最接近的整數。潘尼百貨宣

.

　　稱消費者最後支付的價格，在經過上述調整之後並不會有任何
改變。

　　儘管這套新方案確實可能不會讓消費者支付較多金額，他
們也因此錯失了不少交易效用，甚至連支付9.99美元，比整數
定價10美元省下1美分的小小快樂都沒了，結果這次的試驗可
謂一敗塗地。這項改革在2012年開始實施後，潘尼百貨的銷售
與股價立刻暴跌，一年後，強森被趕下執行長寶座，折價券也
回到潘尼百貨顧客的手上，但是一直到2014年，潘尼百貨的銷
售仍不見起色。或許這是因為消費者也不喜歡被告知建議零售
價，也就是交易效用的主要來源竟然都是玩假的。

　　敏銳的讀者（和購物者）或許會狐疑，沃爾瑪與好市多
這類大型折扣零售商是否面臨同樣問題，它們成功地操作天天
最便宜定價策略，有時候甚至不必刻意提醒顧客原價高出了多
少。然而這並不表示他們削減了交易效用，事實正恰恰相反，
他們已說服顧客相信，在店裡可享受到痛快撿便宜的購物體
驗，並且不厭其煩地強化這個印象。除了提供真正的低價，沃
爾瑪也將保證最低價這個老招翻新，鼓勵消費者透過「省錢幫
手」的手機軟體掃描收據，若發現任何商品在別處有更低價
格，便可無條件要求退款。除非梅西百貨與潘尼百貨願意放棄
提供上流購物體驗的高姿態，否則他們帶給顧客的交易效用，
絕對比不上這些名副其實的折扣零售商。

　　對顧客而言，持續不斷地留意划算交易並沒有什麼不對，
在一項採購上省下的錢，或許就可以用來買其他東西。然而我

們也不想落入買了某些沒用處的東西，只因為價格划算到不捨得錯過的窘境。商業界則必須了解，人人都對合算的交易感興趣，無論是折扣或真正的低價，只要有便宜可撿消費者就會自動上門。倉儲式量販店好市多雖然打響了低價招牌，停車場卻總是出現為數可觀的高檔名車。顯然就連手頭闊綽的消費者，也能從交易效用中得到極大樂趣。

---

① 或許你會大吃一驚，但是最接近機會成本思考的族群其實是窮人。森迪爾・穆蘭納珊與艾爾達・夏菲爾在近作《匱乏經濟學》指出，從這個層面來看，窮人的思考比相對富裕的人更接近理性經濟人，理由純粹是因為機會成本對窮人來說是明擺在眼前的。假如一筆100美元的意外之財能讓他們支付逾期的水電費帳單，或是讓孩子換掉那些已經太小的鞋子，機會成本就是明擺在眼前的考慮重點。然而，無時無刻地操心機會成本是要付出代價的，假如我們得成天擔憂付房租的錢要從哪裡生出來，思考就很難跟上所有的事，說不定還會因此做出糟糕的決定，譬如申請或展延發薪日貸款。

② 所謂中位數，即統計學術語所指的數列最中間項之數值。若把所有受測者的答案由高排至低，那麼數值高於中位數的答案數，應該和數值低於中位數的答案數是一樣多的。

③ 一份最近的調查研究發現，當美國超市遭遇沃爾瑪在家庭消費市場的競爭，無一例外全部都會受到打擊，但是透過定價策略來促銷（譬如經常舉辦折扣活動）的超市，銷售量要比其他同業明顯高了許多，而且這種策略也比「天天都便宜」要來得更可長可久（參見Ellickson、Misra，以及Nair於2012年發表的論文）。

第 8 章

我們應該忽略沉沒成本？

　　文斯付了1,000美元的室內網球場會員費，可在室內賽季期間每週使用一次。兩個月後，他罹患了網球肘，一打球便疼痛不已，不過他還是忍著痛繼續打了三個月，因為他不想浪費已繳的會員費。直到疼痛變得完全無法忍受才終於決定放棄。

　　當某個數量的金錢已經被花用，而且這筆錢無法再重新取回時，我們可說這筆錢沉沒了，也就是沒了。「別為打翻的牛奶哭泣」或「過去的就讓它過去」這類俗諺，與經濟學家對忽略沉沒成本的建議有異曲同工之處，只不過說歸說，要做到並不容易。我們可從前文的清單中冒著暴風雪開車看籃球賽，以及文斯得了網球肘還硬要打球的例子中看到這一點。

　　我們姑且先假設是某個朋友邀請文斯到另一個球場免費打球，文斯會因為手肘疼痛而婉拒。用經濟學術語來說，這表示打網球的效用呈現負值，然而他卻為了已經支付的1,000美元會員費繼續打球，每打一次症狀就變得更嚴重。為什麼他會做這種事？這是我想要回答的問題。

　　過去幾年來，我蒐集了數十個人們在意沉沒成本的例子。其中一個例子是我的朋友喬依，她與六歲女兒辛蒂為了該穿什麼去上學相爭不下。辛蒂打定主意再也不穿洋裝，只穿長褲或短褲，喬依則堅持辛蒂一定得穿上特別為了小學新生入學而買的三件洋裝。幾天來喬依不時嚷嚷：「我已經花錢買了，妳非穿不可！」辛蒂則回答如果逼她穿洋裝，她就不去上學。我猜喬依可能曾徒勞無益地問，辛蒂該不會以為錢是從樹上長出來的吧。

　　我被邀去排解糾紛，向喬依解釋其中的經濟邏輯。花在洋裝上的錢已經沒了，就算穿上那些洋裝，這筆錢也討不回來，只要不需另外花錢買長褲或短褲，堅持要辛蒂穿那些洋裝對於其財務狀況並無助益。喬依聽了十分開心，因為她實在很不喜歡跟女兒吵架，卻又對「浪費錢」買那三件洋裝頗有罪惡感。她只需要有個經濟學家來告訴她，忽略沉沒成本是完全符合理性，甚至是必要的。瑪雅‧巴爾-希勒從此開始稱我為全球唯一臨床經濟學家（她買了那條被單之後，成為我的第一位客戶）。

　　姑且不論我是否配得上這頭銜，我確實不是唯一體認到人類難以理解沉沒成本觀念的經濟學家。由於這類錯誤實在太常見了，它甚至有了個正式名稱——沉沒成本謬誤，而且還經常出現在基礎經濟學課本中。許多人就算對這個概念有大致理解，卻很難在實際生活中依循忽略沉沒成本的建議。

　　冒著暴風雪開車看球賽，或忍耐著疼痛打網球，都不是

理性經濟人會犯的錯誤，他們將沉沒成本正確地視為無關緊要的因素。然而對真實人類來說，沉沒成本會盤旋在心裡，變成另一個「原本認為無關的因素」，涉及的也不只有晚餐或演唱會這類小事。不少人相信，美國之所以陷入越戰泥淖，是因為美國已經為這場戰爭投入太多，難以輕易放棄。組織行為專家貝瑞・史托教授曾發表一篇談論他所謂「承諾續擴」的論文，並且模仿自民謠歌手彼得・席格的反戰歌曲，將論文標題定為「膝陷泥淖 」（這首曲子名為〈腰陷泥淖〉，歌詞生動地描繪了續擴的概念，從泥淖及膝、泥淖及腰、到泥淖及頸）。史托認為喪失的人命越多，投入的費用越高，政府越難宣告失敗和抽身前進，一些原本認為無關的因素實際上可能事關重大。

　　為什麼我們要在意沉沒成本？為什麼大家會認為持續進行一件事是值得的？無論是看球賽或觀賞表演，抑或持續一場徒勞的戰爭。我們已在本書前幾章看到，若你的購買價格並不創造任何交易效用（或負面效用），你不會覺得支付那價格是一種損失。你付了些錢，然後享用產品，從中得到獲得效用帶來的快樂，這筆帳就算結清了，最初付出的成本會被後來的獲得抵銷。但是假如你買了門票，卻沒去現場觀賞呢？

　　花了100美元買演唱會門票，後來卻沒去觀賞，這感覺很像損失了100美元。以財務會計來比喻，買了門票卻沒能用到，你得在心理帳戶上認列損失，觀賞活動能讓你不必蒙受損失便可結清帳戶。

　　同樣道理，你越常使用某個已經花錢購買的物品，對這

筆交易的感覺就越好。現在不妨來做個思想實驗吧。你買了一雙鞋，因為它們正在打折出售，雖然價格依舊不便宜，可是你實在不想錯過其交易效用。有一天，你神氣地穿上這雙鞋去上班，但是當天中午腳就開始疼痛，隔一陣子腳不痛之後，你不死心地再把鞋拿出來，這回打算只穿一個晚上，後來腳依舊痛到不行。現在請回答下面兩個問題：假如這雙鞋永遠也不合腳，你要再穿幾次才會徹底放棄？以及，你再也不穿這雙鞋之後，它們要在鞋櫃裡躺多久才會被你扔掉，或捐給慈善機構？若你跟大多數人一樣，答案就是端看你為這雙鞋花了多少錢，花的錢越多，放棄這雙鞋之前你願意忍受的痛苦就越多，它們占住鞋櫃的時間也會越久。

　　同樣行為也出現在健身俱樂部。假如你付了會員費卻沒去健身房，你就得把這次的購買視為損失。事實上，有些人花錢買會員就是為了幫自己解決自我控制問題，倘若我想去健身房，而且對浪費會員費這件事有罪惡感，那麼會員費就可以在兩方面幫助自己克服惰性：其一是我會對這筆費用念念不忘，其二是每次去健身房時無須承擔立即的金錢支出。行銷學教授約翰·顧維爾與狄立普·索曼在一家健身俱樂部做了個聰明的研究，充分體現上述這項觀點。這間俱樂部一次收兩年期的會員費，顧維爾和索曼發現俱樂部的出席率在帳單出現後的那個月陡然攀升，然後又逐漸下滑，直到下一次的新帳單又再度刺激出席率。他們將這種現象稱為「支付貶值」，意即沉沒成本效應會隨著時間逐漸消失。

　　任教於俄亥俄州立大學的心理學家霍爾‧亞克斯與研究生凱瑟琳‧布魯默進行了一次出色實驗,並且從中觀察到類似的結果。排隊購買校園劇團季票的學生被隨機分組,其中一組拿到比較小的折扣,而另一組得到非常優惠的折扣。這次的實驗設計有個重要特色,就是顧客在得到折扣之前,原本已有心理準備以原價支付,因此實驗者可以假定以折扣價買到季票的實驗對象,對這項商品的價值認定與原價付款的顧客無異。亞克斯與布魯默發現,雖然沉沒成本確實有影響,但影響力僅持續一個學期,原價買票的人在秋季學期觀賞了較多場次,不過到了春季學期,無論是以原價、較少折扣,或較多折扣購票的群組出席率都一樣。顯然學生們已經看了夠多的場次,足以讓自己覺得這筆錢花得值得了,不然就是早已將最初花掉的錢拋諸腦後。所以沉沒成本確實有影響,其影響至少會維持一陣子,也可能最終被逐漸淡忘。

　　在某些情境下,沉沒成本與機會成本會相互夾纏不清,我曾有幸與普林斯頓大學心理學家艾爾達‧夏菲爾一起探究上述現象。1988年～1989年他在史丹佛擔任博士後研究員,師從特維斯基,我是在那個時候認識他的。艾爾達是少數受得了經濟學家,甚至還能跟當中幾個合作的心理學家,而且也為行為經濟學做出了重要貢獻。

　　我們的合作計畫始於機場的一次對談,當時發現彼此都訂了同一個航班,我手上有兩張優惠券,可在有空位時免費升

等至頭等艙，那段時期的飛行常客有時能免費拿到這些優惠券，也能以每張35美元的價格增購。那天遇到艾爾達時，我已經用掉了一張幫自己升級，所以我提議也幫他升級，這樣兩人就能坐在一起了。正巧該航班確實有空位，因此我將剩下的一張優惠券當禮物送給他，然而艾爾達婉拒，堅持要付錢給我，並且問我花了多少錢買優惠券。我回答這不一定，有些是免費的，有些則花35美元購買，他又問我預計給他的優惠券屬於哪一種？「這有什麼差別嗎？」我問：「我現在已經沒有優惠券了，反正一定會再買新的，所以我給你的優惠券屬於哪一種都沒有差別。」他回答：「沒這回事！假如那張優惠券是免費的，我會直接收下，可是如果是你當初花了35美元買的，我一定要給你這筆錢。」我們繼續在整個航程討論這件事，最後發展出一篇有趣的論文。

我們的問題是，對於過去一項購買的記憶通常會持續多久？啟發這份論文的靈感除了那次升等優惠券辯論，也包括位居清單的羅塞德教授。他寧願喝掉收藏多年的紅酒，也不願花錢買新酒，或賣掉原先的收藏。我們的研究鎖定一份紅酒拍賣標價新聞的訂閱者，這份每年發行的通訊名如其實，就叫「流動資產」。普林斯頓大學經濟學家歐利・艾森菲特[①]為這份通訊執筆撰文，他本人即是紅酒愛好者。訂閱這份通訊的人不是熱中於品酒，就是目光炯炯的買家，所以他們都很清楚，一個活躍的陳年紅酒拍賣市場迄今依然存在著。歐利同意我們將一份問卷調查放進他的某期通訊當中，我們則承諾將研究結果與

他的訂閱者分享，以此做為回報。我們的問題是：

　　假設你在期貨市場，以20美元的單價買了一箱上等波爾多紅酒，現在這批酒可在拍賣會上賣出75美元的單價。你已經決定留一瓶自己喝，以下何者最接近你覺得喝掉這瓶酒所付出的成本（各個選項的選擇比率顯示於括弧中）？

　　（a）0美元。這瓶酒的錢已經被付過了【30％】。

　　（b）20美元，這是我當初支付的金額【18％】。

　　（c）20美元加利息【7％】。

　　（d）75美元，我本來可以賣得這多錢【20％】。

　　（e）–55美元。我只花了20美元就喝到現值75美元的紅酒，所以喝這瓶酒有省到錢【25％】。

　　我們將選項（e）列入時，雖然覺得這個答案很有意思，卻不確定是否有人會選擇這一項，本來還納悶，真有人的心理帳戶運用能力老練到把喝掉昂貴的酒當成一種省錢的動作？然而許多人確實認真考慮這個選項，而且超過一半的受測者認為喝掉那瓶酒不花一毛錢，或替他們省下了錢。當然了，根據經濟理論正確答案應該是75美元，既然喝掉那瓶酒的機會成本即為它可賣出的價格。所有理性經濟人都會選這個答案，許多做了這份問卷調查的經濟學家確實也選了這個答案。大部分選擇這個答案的人恰恰是經濟學家。我之所以知道這件事是因為這份問卷並非匿名調查，我們為回覆問卷的受測者提供抽獎活

動，獎品是一瓶波爾多紅酒，受測者得提供姓名與地址才有資格參加抽獎[2]）。

如果將此問題做一個小變動，大部分人的回答就會和經濟學家相同。我們將題目中喝掉一瓶酒，改為不小心摔破一瓶酒會有怎樣的感覺。絕大多數人會說他們覺得摔破酒的成本是75美元，倘若沒摔破就可以賣出這麼多錢了。

受測者無法從問卷調查的回覆地址看出我或艾爾達涉入其中。許多自願參加這次調查的人特意解釋了他們的回答，一名退休工程師寫道：「我了解，排除情感因素之外，經濟決策必須考慮重置成本，但是我覺得理想的情況是我的1989年或1990年期貨增值到足夠賣掉一半來打平成本，剩下的一半留著自己喝。不考慮金錢，純粹只為享受。」

各位看懂他的意思了嗎？假如紅酒價格翻倍，他便可賣掉一半，留著另一半給自己「免費」喝。太好了！這種作法可為他喝的每瓶酒創造可觀的交易效用。另一封信則來自大名鼎鼎的芝加哥大學財務會計系教授羅曼・韋爾，我後來成為他的芝大同事，兩人變成了朋友，他是我遇過思考方式最接近理性經濟人的人。

「你沒有列出正確答案。我覺得答案是75美元減去賣掉它所需支付的交易成本（大約為15美元），所以我認為喝掉這瓶酒的成本約為60美元。既然我已經有了夠喝一輩子的紅酒庫存，上述淨變現價值應為正確數字。假如我的庫存不足終身所需，我會以重置成本來計算，75美元加上佣金和運費，共約為

90美元。除此之外，你也算錯了稅的部分。我享有資本利得免稅，以稅率40％來說……」

我們還是回到這份問卷調查吧！超過半數的受測者認為喝掉現值75美元的紅酒若不是零成本，就是省到錢，這樣的回答導引出另一個問題：倘若他們「喝掉」那瓶紅酒時，覺得這算是免費的，那麼他們對於掏錢「購買」一瓶酒又會有什麼想法？隔年我們為歐利的讀者提供一份新問卷，這回的問題是：

假設你用每箱400美元的價格，買下一箱波爾多紅酒期貨。當這批酒運來時，它們的零售價將漲到每箱500美元。你打算十年內都不會喝這批酒。下列何者最能描述你在購買這批酒之時的感覺？請圈選出你的感覺程度。

（a）我覺得自己剛花了400美元，感覺就跟週末度假花
　　 400美元差不多。

　　 1 ---- 2 ---- 3 ---- 4 ---- 5
　　 非常同意　非常不同意　平均數：3.31

（b）我覺得做了400美元的投資，十年後可慢慢享用。

　　 1 ---- 2 ---- 3 ---- 4 ---- 5
　　 非常同意　非常不同意　平均數：1.94

（c）我覺得自己省了100美元，也就是期貨和未來現貨之
　　 間的價差。

　　 1 ---- 2 ---- 3 ---- 4 ---- 5
　　 非常同意　非常不同意　平均數：2.88

　　最受歡迎的答案顯示，購買十年後才要喝的紅酒時，一般人會把這項花費視為投資，第二個選擇則是認為這樣可省到錢。純粹把它看成花費的排名最末。

　　雖然經濟理論並未指明哪一個答案最恰當，不過結合先前一份調查結果之後，可清楚看到受測者的思考邏輯並不一致。我們不能同時把買紅酒當成「投資」，又認為購入後喝酒不花成本或省到了錢，享用昂貴紅酒的習慣總是得花點錢來支持吧！我和艾爾達針對這項調查發表了一份論文，標題完整總結了我們的發現「現在投資，以後享用，永不花錢」。

　　這種思考方式對高檔紅酒產業非常有利，因為它淡化了消費中的支出部分，若能善加發揮倒是不錯的招數。分時度假屋也運用了類似的思考方式。一般來說，個別度假客「投資」一筆錢，譬如1萬美元，就永久有權，或至少在房子垮掉或開發商破產前，在某個房產住上一個禮拜。他們的心理帳戶是這樣算的：最初支付的金錢屬於投資（而非購買），雖然每年的「維護費」有點討厭，但是未來使用這些度假屋可是「免費」的呢，這種投資對一個家庭究竟合不合理，部分要看他們花錢度假的痛苦程度到哪裡。不過我們還是應該看清這類投資的本質：一種掩飾度假成本的障眼法。

　　本書前一章提到的折扣零售商好市多，也為這套策略推出了另一種版本。要在好市多購物，顧客得先成為「會員」，目前為張家庭卡年費55美元，會員們似乎將這筆年費視為「投資」，並未試圖透過全年的多次採購來攤平這項成本，它反而

被當做沉沒成本，成為到好市多購物的理由。同樣的，亞馬遜向顧客收取99美元的「高級會員」年費，提供「免費」送貨的福利，這項會員費也可能被視為投資，不算進未來任何一筆特定消費的成本內。

　　現在我要坦白招認兩件事，雖然我大多時候提倡理性經濟人的思考方式，但是我個人在心理帳戶方面也表現出了明顯的人性。我通常善於忽略沉沒成本，尤其當它在本質上純粹涉及金錢時，但是我也跟大多數人一樣，假如我在某個計畫投入了許多心血，即使到了該放棄的時候也難以割捨。以撰寫本書為例，我的初稿完成策略是持續寫作，別擔心某一段話或某個部分是否已臻至完美，結果這種作法不但沒能產生初稿，反而寫得又臭又長。有些部分是一定得裁剪的，讀過這份稿子的朋友與編輯給了我哪些地方最好放棄的建議。不少人提到的建議與作家威廉・福克納有關（顯然也有許多人都提出這類建議），就是作家得學會「殺了心愛寶貝」，我懷疑這個建議一定常常被提出，因為這對任何作家來說都很不容易。

　　到了修改原稿的時候，我決定為那些在初稿階段被殘酷謀殺的材料建立「番外篇」檔案，打算將其中一些精采絕倫且光耀奪目的冗詞贅句放在本書的官方網站。我不知道最後有多少會出現在網站上，不過這項計畫最美妙的地方就是出現多少其實無所謂，光是能夠在電腦檔案夾裡有個地方儲存這些「番外篇」，便已足夠減輕心愛段落被刪除的痛苦，這種痛苦程度與穿上不合腳的昂貴皮鞋可說是不相上下呢！更重要的一課是，

一旦你了解某個行為問題，就可以偶爾發明出相應的動作來解決。心理帳戶也可以有聰明的運用。

我要招供的第二件事跟紅酒有關。各位可能已經猜到了，我本人也是個紅酒迷，雖然我十分了解機會成本的概念，可是我承認自己和問卷中的受測者一樣落入了相同的思維方式。若我拿出一瓶珍藏多年忍著沒喝的酒，最不會想到的就是這瓶酒若拿去拍賣能賺到多少錢。事實上，我根本就不想知道拍賣價格！最後我會跟羅塞德教授一樣，壓根沒想花錢買陳放三十年的紅酒，但是我會在特殊場合高高興興地開一瓶同年份的藏酒，畢竟我也是人類嘛。

---

① 打從很早的時候，歐利便始終支持我和其他行為不端的同儕，包括他擔任《美國經濟評論》編輯的那段時期。只不過他一直到今天仍堅持把我的研究稱為「怪咖經濟學」，因為他覺得這名詞滑稽透頂。

② 這項實驗有個耐人尋味的花絮。抽獎活動的頭獎是價值75美元紅酒，結果從這群相對富裕的讀者中吸引了178人回覆，回覆率達42%，而且他們還得自行負擔郵資呢。假如你想鼓動別人做什麼事，抽獎會是個相當有效的誘因。

第**9**章

家庭財務管理的盲點：
心理帳戶的兩面性

　　爲了增進我對一般家庭如何管理財務的理解，我做了些相關訪談，並且從這些訪談中發現許多家庭，尤其是那些預算吃緊的，會採用明確的預算控制規則。在大部分時候使用現金的家庭當中（信用卡直到1970年代末才開始通行），許多人經常採取信封袋管理模式，一個信封袋（或玻璃罐）存房租、另一個存買菜錢、第三個存水電瓦斯費等，而這套模式往往是從父母親身上學來的。

　　組織機構也會有類似作法。各部門有其預算，而特定類別用途有其預算上限。只不過，編列預算這件事違反了另一項首要經濟原則：金錢具有「可替代性」，意即它上面沒貼標籤去限制只能用在什麼地方。就跟大部分經濟原則一樣，這項原則背後也有一套牢不可破的邏輯，假如暖冬使得水電瓦斯預算出現餘額，我們當然可以用這筆幫孩子買些新鞋。

　　預算之所以會存在，理由其實不難理解。掌管組織的人，總是不希望任何大大小小的支出都得親自逐一審核，所以組織

透過編列預算來控制成本，同時授予員工決定支出的裁量權。不過預算規定也可能造成荒唐的結果，任何在大型機構工作過的人都遭遇過應付緊急需求的預算提撥不足，卻無法其他挪用其他項目閒置預算的問題。照理說，金錢應該用於最能增進組織利益或家庭福祉的地方，倘若利益或福祉轉移到不同地方，就應該忽略這些錢原來的指定用途標籤，但是我們卻沒這麼做，因為標籤正是原本認為無關的因素。

當然了，每個人或每戶家庭都會訂出自己的預算規則，但是他們運用預算的方式其實大同小異，至於預算規則明確到什麼程度，往往要看預算本身有多鬆。一份由心理學家奇普‧希斯與傑克‧索爾合作的研究發現，大部分企業管理研究所學生為自己編列了每週飲食費和娛樂費預算，以及每月服飾用品預算，當他們畢業開始賺比較多錢之後，這些預算可能會變得寬鬆些。

但是，當他們還在讀研究所的時候，編預算和無視於金錢有可替代性的習慣卻影響了他們的行為。舉例來說，希斯與索爾詢問兩組實驗對象是否願意為了週末的娛樂買張戲票。其中一組被告知，他們在本週稍早已花了50美元看籃球賽（同樣的預算）；另一組則被告知，他們在本週稍早收到了50美元的停車繳費通知單（不同的預算）。已經看過球賽的實驗對象明顯地比較不可能去看戲，大概是因為他們已經用掉了當週的娛樂預算。

經濟學家賈絲汀‧海斯亭斯與傑斯‧夏皮洛的研究呈現

了迄今為止最鮮明的心理預算效應實例。海斯亭斯與夏皮洛要探究的問題是，當汽油價格改變時，一般汽油與高級汽油之間的選擇會出現什麼變化。在美國，汽油通常是根據辛烷值分成三個等級來銷售：普通、中級、高級。雖然是否真有任何車款非得加中高級汽油不可，這個問題仍未有定論，不過確實有人針對某些車款建議使用較高等級汽油，而部分消費者則是為了其他理由選購較高等級，譬如這種汽油對引擎比較好的迷思。這兩位作者研究了油價在2008年暴跌50%左右，從每加侖4美元的高峰跌至不到2美元的低點時，高級汽油的銷售出現哪些的變化。海斯亭斯與夏皮洛之所以能夠研究這個題目，是因為他們取得了一家連鎖超商的顧客消費數據，這家超商也出售汽油。

　　我們先來想想，理性經濟人在這種情況下會怎麼做。假設油價為每加侖4美元時，一個家庭的汽油支出是每週80美元，而且他們買的是普通汽油。六個月後油價跌至每加侖2美元，該戶的購油成本銳減至每週40美元。理性經濟人會這樣想：首先，汽油變便宜了，所以我們應該更常開車旅行。其次，省下的油錢相當於每週有40美元的扣稅後實拿工資，想怎麼花它都行，可以多來幾次約會，也可以購買品質比較好的啤酒。這筆40美元的額外收入將以最能增加效用的方式花掉，就算會有一部分花在提升汽油等級，也是極少的比例。平均來說，假如一戶家庭的年收入增加了1,000美元，他們買普通等級之外汽油的機率僅增加0.1%，所以由理性經濟人構成的家庭或許會決定每

年加一次中級汽油，然後把剩下的錢花在更有價值的事物上。

　　現在我們再假設，一個由人類組成的家庭有筆汽油預算，可能是存在廚房的玻璃罐裡。與理性經濟人家庭一樣，他們也會將這筆預算的一部分用於增加開車旅行次數，但是可能會想既然現在汽油降價了，可以買好一點的油。海斯亭斯與夏皮洛就是發現到這種現象。他們傾向於改用較高等級汽油的比例，比起那些認為金錢有可替代性的人高出了十四倍。兩位作者另外還發現了一個現象，可進一步支持以心理預算來詮釋研究結果的作法，一般家庭沒有意願花更多錢買品質更好的牛奶和柳橙汁。這並不令人意外，既然那段時間適逢2007年金融危機剛剛揭開序幕，也就是造成油價遽跌的那次風暴，人心惶惶之際，大部分家庭都在努力縮減開支，唯一沒被列入撙節項目的，就是把錢花在為汽油升級。

　　同樣的，財富也經常被分隔在幾個不同的心理帳戶。位於金字塔底部的是最容易花掉的錢──現金。有句老話說錢會在口袋裡燒個洞，手頭現金的存在目的似乎就是為了被花掉。

　　取用支票存款帳戶裡的錢只比現金稍微麻煩些，假如帳戶被貼上「存款」標籤，一般人就會比較不情願把裡面的錢提領出來，這種心態可能導致我們做出一方面用高利率貸款，同時卻以低利率儲蓄的奇怪行為，譬如把錢放在存款帳戶賺取少得可憐的利息，卻不付清信用卡帳款，寧願支付高達20%的年息。用儲蓄付清貸款顯然應該在財務上較有吸引力的作法，但

是大家可能擔心假如自己再也無法償還從存款帳戶「借來」的錢，這套作法可能會適得其反。

地位最神聖的是長期儲蓄帳戶，通常是那些為了因應未來支出的帳戶，譬如退休金或孩子的教育費。雖然有些人確實會從401（k）①退休福利計畫這類退休金帳戶借錢，可是貸款額度通常不高，而且幾年內就會還清。比起貸款，工作變化對財富累積是更加危險的變數。受雇者換工作的時候，通常可以用現金提領帳戶餘額，雖然這筆現金被視為應稅所得，而且得付10％的附加費，許多受雇者依舊會領出這筆錢，尤其是當它數額較小時。減少這種情況的方法，就是讓帳戶餘額轉入另一退休帳戶的手續變得越簡便越好，如果能改成自動轉帳就更為理想。

幾十年來，人們看待房屋資產淨值宛如退休金儲蓄，視之為神聖不可侵犯。在我父母那一輩，大家都拚了命地盡快還清房屋貸款，一直到1980年代初，年逾60歲的人不是已經還清房貸，就是只剩一些些貸款，但是這種心態後來開始出現轉變，或許部分原因是雷根政府的稅制改革意外造成的。這次稅改推出之前，美國民眾支付的所有利息，包括汽車貸款與信用卡貸款的利息，都可以在報稅時列入列舉扣除額。過了1986年之後，只剩下房貸利息可被列入列舉扣除額了，銀行因此有了經濟上的動機推出房屋資產淨值信用貸款，讓民眾從中借出能夠列為扣除額的貸款。借房貸來買車，而不是借車貸來買車，自然也成了合理的作法，因為前者的利率通常較低，而且還可以

節稅，但是上述改變也破壞了將房屋資產淨值視為神聖不可侵犯的社會常規。

　　這個常規最終也被另外兩項因素破壞殆盡：利率長期下滑與房貸經紀人崛起。過去三十年來，美國的利率從兩位數降至基本上為零（或降為負值，若經過通膨調整）。房貸經紀人的加入更是為這個古老、未形諸文字的第十一誡帶來致命打擊：「汝應償清房屋貸款。」房貸經紀人破壞盡快還清房貸誡律的方法，就是讓重新貸款的手續變得更簡單。他們的電腦裡有一堆相關資訊，既然銀行利率節節下滑，這些人有的是機會打電話來說：「嘿，想不想降低你的貸款金額？」房市泡沫出現且推升房價時，屋主被告知他們不但可以降低房貸還款，還能多借一點錢出來，用在整修地下室或買一台大螢幕電視機。

　　到了這個節骨眼，房屋資產淨值已經不再是「安全」的心理帳戶。下面這個戶長年齡為七十五歲或以上家庭借貸行為的改變，可說彰顯了上述事實。在1989年，僅5.8%的這類家庭負擔房貸債務。到了2010年，這類負債家庭增加至21.2%。而負擔房貸債務的家庭中，貸款金額中位數也從1989年的3萬5千美元，增長至2010年的8萬2千美元（以2010年的美元匯價來計算）。在2000年代初期的房市榮景中，屋主們揮霍他們從房屋資產淨值得來的紙上富貴，就彷彿中了樂透頭彩似的。

　　經濟學家阿提夫・米安恩與艾米爾・蘇菲合著的《債務之屋》一書中指出，到了2000年，房屋資產淨值的增長已成為推動消費的強勁驅力，特別是消費性耐久財。舉例來說，在房

價飆升的城市，汽車銷售量也會跟著水漲船高，因為屋主們趁著房屋資產淨值增加時融資購買新車。當趨勢反轉，整個過程便逆向發生，汽車銷量隨著房價狂跌。倘若房屋資產淨值變成零，或甚至「資不抵債」，意即房屋市值低於貸款餘額，屋主根本不可能融資購買新車。這種現象有助於解釋為什麼2000年至2001年發生的科技泡沫破滅，未如房屋泡沫破滅引發嚴重的景氣衰退。絕大多數不算富裕的家庭，只在退休帳戶裡持有一些股票。退休帳戶還算是個黏著性相對穩固的存錢處，尤其是對那些帳戶裡有大筆金額的人來說，這表示股價下跌對消費支出的影響，並不如房價下跌那麼巨大。

退休前繳清房貸的金科玉律是否會再度受重視，目前仍有待觀察。倘若預期已久的升息開始啟動，我們或許就可看到民眾恢復繳清房貸的習慣，因為較高的利率會打消民眾對重新貸款的興趣。假如利率維持低檔，房屋資產淨值便可能依舊是個漏水桶子。

就跟心理帳戶的大部分層面一樣，不將金錢視為具有可替代性的專款專用預算規畫，其實有它的明智之處。無論是使用玻璃罐、信封袋，或複雜的理財手機軟體，一個家庭若認真規畫財務，較能夠過著量入為出的生活，同樣道理也適用於企業，無論規模大小。不過，預算有時候也可能導致人們做出差勁決策，像是決定趁著景氣嚴重蕭條的時候，給愛車使用的汽油升級。

① 「401（k）計畫」的名稱源自於美國《國內稅收法》第401條 k 項條款的規定。這種延後課稅的退休金帳戶計畫在80年代開始啓用，適用於私人企業，是由員工和雇主共同繳費的養老保險制度。雇主爲員工設立401帳戶之後，員工每個月從工資中提撥一定比例的資金存入此退休金帳戶（員工可以自行決定金額多寡），雇主也會存入相應金額。提撥金可在申報所得稅中做爲扣除額，除了鼓勵儲蓄之外，也有節稅的功能。員工可將一部分資金用於投資，項目包含基金、股票、債券、存款、保證產品等。不過，並非全部金額都可以用來投資，美國國稅局每年都會規定投資上限。

第 *10* 章

牌桌上的賭性

　　我在康乃爾大學教書的那段期間,與一群經濟系教職員定期聚會賭撲克牌,大家下注的金額很小,極少有人一晚贏得或輸掉超過五十美元(當時還沒開始流行贏家通吃的玩法,後來撲克錦標賽推出這種下注方式大受歡迎後,贏家通吃的玩法才變得普及)。但是,我注意到有些玩家贏錢時的行為與輸錢時不一樣,特別是那些會把比賽結果告知配偶的人。照理說當晚的成績好壞應該無關乎如何打出手上的牌,尤其當輸贏金額相較於個人資產淨值根本是九牛一毛。打一晚的撲克輸掉50美元,對比於持有一百股收盤時跌五十美分的股票,兩者都僅僅損失了財富的一小部分,可是前者會影響行為表現,後者卻不會。撲克牌帳戶損失的金錢,只在你人還在牌桌上時會改變你的行為。

　　當一個人在特定心理帳戶中處於「赤字」,展望理論就很難處理這種情況,而康納曼與特維斯基對此心知肚明,他們在論文原稿中討論過類似的賽馬案例。由於賽馬場會從賭注中抽成17%,所以場邊下注的人在每場球賽全體損失了17%的金

錢，當天最後一場比賽接近時，絕大多數賭徒的賽馬心理帳戶已經虧損累累，這將會如何影響他們的下注呢？規範性理論的預測是「幾乎沒影響」，就跟撲克牌的例子一樣，賭馬的人對於輸掉100美元的介意程度，應該與退休金儲蓄帳戶損失同等金錢的程度差不多，這筆錢小到不值得掛心。但是康納曼與特維斯基引述了一份研究，指出高風險賭注（奪冠機率很小的馬匹）的勝算在當天最後一場比賽會變得更低，意即有更多人下注在贏面最差的馬匹。

康納曼與特維斯基為了解釋上述發現，引援展望理論的一項特質：人們在事涉損失時，會表現出風險偏好。就如本書第4章曾討論，當你詢問受測者他們寧願確定損失100美元，還是選擇參加有50％機率損失200美元，另50％機率毫無損失的賭局時，多數人會選擇參加賭局。與這項結果恰恰相反的是，倘若你要人們選擇確定獲得100美元，抑或參加有50％機率贏得200美元，另有50％機率一毛錢也得不到的賭局，大部分人寧願選擇確定可得的收益。

我觀察一起玩撲克的夥伴們在落後時的反應，體認到康納曼與特維斯基的解釋並不完整。假設我在賽馬場輸了100美元，希望能翻本以避免賽馬帳戶出現赤字，我可以押注2美元在賠率50倍的冷門馬匹上，爭取微乎其微的翻本機會，也可以押注100美元在賠率1倍的熱門馬，爭取50％的翻本機會。倘若我偏好風險（意即我偏好賭運氣，而非結果可預期、必然發生的事），我為什麼不乾脆下注100美元在熱門馬，提高自己的

翻本機率？展望理論並未回答這個問題，可是玩撲克的經驗告訴我，特維斯基與康納曼的直覺是對的。我個人的印象是，落後的玩家會受到以小搏大的吸引（譬如拿到一手同花順），卻不喜歡可能顯著增加損失的大賭注，即使後者提供較高的翻本機會。

　　我對打撲克的觀察，衍生出心理帳戶的另一面。在賭局中占上風的玩家，似乎並不把自己贏來的視為「真正的錢」，這種行為普遍到賭場的賭客為它取了個專有名詞「玩賭場的錢」。這種思考方式讓你在手風順的時候，把下注的錢當成賭場的，而非自己的錢。你可以在任何一間賭場觀察到這種行為。當你看到一個（非職業）賭客傍晚贏了些錢，你或許會發現對方出現我所謂的「兩個口袋」心理帳戶。假設有個賭客帶了300美元來賭場下注，結果在傍晚就贏了200美元，他會把300美元放在一個口袋，認為那是他自己的錢，然後把贏來的200美元籌碼放進另一個口袋（或者比較可能是放在賭桌上，準備繼續大顯身手）。若要說那是「賭場的錢」，那麼「來得快，去得快」這句形容也派得上用場，這樣的心態擺明了違反金錢具有可替代性的鐵律，兩個口袋裡的錢應該被一視同仁地運用才對。

　　從同事身上贏錢雖然好玩[1]，卻與科學相距甚遠。所以我與韋納・強生，在哥倫比亞大學任教的一位行銷學教授開始著手合作一篇論文，也就是我在本書前言所提到，費了不少工夫才讓特維斯基滿意的那篇。基本上，我們想在實驗室複製我在

撲克牌桌上看到的行為，不過得先處理最初迫使康納曼與特維斯基以假設性問題進行實驗的棘手之處。該如何在實驗對象可能損失金錢的狀況下進行實驗？要怎樣讓負責審查這類實驗的大學研究倫理委員會點頭同意？我們解決問題的辦法，就是讓實驗對象回答一連串確定事件與冒險下賭之間的選擇題，有些選擇涉及贏錢，有些則會損失金錢。他們也被如實告知，這些選擇當中會有一個被隨機選中做為研究之用，可是並非每一個賭法都會被同樣選中，對實驗對象最有利的下賭遊戲才比較可能被選來玩。我們藉此向實驗對象保證輸錢的機會微乎其微，也清楚地讓他們知道若有人真的輸了，我們一定會要那個人拿出錢來的。如果他們願意，也可以用協助研究來抵債，結果到最後沒有任何人輸錢，所以我們也用不著討債了。

以下是這份研究提出的三個問題。括弧內的數字是選擇該項回答的實驗對象比率。在這個例子中，懂得風險規避的理性經濟人會在每個問題選擇機率百分之百的選項，既然賭運氣的預期結果和機率百分之百的選項是差不多的。

問題1：你剛贏了30美元。現在請從以下選項二擇一：

（a）50％的機率獲得9美元，50％的機率損失9美元【70％】。

（b）不要再有獲得或損失【30％】。

問題2：你剛損失30美元。現在請從以下選項二擇一：

（a）50％的機率獲得9美元，50％的機率損失9美元
　　【40％】。

（b）不要再有獲得或損失【60％】。

問題3：你剛損失30美元。現在請從以下選項二擇一：

（a）33％的機率獲得30美元，67％的機率沒有任何獲得
　　【60％】。

（b）確定得到10美元【40％】。

問題1呈現了「賭資效應」。雖然實驗對象對於獲得傾向於風險規避，也就是說他們大多數通常不接受一半機會獲得9美元、一半機會損失9美元這個選項，但是由於我們告知這30美元是他們剛剛贏來的，他們反而都渴望參加賭博遊戲。在問題2與問題3中，實驗對象認為自己的某個心理帳戶已出現虧損，他們的偏好有了複雜的變化。迥異於展望理論所做的簡單預期，認為一般人在面對損失時會呈現風險偏好傾向；問題2中損失30美元並未導致風險偏好，因為這當中沒有翻本機會（這表示，當帶有風險的選擇並未提供打平機會，那麼展望理論對於一般人在面對損失時會變得偏好風險的預測，就有可能站不住腳）。由問題3則提供了翻本機會，所以大部分實驗對象會選擇賭上一把。

一旦辨識出翻本效應以及賭場贏利效應，我們就很容易在日常生活中看到它們的存在了。只要有兩個顯著的參照點，譬

如你從哪裡開始、現在置身於何處，這兩種效應就會發生。賭場贏利效應，加上用近期回報來推估未來回報的傾向，促成了金融泡沫的產生。在1990年代，散戶投資人退休基金中的股票比例增幅超過債券，也就是說他們的新投資當中，分配給股票的比例持續上升。這些人之所以這麼做的理由，部分原因是考慮到近幾年賺了這麼多錢，就算股市下滑也只會損失一些新獲利。當然了，就算有些錢是最近賺到的，倘若這筆錢後來化為烏有，他們依舊會有蒙受損失的感覺。幾年後，繁榮房市的投機客也普遍有同樣思維，一頭熱栽進斯科茨代爾市、拉斯維加斯和邁阿密房地產的人對房價抱持著自我安慰的想法，一廂情願地認為最糟不過就是回到原點。當市場瞬間崩盤，那些財務槓桿過高的投機客損失的可不只是新獲利，他們可能連自己的房子都沒了。

輸錢時想翻本的現象，也出現在專業投資者的行為中。若共同基金經理人發現他們的基金表現落後於指標指數（例如標準普爾500指數），也就是基金回報比較的對象，他們就會在每年的最後一季進行風險較高的操作。更糟的是，許多已經幫雇主賺了數十億美元的惡棍交易員，到最後因為亟欲彌補損失而採取風險越來越高的操作。從惡棍交易員的角度來看，自己的行為十分合理，假如他不彌補損失就只能等著被炒魷魚，同時也表示主管必須特別注意那些正在虧錢的雇員行為（仔細想想，主管早就應該在惡棍交易員累積鉅額虧損之前就多盯著他們）。一個值得牢記的金科玉律是，面臨重大損失且有機會扳

平的人，接受風險的意願會變得格外高，即使他們平常是會規避風險的人。務必小心提防！

----

① 在某些時候，贏錢還挺容易。計量經濟學家比爾・葛林是我們這群牌友的常客，我注意到每當有同事拿了一手好牌，就開始在椅子裡上蹦下跳，這也未免太明顯了。後來我們覺得過意不去，於是告訴他這件事，然而他只要拿到一手好牌就克制不了自己。我一直期待他能假裝雀躍，騙倒所有人贏走大錢，他卻從來沒這樣做。

第3部

自我控制：

理性經濟人與人類的差別（1975年～1988年）

　　展望理論與其價值函數帶來的深刻見解，在很大程度上鼓勵我投入了解心理帳戶，而對於心理帳戶的理解又幫助我想通許多清單上的行為。不過這些例子當中，有一項似乎屬於不同類別：拿走等待晚餐時用來解饞的腰果。對經濟學家而言，拿走一個選項絕對不會讓你的情況變得更好，所以我們為什麼會很高興那碗腰果被藏進廚房？

　　我開始蒐集其他「腰果」現象的例子。癮君子若一次只買一包菸，花的錢會比一次買一盒來得多。正在節食的人不會在冰箱裡囤放冰淇淋。學術界人士（包括我）會承諾在七個月後的研討會上交出其實還在發展中的論文，只為了給自己一個完成的動機。早上起不來的人，會把鬧鐘放在房間的另一頭，這樣他們就不能直接從床上伸手關掉鬧鐘了。這些例子的共同點，就是其中存在自我控制問題。我們想再多吃幾粒腰果，也擔心若把碗留在桌子上，自己會向誘惑屈服。

　　想要和選擇之間的差別，在現代經濟學中並無意義。因為現代經濟學中的偏好是以我們的選擇來定義，認定我們的選擇「揭露了偏好」。請想像下面這個對話，有個人類拿走了一碗腰果，而理性經濟人在旁觀看。

理性經濟人：你為什麼要拿走腰果？

人類：因為我不想再多吃了。

理性經濟人：假如你不想再多吃，為什麼要費事把它們拿走？你可以直接按照自己的偏好行動，停止吃腰果。

人類：我移走腰果，是因為如果我還拿得到，就會吃更多。

理性經濟人：照這樣說來，你偏好吃更多腰果，所以拿走它們是不智的行為。

　　這段對話顯然是鬼打牆，可是當時我與許多經濟學家的對話就像這樣。雖然經濟學教科書從來沒明確假定選擇等於偏好，實際上經濟理論的預設是自我控制問題不存在。因此，我接下來的大計畫就是研究一個被假設不存在的問題。

第 *11* 章

意志力？沒問題！

　　經濟學家對自我控制問題並非一直都這麼遲鈍。大約兩個世紀以來，撰寫過這方面主題的經濟學家對他們筆下的人類瞭若指掌。事實上，我們現在稱爲「自我控制的行爲治療」的先驅之一，正是自由市場經濟學至高無上的宗師亞當・史密斯。大多數人想到亞當・史密斯時，便會想起他最著名的作品《國富論》。這本在1776年首度出版的巨著爲現代經濟學思想奠定了基礎，怪的是，書中最廣爲人知的詞彙竟然是「看不見的手」，這個後來被大肆宣揚的名詞在整本書其實只出現過一次，史密斯僅僅是輕描淡寫帶過。他提到追求個人利益之際，典型的商人「被看不見的手引導，達到原本不在意圖之內的目的。儘管未考慮社會福祉，追逐私利不一定就會危害社會福祉」。請注意第二個句子當中的審愼語氣，那些使用這個熱門名詞，或使出某種看不見的手勢的人，很少把這句話的語氣放在心上（或記在腦裡）。「追逐私利不一定就會危害社會福祉」所指的意思，根本不等同於斷言追逐私利能帶來最佳結果。

　　這部巨著的其餘部分，探討了幾乎所有你能想到的經濟學主題。舉例來說，史密斯爲我那篇談生命價值的博士論文提供了理論基礎。他解釋雇主應當給予更高的報酬，彌補那些從事髒活、危險差事，或不愉快工作的雇員。著名的芝加哥經濟學派學者喬治·史蒂格勒曾說了句大家很喜歡的話：經濟學沒有新鮮事，亞當·史密斯全都說過了。這句話大部分時候也可套用在行爲經濟學上。

　　史密斯寫下不少我們現在歸類爲行爲經濟學的相關論述，收錄於1759年出版的初期著作《道德情感論》。史密斯就是在這本書探討了自我控制問題，他以出色的洞察力將這個主題描述爲個人「熱烈情感」與他所謂的「公正旁觀者」之間的角力或衝突。就跟大部分發現史密斯是最早說出這道理的經濟學家一樣，我是到了提出自己的版本之後才學會這套公式，至於我個人的版本，我會在本章稍後說明。在史密斯的詮釋當中，「熱烈情感」最重要的特質就是短視近利，按他的說法，問題出在「相較於十年後的快樂，我們更感興趣的是今日可享受的愉悅。」

　　亞當·史密斯並非唯一對自我控制問題有正確直覺的早期經濟學家。根據行爲經濟學家喬治·魯文斯坦的彙整，其他探討「跨期選擇」，意即消費時機的選擇之論文中，也強調了「意志力」這類觀念的重要性。然而「意志力」這個詞彙在1980年的經濟學中卻毫無意義（我曾經在耶路撒冷的希伯來大學向一群經濟學家發表關於自我控制的演說，提到「誘

惑」這個字眼時，一名觀眾請我做明確定義，此時另一名觀眾插嘴說：「聖經裡有寫。」不過經濟學家的字典裡其實沒這個名詞）。史密斯了解到，意志力是處理短視問題不可或缺的解方。

　　到了1871年，另一位出色的經濟學家，威廉・史丹利・傑文斯進一步修正補充史密斯對短視近利的觀察，指出人們偏好當下消費更勝未來消費的傾向，會隨著時間而減弱。儘管我們會很想現在就把那碗冰淇淋吃掉，根本等不了明天，可是如果是在明年這一天與明年其他日子中做選擇，我們就幾乎毫不在意了。

　　有些早期的經濟學家認為，任何對未來消費的降格對待都是錯誤的，可說是某種形式的失敗，失敗原因也許是意志力不足，也許是亞瑟・皮古在1920年寫的一段名言，認為問題出在想像力的匱乏：「我們的望遠能力有了缺陷……因而將未來的快樂看成了遠方的一個小點。」

　　拉蒙特・費雪為跨期選擇提出了可說是第一次的「現代化」經濟學探討。在他於1930年出版的經典《利息理論》中，透過後來成為個體經濟學基本教學工具的「無異曲線」來呈現在某個市場利率之下，個體如何在兩個不同的時間點當中選擇消費時機。他的理論之所以稱得上現代化，是因為它使用了現代的研究工具，而且屬於規範性理論，解釋了一個理性的人應該怎麼做。不過費雪也清楚地表明他並不認為自己這項理論是理想的描述性模型，因為它省略了重要的行為要素。

此外，費雪相信一個人的時間偏好得視其收入水準而定。窮人會比富人更沒耐性，費雪也強調低收入工人表現出的沒耐心行為並非全然不理性。他舉了個生動的例子：「我們可以從農夫的故事明白這一點。這名農夫從不修理漏水的屋頂，反正下雨的時候，他沒辦法讓屋頂不漏水，而沒下雨的時候，就沒有漏水問題要處理了！」他也無法苟同「那些工人，在禁酒令推行之前，每週六晚上回家都抗拒不了半路到酒吧的誘惑」。當時每週六是發薪日。

很明顯的，從1776年的亞當‧史密斯到1930年的拉蒙特‧費雪，經濟學家思考跨期選擇的時候，考量的是近在眼前的人類，但是理性經濟人在費雪的時代悄悄滲透進經濟學圈子，於是他開始投身於理性經濟人應有怎樣行為的理論。不過，最終完成這項工作的是當年僅二十二歲，正在就讀研究所的保羅‧薩繆爾森。被許多人譽為二十世紀最偉大經濟學家的薩繆爾森是個奇才，為經濟學奠定良好的數學根基。他十六歲便進入芝加哥大學就讀，沒多久又到哈佛研究所深造。他的博士論文有個大膽而精確的標題「經濟分析基礎」，這份論文讓經濟學整個改頭換面，產生了他理想中的數學嚴謹性。

1937年，當薩繆爾森仍就讀於研究所時，他交出了一份長度七頁，標題頗為謙遜的論文〈效用的衡量〉。誠如標題所言，他希望提供一個方式來衡量理性經濟人總在追求最大化卻難以捉摸的元素——效用（譬如快樂或滿足）。薩繆爾森發想出一個後來成為跨期選擇標準經濟模型的「折扣效用模型」。

我不會逼迫你（或我自己）概述這份論文的核心要旨，各位只要從中擷取本書需要的精華就可以了。

此論文的基本概念是，對個人來說，當下的消費價值勝過延後的消費。若讓我們在本週的豐盛大餐與一年後的豐盛大餐中做選擇，多數人會選擇越快享用越好。以薩繆爾森的模型來說，我們會將未來消費的價值「打折」。倘若一年後的大餐被認爲只有現在的90%價值，我們就是以10%的年率來折扣未來的享受。

薩繆爾森的理論不含任何熱烈情感或短視近利的成分，僅僅是穩定的系統性折扣。由於這個模型運用起來太容易了，就連那個世代的經濟學家都能以當時的數學來簡單處理，而且它迄今仍爲標準模型。這倒不是說薩繆爾森認爲自己的理論必定眞實反映人類行爲，在這篇簡短的論文中，最後兩頁討論薩繆爾森所謂模型的「嚴重局限」。有些局限是技術性問題，其中一個局限值得我們細究。薩繆爾森正確地指出，倘若常人會以某個折扣率隨時間減損未來價值，這表示他們的行爲可能不會保持一貫，也就是說他們會隨著時間推移而改變想法。他的憂慮就和傑文斯與皮古等經濟學前輩一樣，擔心一般人總急著想得到立即的回報。

爲了讓各位明白所謂折扣是如何發生，請先假設眼前有個好東西，譬如到溫布頓看一場網球賽的機會。倘若觀賽是今天晚上，它可價值100個「效用單位」，即經濟學家用來描述效用或快樂程度的任意單位。泰德的折扣速率是每年持續減少

10％，對他來說，今年看比賽價值100個效用單位，明年價值90個，接下來是81個、72個，依此類推。以這種方式來折扣未來價值的人，便可說是以指數函數的方式做折扣（假如你不知道指數函數是什麼東西，也用不著掛心）。

接著再以麥修為例，他也認為今年看比賽價值100個效用單位，但是明年的比賽只剩70個效用單位，後年或之後的剩63個效用單位。換句話說，麥修把任何他得等上一年的東西打了七折，後年的再打九折，在那之後的便完全停止折扣了。麥修是透過皮古所謂有缺陷的望遠能力來評價未來，因此明年與後年之間的差距只有今年與明年的三分之一，而在那之後的任何日期感覺起來都沒有差別了。他對未來的印象，很像《紐約客》雜誌的一幅著名封面「從第九大道看世界」，請見下頁圖表4。這幅漫畫從第九大道朝西看，與第十一大道之間的距離（兩個長街區）相當於從第十一大道到芝加哥的距離，差不多是第九大道到日本的三分之一。最後的結果是，麥修發現一開始的等待是最難耐的，因為它感覺最漫長。

這種折扣率一開始很高，然後逐漸減少的折扣形式有個專門術語，叫做「半雙曲型折現」。假如你不知道「雙曲型」是什麼意思，表示你對於哪些字彙該放進大腦做出了明智判斷，每逢這個詞彙出現時，你只要想像有問題的望遠鏡就行了。大部分時候我會對它避而遠之，改用比較跟得上時代的「現時偏向型」來描述這類偏好。

若要了解為什麼以指數函數方式做折扣的人會堅持原來計

圖表 4　從第九大道看世界
創作者為薩爾‧史坦伯格，1976
年 3 月 29 日《紐約客》雜誌封面。

畫，而現時偏向型的人則不會，我們不妨看一個簡單的數字例
子，請見圖表5。假設泰德與麥修都住在倫敦，而且是鐵桿的
網球迷，兩人都贏得了一張溫布頓網球錦標賽門票，但是有三
個時間選項。選項1是今年第一輪比賽的票，而且明天就開打
了，選項2是明年的八強賽，選項3則是兩年後的總決賽，所有
門票都是保證提供的，所以我們的分析不必考慮到風險問題。
此外，泰德與麥修對網球的偏好一模一樣。假如所有場次都
是今年的錦標賽，那麼他們給各別選項的效用單位為選項1：
100、選項2：150、選項3：180。如果他們要得到最喜歡的選
項3，也就是總決賽，得再等待兩年。他們會怎麼做呢？

　　若由泰德來選，他會選擇爲了總決賽的門票而等待兩年，因爲他給兩年後總決賽的評價是146個效用單位（180個效用單位乘以81％），高於選項1的100，以及選項2的135（150個效用單位乘以90％）。過了一年之後，若泰德被問起要不要改成選項2，也就是八強賽，他依舊會拒絕。因爲選項3的90％（162個效用單位）仍然高於選項2。這就是偏好不因時間而改變的例子。泰德會堅守最初的計畫，無論他面對何種選項。

圖表5

起初，泰德與麥修都選擇等待溫布頓網球錦標賽總決賽。

——— 泰德評價的效用單位 ———				——— 麥修評價的效用單位 ———			
比賽場次	現在	一年後	兩年後	比賽場次	現在	一年後	兩年後
第一輪	100	90	81	第一輪	100	70	63
八強賽	150	135	122	八強賽	150	105	95
總決賽	180	162	(146)	總決賽	180	126	(113)

一年後，泰德仍選擇總決賽，但是麥修改變了心意，轉而看八強賽。

——— 泰德評價的效用單位 ———			——— 麥修評價的效用單位 ———		
比賽場次	現在	一年後	比賽場次	現在	一年後
第一輪	100	90	第一輪	100	70
八強賽	150	135	八強賽	(150)	105
總決賽	180	(162)	總決賽	180	126

　　至於麥修呢？一開始他也會決定要選項3，去看總決賽。
這時候他給選項1的評價是100個效用單位，選項2是105（150
個效用單位乘以70％）、選項3則是113（180個效用單位乘以
63％）。與泰德不同的是，一年過去後麥修改變了心意，改成
選項2的八強賽。因為再等一年的話，選項3的效用單位是126
（180個效用單位乘以70％），低於選項二現行的150。他的偏
好隨時間改變了，呈現出時間不一致性。借用上述《紐約客》
雜誌封面的比喻，一個人從紐約看不出中國和日本哪一個距離
紐約較遠，但是如果他帶著望遠鏡去東京，他就會開始注意到
東京與上海之間的距離，甚至比紐約與芝加哥之間來得更遠。

　　一般人表現出的偏好隨時間改變，讓薩繆爾森頗感困擾。
理性經濟人不應該在沒有新資訊出現時，做出後來會改變的計
畫。不過薩繆爾森明確表示，他確實注意到這種行為的存在，
他談到的一些行為相當於拿走放腰果的碗是為了確保現行計
畫能夠被遵循。譬如他提及把購買終身壽險當成強迫儲蓄的手
段。只不過他雖然點出了上述問題，卻直接跳過去，其他同業
亦追隨其腳步。他的「折扣效用模型」只留下指數函數的折扣
方式，成為跨期選擇模型的主要骨幹。

　　把這篇論文視為經濟學的轉捩點或許不盡公平，畢竟當時
經濟學家們在義大利學者維爾弗雷多‧巴雷多的帶領下，已經
有好一段時間脫離早先常見的民俗心理學。巴雷多也是為經濟
學引入數學嚴謹性的先驅之一，但是在薩繆爾森寫出上述模型
且被廣泛接受後，大部分經濟學家便染上了康納曼稱之為「理

論盲」的毛病。他們熱中於將時興的數學嚴謹性融入自己的研究，卻完全忘了先前已出現過的跨期選擇行為論述，甚至也忘了拉蒙特‧費雪僅僅在七年前出版的那些論文。就算薩繆爾森警告過，他的模型或許未能精確描述人類行為，大家依舊將他的警告拋諸腦後。指數函數的折扣方式必須是跨期選擇的正確模型，因為理性經濟人不會時時改變主意，而他們現在所研究的世界已經沒有真正的人類存在。幾乎所有拿到經濟學博士的人都罹患了這種理論盲，學生得到的經濟學訓練提供了大量關於理性經濟人的深刻見解，卻因此喪失了對人性與社會互動的常識性直覺。研究所畢業生不再理解，他們其實是生活在一個由人類組成的世界。

跨期選擇不只是理論經濟學中的一個抽象概念，它在總體經濟也扮演著關鍵性的角色，凸顯了所謂「消費函數」的重要。消費函數告訴我們，家戶的消費支出如何受到收入影響。假設經濟陷入嚴重衰退，政府決定給每個納稅人一次性的1,000美元減稅額，消費函數會告訴我們這筆錢當中會有多少被花掉，多少被存起來。經濟學界對消費函數的思考，在1930年代中期至1950年代中期之間出現了巨大的轉變。消費函數模型的演進反映出薩繆爾森拉開革命序幕以來，經濟理論發展出的一個有趣特色。隨著經濟學家越來越擅長運用數學，其模型也融入了這些全新水準的精密複雜，他們描述的人同時跟著進化了。首先，理性經濟人變得更加聰明；其次，他們祛除了所有自我控制問題。要把二十年後領取的社會安全福利金換算成現

值？沒問題！發薪日的回家路上先繞到酒館，把預定買菜的錢拿去買酒？絕對不會！理性經濟人不做這種不當行為。

　　我們可從經濟學三巨頭提出的消費函數模型中，觀察到上述經濟理論演化模式，這三位經濟學家分別是：約翰・梅納德・凱恩斯、米爾頓・傅利曼，以及佛朗哥・莫迪利亞尼。就從凱恩斯開始吧！其著名事蹟包括了主張上述減稅方式。他在巨著《就業、利息和貨幣通論》提出一個相當簡單的消費函數模型，假設一個家庭得到遞增收入的時候，額外增加的部分會有一個固定比率用於消費，他為這個將額外收入用在消費上的比率取名為「邊際消費傾向」。雖然凱恩斯認為倘若收入沒有重大變化，特定家庭的邊際消費會傾向維持穩定，卻也同意與他同時代的拉蒙特・費雪所說，邊際消費傾向在不同的社會經濟階層之間差異頗大，尤其貧窮家庭的消費傾向最高（將近100％），隨著收入增加傾向逐漸降低。對富有的人來說，1,000美元的意外之財幾乎不會影響他們的消費，所以邊際消費傾向近於零。若我們假設中產階級家庭會將額外增加收入的5％存下來，那麼凱恩斯預期1,000美元額外收入的邊際消費傾向會是95％，即950美元。

　　二十年後，米爾頓・傅利曼在1957年出版的著作中做出一項可靠觀察。他發現一般家庭或許有平攤消費的遠見，於是提出了「恆常所得假說」。在他的模型中，一個會把收入的5％存起來的家庭，不會把把950美元的額外收入在當年花光，而會將這筆錢分攤來逐年支出。他特別提到一般家庭會採用三年

期的思考來判定固定收入為何，並將額外支出平均分攤到往後三年（每年僅支出這筆錢的33％）。這表示在第一年該家庭的支出是950美元除以3，即317美元（本書從這裡開始，為了讓例子簡單化，我會假設利率與通膨率為零，或者說利率相等於通膨率，如此一來所有數字便都經過通膨調整了）。

另一位運用精密數學的經濟學巨頭，是佛朗哥·莫迪利亞尼，他與學生理查·布魯伯格共同合作。雖然他的作品與傅利曼差不多同時期推出，觀念卻更接近現代理性經濟人。莫迪利亞尼關注的不是一年或三年這類短期現象，而是將模型建立在個人一輩子的總收入，他的理論也因此被稱為「生命週期假說」。這項假說認為一般人會在年輕的時候，便擬好計畫分攤一生的支出，包括退休，甚至遺產。

為了配合以一生為週期的定位，莫迪利亞尼將重點從收入改為終身財富。為了讓例子變得比較簡單而具體，我們不妨假設有個人知道自己會再活四十年，而且不打算留遺產。在這些簡化的前提下，生命週期假說預期這筆意外之財會被平分至未來四十年，也就是說這筆錢的邊際消費傾向終其餘生，僅為每年25美元（1,000美元除以40）。

從凱恩斯、傅利曼到莫迪利亞尼，他們眼中的經濟主體都很懂得為未來打算，而且也能發揮足夠的意志力來延遲消費。以莫迪利亞尼的理論來說，甚至可延遲數十年之久。至於這筆意外之財中有多少比例被立即消費，他們的預測從差不多全數花完、到幾乎沒花多少錢都有。假如我們要像傅利曼所倡導，

以預測的正確度來評判經濟模型的優劣，那麼上述三個解釋人們如何處理臨時性收入變化的模型當中，我個人認為凱恩斯的模型脫穎而出。傅利曼只是將一般人平撫短期波動的自然傾向放進了凱恩斯的模型（探討長期的問題，譬如儲蓄退休金時，例子會變得更加複雜，這時候我會朝莫迪利亞尼稍稍靠攏一些。請看下文關於行為生命週期假說的討論）。不過，如果要用聰明程度來挑模型，莫迪利亞尼就是首選，或許是因為經濟學家們接受了「越聰明越好」這種捷思法，莫迪利亞尼的模型被宣稱是最優異的，並且成為業界標準。

然而哈佛大學經濟學家羅伯·貝羅讓我們知道，要維持班上最聰明小孩的地位並不容易，莫迪利亞尼的模型還可以再進一步複雜化。首先，他假設父母親會關心子女與孫子女們得到的效用，既然這些後輩也會關心他們自己的孫子女，其時間概念實際上是無止盡的。所以，貝羅所描述的主體會打算把遺產留給後代，同時明白他們的後代也會留下遺產。在這個世界，多少額外收入會被花用，就要看這筆錢從何而來。倘若上述1,000美元的意外之財來自賭場的一夜好運，貝羅會做和莫迪利亞尼相同的支出預期，可是如果這筆錢來自臨時性的減稅，得靠政府舉債來支應，那麼貝羅的預期就不一樣了。債務最終總是得還的，減稅的受益人了解這一點，他們明白現在拿到的減稅其實來自後代未來的增稅，所以不會花掉半毛錢，反而會將這筆金額加在遺產中。

貝羅雖獨具創見，可是如果他的理論要能正確描述事實，

理性經濟人就得跟貝羅一樣聰明才行（幾年前，我在一場研討會碰到了羅伯‧貝羅。我提到了雙方模型的不同之處在於他假設模型裡的經濟主體都跟他一樣聰明，而我假設主體都跟我一樣笨。貝羅同意這個說法）。這樣的分析究竟應該止步於何處？假如有個比貝羅更傑出的人，為一般人想出了更聰明的方法，那麼這套方法是否也應該成為真實人類行為的最新模型？舉例來說，假設有個經濟主體是祕而不宣的凱恩斯信徒，也就是貝羅受不了的那種，而他認為減稅能刺激經濟，一旦經濟增長帶動稅收增加，政府就有錢償還債務了，如此一來，他便無須更動原先規畫的遺產。事實上，若減稅真能成功刺激經濟，說不定還能減少預定留的遺產，因為他的後代將從更高的經濟增長率當中受益，可是現在我們需要理性經濟人既嫻熟於經濟理論，同時又通曉預算政策的相關實際影響，如此一來他才能知道究竟該採用哪一種經濟模型來思考，但是毫無疑問的，經濟主體的知識與意志力必定有其局限，很少人的聰明程度能媲美羅伯‧貝羅。

　　經濟學家建構模型的方式，彷彿這個世界是由擁有經濟學博士學位的理性經濟人所組成，心理學家可不會從這個角度來思考問題。這讓我想起了在康乃爾大學心理系演講的那次經驗。我在開場白大致說明了莫迪利亞尼的生命週期假說，儘管我的描述挺直接，可是觀眾的反應彷彿在說這個儲蓄理論根本是在開玩笑吧。幸好經濟學家鮑伯‧法蘭克也在現場，觀眾席的騷動平息後，他向大家保證這絕對不是我瞎編出來的，然而

心理學家們仍停留在不敢相信的震驚狀態，納悶經濟系的同事怎麼會對人類行為有如此詭異的看法①。

　　莫迪利亞尼的生命週期假說認定，人們會自行決定每個階段要用掉多少終身財富，這不僅是假設我們聰明到能夠做出所有必要的計算（抱持著理性期待），包括這輩子會賺多少錢、會活多少年等，也假設我們有足夠的自我控制能力來貫徹最佳方案。此外，這其中還有一個隱藏版的假設：財富是可以替代的。在他的模型中，財富是以現金、房屋資產淨值、退休金計畫，或祖傳畫作的形式持有都無所謂，財富就是財富。可是我們已經從前幾章所談的心理帳戶中了解，這樣的假設就跟認為我們具備理性經濟人的認知能力與意志力一樣，非但不正確，甚至還會造成危害。

　　為了打破財富具有可替代性的假設，並且將心理帳戶融入消費與儲蓄行為理論，我與赫希・薛佛林提出我們所稱的「行為生命週期假說」。我們假設一戶家庭在某年的消費不僅要看他們的終身財富，也要看這筆財富被放在哪個心理帳戶。買彩券贏得的1,000美元，其邊際消費傾向會比退休資產的同額增值來得高出許多。事實上，有份研究發現退休金儲蓄增加產生的邊際消費傾向甚至是負值！一個行為經濟學家研究團隊也指出，當退休金計畫的投資者獲得高回報時，他們雖然變得更有錢，卻也提高了儲蓄率，很可能是因為他們預期往後的投資也會有同樣高的回報。

　　若要了解家庭消費行為，我們的研究對象顯然應該是人

類，而不是理性經濟人。人類沒有愛因斯坦（或巴羅）的聰明腦袋，也沒有佛教苦行僧的自我控制能力。他們有的是熱烈情感，有缺陷的望遠能力，對來源不同的財富區別看待，還會被股市的短期回報影響判斷。我們需要的是以真實人類為主體的經濟模型，而我最喜歡的版本正是下一章的主題。

---

① 或者，誠如我的康乃爾同事暨好友湯姆‧吉羅維奇所說：「我沒有一刻不感到訝異，經濟理論竟然給了你們那麼多唾手可得的虛無假設（null hypotheses，係指統計驗證之用，希望被證明為錯誤，或需要重新考慮的假設）。

第 *12* 章

計畫者與行動者

　　我開始認真思考自我控制問題時，這方面還沒有多少經濟學文獻可參考，而且我就像大部分的研究所學生對本書前幾章提過的早期學者們一無所知，研究生很少讀超過三十年前寫成的作品。此外，當時也沒什麼新東西可參考。不過，我本人還是受到三位學者作品的激勵：一位經濟學家與兩位心理學家。

　　我唯一能找到的談自我控制之經濟學論文，是西北大學經濟學家羅伯・史卓茲所寫。雖然許多經濟學家都曾採用薩繆爾森建立的折扣效用模型，卻鮮少有人能像史卓茲，注意到薩繆爾森所警告的時間不一致性。

　　在一份1955年出版的論文中，史卓茲深入研究這個問題，探索若一個人做了計畫就不會想再改變，那麼他的偏好必須滿足哪些數學特性。不過現在我們用不著詳述那份論文的技術性細節，總之只有在一個情況下（以指數函數的方式做折扣）才能確保主體維持時間一致性，而史卓茲就跟薩繆爾森一樣，擔心這些條件是無法被滿足的。

　　如此一來，史卓茲深入探索英雄奧迪修斯與蛇髮女妖的故

事，而這個由希臘作家荷馬創作的神話後來成為不可免的討論主題，幾乎所有自我控制的研究者，無論是哲學家、心理學家或經濟學家都會提及這個古老的故事，而我也曾經有過一次跟隨過這個傳統。

讓我們來回想故事場景吧。蛇髮女妖是古代版的女子搖滾樂團，沒有任何水手能抗拒她們的歌聲召喚，但是水手若屈服於誘惑，試著把船駛近岩石，最後必遭沉船滅頂之災。奧迪修斯想聽那天籟之音，並且活下來告訴別人那是什麼樣的音樂，於是他設計了一個兩段式計畫（其實奧迪修斯並沒有聰明到自己想出這套計畫，他從喀耳刻那兒得到了一些不錯的建議，後者是掌管藥草與藥物的女神。這是不是挺耐人尋味呢？）。第一部分是確保麾下船員們不會聽到女妖的召喚，所以他命他們以蠟塞住耳朵。第二部分是讓船員將他綁在桅杆上，這麼一來他個人就可以欣賞演出，船員們也不會受到無可抗拒的誘惑而將船駛向岩石了。

上述故事提到了兩種人們用來應付自我控制問題的重要工具。針對船員，解決方法是排除會誘使他們做出傻事的提示，眼不見，心不亂。針對自己，奧迪修斯則是選擇了約束策略——限制自己的選擇，以避免自我毀滅。這就像把放著腰果的碗拿走。史卓茲坦承他自己用約束策略來決定學年薪資給付：「我選擇將年薪分成十二個月收取，而不是九個月，即使這樣會損失一些利息。」

我在1978年開始思考自我控制問題時，史卓茲的論文已經

出版逾二十年了，期間經濟學界沒有任何其他人對這項主題感興趣（雖然湯姆・謝林在不久後加入），我只好轉向心理學界尋求靈感。當時我認為心理學一定有滿坑滿谷關於延遲滿足的文獻，可是我大錯特錯，雖然現在確實有許多心理學家對自我控制問題感興趣，然而在1970年代末可不是這麼回事。幸好我最終還是挖到了兩個寶。

首先是如今已大名鼎鼎的華特・米歇爾。當年他在史丹佛大學任教，跑到學校附設的托兒所做了幾個實驗。實驗人員邀請一個小孩（四或五歲）進入房間，讓他選擇當下得到一項小獎賞，或稍等之後得到較大的獎賞。他們提供的獎賞是棉花糖或奧利奧餅乾這類點心。小孩被告知可以現在就吃一塊餅乾，也可以想吃的時候就吃，如果能夠等到實驗人員回來再吃，就可以得到三塊餅乾。孩子可以隨時按鈴把研究人員叫回來，然後給他較小的獎賞。

大部分的孩子都發現克制欲望實在難受極了。不過，等待時所處的環境也會有影響。在某些實驗場景中，點心就放在孩子眼前的盤子裡，對絕大多數孩子來說，眼睜睜地看著餅乾，效果就跟奧迪修斯聆聽女妖的歌聲一樣，其等待時間幾乎都沒超過一分鐘。但是，假如眼睛看不見獎勵（也比較不會想到），平均等待時間便可長達十一分鐘。倘若實驗人員要孩子們想些開心有趣的事，不要掛念著獎賞，他們也可以等待得更久。

這些實驗最初於1960年代及1970年代初進行。十年後經過一番回顧，米歇爾和他的同事認為若能看看當年那些受測小孩

後來的發展，應該能得到一些有趣的發現，所以他們找到多達五百名當年的實驗對象，其中三分之一同意每隔十年接受他們的訪問。後來他們驚訝地發現，孩子們在其中一項實驗的等候時間，竟成為許多重要人生成果的準確預告，從學術評量測驗（SAT）到事業成功或用藥成癮。這項結果之所以令人驚訝是因為米歇爾本人做過的不少研究顯示，所謂的性格特質在預測現在行為方面並不十分管用，更遑論是預測未來行為。

米歇爾仍留存部分早期實驗的珍貴影片，呈現出孩子們發揮自我控制能力時面臨的困難。我對其中一個孩子特別感到好奇，他被安排在困難度最高的情境，三片美味奧利奧餅乾就放在他眼前，經過短暫等待之後，他已經沒法再忍耐了，可是他並未按鈴，而是小心翼翼地打開餅乾，舔掉當中好吃的白色夾心，然後再把餅乾合攏，盡可能將這三塊餅乾恢復原狀以免被發現。在我的想像，這孩子長大後可能會成為詐騙高手柏尼·馬多夫。

另一位行為科學家的研究成果也吸引了我的注意。他的名字是喬治·安斯立，是一位執業精神病醫師，只在空閒的時候做研究，平時則在退伍軍人醫院醫治病患。我待在史丹佛大學的那段期間，仔細研讀了他在1975年出版的論文，內容總結當時學術界對自我控制所知的一切。

我從安斯立那裡學到，其實關於延遲滿足已經有相當多研究文獻，只不過研究對象並非人類，而是大鼠與鴿子。在一個近似米歇爾所做的範例中，實驗人員讓動物們從比較小的立

即獎勵與比較大的延遲獎勵中選擇，牠們得按（或啄）一個控制桿來獲取獎勵。經過大量訓練之後，牠們學到倘若動了兩個控制桿當中的任一個，可預期等待多久之後能得到多少食物。藉由調整等待時間與獎勵多寡，實驗人員評估出動物的時間偏好。絕大多數的研究發現，動物呈現出相同的折扣模式，此模式導致人類偏好逆轉。動物是雙曲線折扣，而且也有自我控制的問題[1]。

安斯立的論文花了不少篇幅探討處理自我控制問題的各種策略，其中一種作法是自我約束，也就是拿走腰果，或將自己綁在桅杆上；另一種作法則是提高屈服於誘惑的代價。舉例來說，若你有意戒菸，可以寫一張支票給平時常見面的某個人，並同意若對方逮到你抽菸就可以將那張支票兌現。你也可以跟自己打賭，即安斯立所謂的「私人打賭」，不妨告訴自己：「今天晚上我絕對不看電視轉播賽事，除非我完成了『某件你忍不住想拖延的任務』。」

我站在史卓茲、米歇爾，以及安斯立的巨人肩膀上，開始建立討論這些問題所需的觀念架構。當時經濟學家仍認為這些問題純屬經濟性質，我想回答的重要理論性問題是：「假如我知道自己的偏好將改變（以腰果為例，我不會約束自己少吃幾顆腰果，如果我想要的話，反而會把整碗腰果都吃光），那麼我會在何時，根據什麼原因而採取行動，限制自己未來的選擇？」

每個人都會有改變想法的時候，可是我們通常不會採取非

比尋常的步驟來防止自己偏離原先計畫，唯一會讓我們堅守預定行動的情況，是當我們有好理由相信假設後來偏好改變，這個改變將會是個錯誤。

拿走腰果是聰明作法，因為吃掉整碗腰果會破壞晚餐的胃口，而且你也不希望整個晚餐只吃了腰果。同樣道理，參加米歇爾實驗的小孩如果夠聰明，就會跟實驗人員說：「下次假如要給餅乾，請不要給我『現在吃一塊』的選項，或甚至根本不要提到奧利奧餅乾，只要等十五分鐘，然後直接給我三塊餅乾就可以了。」

思索這些問題的過程中，我無意間看到社會科學家唐諾‧麥金塔的一句話，深深地影響我的思考：「自我控制的概念本身是矛盾的，除非我們假設人類心智包含不只一套能量系統，而且不同能量系統在某個程度上是各自獨立運作。」這段話出自他那本晦澀難解的著作《人類社會的基礎》。我不記得自己是怎麼讀到這段話，不過在我看來其中道理再真實不過，自我控制基本上會製造衝突，而且和探戈一樣，它需要（至少）兩方來發生衝突。或許我需要一個包含兩個自我的模型吧。

儘管上述概念在直覺上非常吸引我，可是任何有兩個自我的模型都可能在經濟學上被認為太激進，在心理學上又顯得太過時，可說是糟糕的組合。很少經濟學家曾注意到亞當‧史密斯關於個人熱烈情感與公正旁觀者之間抗衡的討論，包括當時剛開始這方面研究的我在內，大多數經濟學家只覺得這個概念太詭異了。當時學術圈子裡的心理學家不再傾心於佛洛伊德

的本我、自我、超我,而現在正時興的兩套思考模式仍尚未出現(康納曼在《快思慢想》清晰闡述的兩套思考模式,其實並非他與特維斯基最初預想的重點。康納曼寫這本書的主要理由之一,是因為他認為同時採用快速的自動化系統,以及緩慢的反射性系統來重新思索他們的原始研究,可為他們早期的發現提供更具洞察力的新觀點)。我戒慎恐懼地向朋友推銷上述概念,也在我的「走向消費選擇的實證理論」論文中草草帶過,但是我知道自己得拿出更正式的東西,以經濟學來說就是可靠而充分的數學數據。因此我找來了在羅徹斯特大學任職期間的同事,也就是數學經濟學家赫希·薛佛林助陣。

多年來,我曾與許多人共同合作寫書,而赫希是頭一位合作對象。我們開始討論這些問題時,他最合乎要求的地方就是精通數學,而且不認為我的想法完全是發神經。後者當然更為重要,畢竟數學比我好的經濟學家俯拾皆是。我和薛佛林在許多方面可說南轅北轍,他嚴肅、縝密、勤奮好學,而且信仰虔誠,曾經拜師學習猶太法典,即古代猶太學術寫作的大百科式綱要。這些特質本人一概沒有,可是我們仍相處愉快,最重要的是,赫希對我講的笑話還算捧場。我們的共事就像特維斯基與康納曼,是透過無止盡的交談,寫論文初稿的時候,也跟當年我看著特維斯基與康納曼一樣逐行逐句地討論。我們從在羅徹斯特大學任教時展開對話,不久後我轉赴康乃爾大學,赫希則前往陽光明媚的加州,到距離史丹佛不遠的聖塔克拉克大學任教。我們僅僅共同合作兩篇論文,然而赫希迷上了行為經濟

學，很快便與聖塔克拉克大學的同事梅爾・史塔曼組隊成功出
擊，共同投入行為財務學方面的研究。

我們的模型其實是建構在比喻上，假定在任何一個時間
點，每個人都同時有兩個自我，一個是向前看的「計畫者」，
不但立意良好，而且關心未來，另一個則是不顧後果的「行動
者」，完全活在當下（湯姆・謝林在我之後也寫了同樣主題的
論文。雖然我們英雄所見略同，可是他不像我那麼相信有遠見
的偏好比較可能是「正確」的。舉例可參考謝林於1984年發
表的論文）。上述行為無論是以哪一種模型來表達，關鍵問題
都是如何描述這兩者互動的特性。一個可能的方式是把計畫者
與行動者的互動看成賽局的兩個競爭對手，並且以數學和經濟
學的一個分支──博奕理論，當成核心模式。不過，我們排除
了上述想法，不認為行動者的作為有策略可言，他只是個活在
當下的被動生物，眼前來什麼就做什麼回應，直到充分滿足才
停止消費。相反的，我們選擇了以組織理論為基礎的模式，亦
即「委託─代理人模型」。我們之所以選擇這種模式，無疑是
受到了環境的影響。當年我在羅徹斯特大學商學院研究所執教
時，代理人理論是個熱門話題，麥可・簡森與時任商學院院長
威廉・麥克林，針對這個主題在1976年合作發表了一篇著名論
文。我不確定他們是否同意我套用他們的概念，然而這也算是
一種樂趣。

在委託─代理人模型中，委託人發號施令，身分通常是企
業主，而代理人則是授權對象。組織機構內之所以會產生緊張

關係，是因為代理人知道一些委託人不知道的事，而委託人若要監控代理人的行為，代價又過於高昂。這些模式下的代理人試圖以最少的勞力賺取最多的錢，而公司的因應之道就是推出種種規定與流程（譬如獎勵方案與會計制度），目的在盡量減少委託人與公司雇用的代理人之間利益衝突造成的代價。舉例來說，業務人員的收入可能主要來自佣金，他們得交收據給公司以證明交通支出，而且被禁止搭飛機時坐頭等艙。

在我們的想像當中，代理人是短暫存在的行動者，我們假設每一段時間，譬如每一天，都有一個新的行動者。行動者只想享受快樂，而且在這方面自私到完全不在乎任何未來的行動者。相對的，計畫者沒有絲毫私心，她[2]只關心行動者們能獲得的效用，不妨將她視為仁慈的獨裁者吧。她希望所有行動者盡可能全體享受到快樂，卻無法有效控制行動者的舉止，特別是當行動者因為食物、性、酒精而感到亢奮，或因為天氣好而特別想出門閒晃時。

計畫者有兩套工具可用來影響行動者的作為。她可以透過獎懲（財務或其他手段）來影響行動者的決定，同時讓行動者保有自由裁量的空間，或直接以規定來約束，譬如透過允諾策略限制行動者的選項。

人類能夠自我控制嗎？

為了說明上述概念，我們不妨思考下面這個簡單雖有些

不自然的例子。假設哈瑞去了一個偏僻的小屋露營，那裡與外界完全斷絕聯繫，一架小飛機將他放到露營地，十天後會再回來接他。他原本帶了充分的食物（水也相當充足），但是一隻飢餓的熊路過，把所有他帶來的食物都吃光了，僅留下他一條小命，以及不合牠口味的十條能量棒。既然哈瑞沒辦法聯絡上飛機，而且也不善於野外覓食，只能靠這十條能量棒撐到飛機來接他的那一天。當然了，哈瑞同時具備計畫者與行動者的特質。他的計畫者會如何處理這個問題？

　　我們姑且假設，計畫者對每個行動者的消費價值一視同仁（所以不會把距離較遠的行動者之消費價值打折扣），而食物對行動者有著遞減的邊際效用，意即第一根能量棒帶來的快樂高於第二根，依此類推，他們會吃到不再產生快樂感覺的最後一口，然後就不吃了。在這種情境下，計畫者會認為最好的結果是每天吃一根能量棒，如此一來就可以為十個行動者分別帶來等值的效用（為了簡化例子，我刻意忽略一天只吃一條能量棒，會讓行動者肚子越來越餓的可能性）。換句話說，計畫者的作法就像理性經濟人應該採取的分攤消費，假如他們依循的是生命週期假說。在某個程度上，計畫者想做的是讓行動者表現得更像理性經濟人。如果技術上可行，計畫者會採用允諾策略，不讓行動者有自由裁量的空間，藉此降低行動者做出不當行為的任何風險。小屋裡若有十個設定好的保險箱，而且每一個都會在不同的特定時間自動開啟，這將是最理想的安排[3]。從計畫者的角度來看，這應該是最好的結果。

　　小屋裡不太可能有保險箱，所以計畫者能怎麼做？十條能量棒都放在櫥櫃裡，等著被享用。接下來會發生什麼事？若計畫者不出手干預，第一個行動者既然完全不關心後來行動者的福祉，他會吃到滿足為止，也就是說，直到再多吃一口能量棒，反而會變得比較不愉悅為止。我們就假設那個時機點是吃了三條能量棒之後。第二天的行動者也吃了三條能量棒，第三天的行動者吃了同樣的分量。到了第四天，行動者只剩一條能量棒當早餐，很快就開始飢腸轆轆，接下來的一個禮拜只能在悲慘中熬過。

　　計畫者必須約束早先的行動者，不讓他們在前幾天就敞開肚皮把能量棒啃光光。在我們的模型中，計畫者假如沒有允諾策略可用，唯一剩下的工具就是罪惡感了。經過計畫者本人或父母親與社會的一番教導，行動者對於讓未來的行動者沒東西可吃這件事會感到難受。但是，製造罪惡感的代價不菲，在這個能量棒的例子中，計畫者不能讓行動者吃了第一根能量棒之後才產生罪惡感，她得設法讓每一口都變得更不愉悅。

　　圖表6表達的就是上述情況。最高的那條曲線呈現的是吃能量棒不帶罪惡感的效用。行動者會一直吃到效用最大化，也就是吃了三條能量棒之時。次高的曲線呈現的是行動者吃了兩條能量棒之後，產生出足夠制止自己的罪惡感。最低的曲線則呈現行動者吃了一條能量棒之後，便停止下來。這張圖表值得注意的地方是，運用罪惡感會讓生活變得比較不愉快，而唯一讓行動者少吃能量棒的方式，就是降低吃能量棒的愉悅程度。

另一個值得思考的角度是，意志力的運用需要格外付出努力。

這項分析顯示了，假如有完美的規則可用，生活會變得更快樂。使用設定好開啟時間的保險箱，在每個保險箱放一條能量棒，遠比強加罪惡感這招更能提供滿足感。西北大學經濟學家史卓茲達成這個目標的方式就是請雇主將年薪分成十二個月給他，從九月到隔年八月，而不是分九個月給他（從九月到隔年五月）。雖然後者會產生較多利息收益，因為錢入帳得比較快，可是他得在學年期間存夠錢，才能確保自己在暑期有足夠的生活費，更別提支應全家的度假費用。

為什麼我們不時時刻刻運用規則呢？理由之一是自外部強加的規則不見得容易採行。就算你打算每天晚上叫一份外送到府的即食健康晚餐，也無法阻止你順便點一份披薩。再者，

圖表 6　吃能量棒帶來的快樂

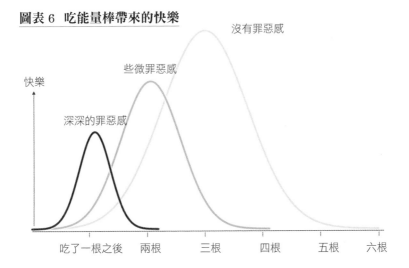

就算容易採行的規則真的存在，它們往往被刻意設計得較為僵化。倘若史卓茲教授選擇從九月到隔年五月的支薪方式，由於錢入帳得比較早，他或許就可以利用機會買一些在冬季有特價，而到夏季變得比較貴的東西，譬如割草機。當他的薪水被平分到十二個月，可能就沒有多餘的預算在冬季購買割草機了。當然了，從反面來看，若他提早領完年薪，就得堅守紀律讓自己的收入能撐過整個夏季。

同樣的原理也可套用於組織機構。若委託人明確知道代理人在每種處境下該怎麼做，她就可以制定絕對不可違反的規則手冊，可是我們都曾遭遇過這種挫折感，即低階代理人必須在種種規則下工作，沒有自由裁量的空間去做明明十分合理卻不在規定範圍之內，也就是「不准」的事。

當然了，組織與個人都還有其他控制手段，包括了追蹤開銷。在組織機構，這些手段被稱為會計。同樣的，我們在本書稍早已讀過，人類會運用心理帳戶來達成同樣目的，並且借助信封袋、玻璃罐，或退休金儲蓄計畫之力。值得一提的是，由於我們不像理性經濟人，無法將不同口袋裡的錢一視同仁，心理帳戶的策略才因此能發揮效果。

我得特別強調，我和薛佛林並不真的認為每個人的腦袋裡有兩個不同自我，我們用的是「彷彿」模式，目的在於為自我控制問題提供有幫助的思考方式。我們在兩人的第二份論文中加了一個注腳，指出讀者不妨將計畫者看成是住在大腦的前額葉皮質，該區域與意識和理性思考有關。行動者則涉及大腦

的邊緣系統。若各位熟悉康納曼在《快思慢想》中描述的兩套思考系統，我們可以合理地認為計畫者屬於緩慢、反省、深思熟慮的系統二，而行動者屬於快速、衝動、直覺的系統一。近年的神經經濟學研究為上述詮釋提供了背書，可是如果我們只關注實用目的，這個模式是否有生理學的基礎其實無關緊要，它只是一個能夠幫助我們思考如何將自我控制融入經濟學的比喻。

儘管我依舊覺得「計畫者─行動者模式」，是思考自我控制問題時最有幫助的方式，但是它尚未得到下一代行為經濟學家的特別垂青。哈佛大學的行為經濟學家大衛・萊布森在1997年發表的博士論文，首開先河提出了選擇模型。另外兩名行為經濟學理論專家，馬修・拉賓與泰德・歐多諾修將他的研究方法做了進一步推展，現在大多數經濟學家會使用這兩個希臘字母來代表重要的變項：貝他（β）與德爾塔（δ）。「貝他-德爾塔模型」勝過計畫者與行動者的最重要優勢，在於數學上的簡單化。它對薩繆爾森所提出的掌握自我控制首要層面的基本模型，做了可能範圍內最小幅度的修改。

至於貝他-德爾塔模型如何運作，以下是一個簡單的思考方式。假設在任何一段足可被稱為「後來」的時間，一個完全不會折扣時間，也就是折扣率為零的人，對所有「現在」的事物都另眼相待，覺得它們很吸引人，而任何「後來」的事物在他眼中價值只剩一半。這裡以之前討論過的溫布頓網球賽為例，今年第一輪賽事的價值若為100個效用單位，明年或在那

之後將只剩50個效用單位，這樣的偏好可謂「現時偏好」，因為他們對現在事物的看重程度遠勝於未來，而且造成了選擇隨著時間而改變。

即使這個模型是高度簡化的版本，我們還是可以用它來呈現許多耐人尋味的跨期選擇細微之處，而這些細微之處部分要看人們是否察覺到本身的自我控制問題。當大衛·萊布森撰寫關於這項主題的首篇論文時，他假設主體是「老練世故」的，也就是他們知道自己有這種時間偏好。身為一個設法靠行為經濟學理論（當時這類別還沒多少人聽過）論文謀職的研究所學生，大衛用這種方式來勾勒他的模型特質其實是個聰明的作法。大衛的主體是純然的理性經濟人，只除了一個細節：他們的時間偏好有問題。當歐多諾修與拉賓決定加入這一陣營時，他們想到了一個更激進的設定，讓主體的偏好存在現時偏見，可是主體本人並未意識到這一點，這樣的主體被標籤為「天真」。

毫不意外的，上述兩種簡單公式都無法完全正確地描述人類行為。但是，我和這三位作者都有個相同看法，就是「真相」存在於兩個極端之間：部分天真。絕大多數的人知道自己有自我控制問題，卻也低估了它的嚴重性，我們對自己的世故老練程度抱持著天真的看法，尤其當我們都有行為經濟學家喬治·魯文斯坦所謂的「冷熱同理差距」。當我們處於冷靜和沉思的情緒，譬如在星期天剛吃完一頓心滿意足的早午餐之後，思索著星期三晚餐要吃什麼，我們會覺得自己一定能遵守當週

只吃健康低卡晚餐的計畫。到了星期三晚上，朋友們建議去試試那家主打精釀啤酒的披薩店，結果大家的食量超過星期天預期的分量。可能也是星期三路過那間餐廳聞到了碳烤火爐傳出的誘人香味，更別提菜單上那排特製啤酒看起來有多吸引人了。在這類例子中，我們可能需要一個計畫者來建立規則，譬如週間不准喝啤酒，也不能和朋友聚餐吃披薩，然後想個辦法來強制執行這條規則。

　　在我初次拿走放著腰果的碗時，行為科學家已經對自我控制問題有了不少研究心得。事實證明處理許多社會大問題時，這些知識都發揮了重要功能。各位讀者稍後將看到這一點。

---

① 有些研究人員在動物身上嘗試了棉花糖／奧利奧餅乾實驗的動物版。大部分受測動物選擇立即得到獎賞，有隻特別聰明的非洲灰鸚鵡名叫葛瑞芬，表現出優於絕大多數學齡前兒童的自我控制能力（參考Sarah Zielinski在2014年發表的文章）。

② 特維斯基總把計畫者當成女性，我為了紀念他也有樣學樣。既然男性通常比女性更像行動者，在此我以男性的代名詞來指稱行動者，若你要說我有性別偏見，我也認了。

③ 這樣的技術確實存在。廚具品牌「廚房安全」的生產使用者可以任意鎖上一段時間的塑膠容器。製造商推薦消費者買這些產品來抵禦誘惑，譬如糖果、智慧型手機，或汽車鑰匙。有個體貼的學生買了一個這種容器給我，裡頭當然裝滿了腰果。在理性經濟人的世界，這種產品根本不會有市場需求。

插曲

第 *13* 章

眞實世界中的不當行爲

　　如果行爲經濟學的目標是爲人類行爲提供較爲眞實的描述，那麼它在實際場景中應該也要能夠提供助益。雖然我在職涯初期將大部分時間投注於研究心理帳戶和自我控制的學術研究，但是我偶然間得到了一個探索眞實世界的機會，而且地點還近在紐約市的綺色佳。我很快便發現這些概念可實際運用於商業，特別是和定價有關的部分。以下是兩個例子。

如何挽救有財務危機的滑雪度假村？

　　我在康乃爾認識了名叫大衛・柯博的學生，他鼓勵我見見他的哥哥麥可。由於麥克是當地人且熱愛滑雪，他抱定決心以滑雪爲事業，並且在位於綺色佳附近家族經營的希臘峰滑雪度假村擔任行銷總監。當時這間度假村陷入了嚴重的財務危機，連續幾個冬季的雪量低於平常，再加上經濟不景氣，該公司得大量舉債才能撐過淡季。當時的銀行利率仍居高不下，就連信用好的公司都難逃風險了，更遑論信用欠佳的希臘峰滑雪度假

村，如果他們再不增加收入、降低債務，就只能等著宣告破產。麥可亟需協助，於是向我提出一項交換，他會給我和小孩纜車票，並且讓孩子們免費租用滑雪裝備，我則設法幫他將生意恢復盈利。

　　我很快便發現，如果希臘峰想轉虧為盈就得提高收費，但是如果要將收費提高至足夠產生利潤的程度，票價將直逼佛蒙特州或新罕布夏州的知名滑雪度假村。希臘峰服務每個滑雪者需要的營運成本和較大型的度假村並無二致，然而他們只有五部纜車，滑雪道也比較少。我們該如何合理化把收費調漲至大型度假村的水準，同時不讓訪客人數因此而大幅減少？又該如何留住那些對價格較敏感的當地客源，包括來自康乃爾與附近大學的學生？

　　從心理帳戶的角度來看，佛蒙特州知名滑雪度假村的票價會是希臘峰顧客的一個明顯參照點，既然這項產品顯然遜色了一大截，他們自然期待希臘峰的票價會更低一點。然而希臘峰有地點近的優勢，它是紐約州中部最佳滑雪地點，開車去佛蒙特州得花上五小時。對於住在正南方，包括斯克蘭頓、費城，甚至華盛頓哥倫比亞特區的人來說，希臘峰也是地點最接近的選擇，每個週末都有一車車滿載滑雪客的巴士來到這裡。

　　我要麥可運用行為經濟學的原則，重新思考希臘峰的收入模式。要解決的頭一個問題是如何在調升票價之餘，避免讓太多顧客跑掉。我們決定採用幾年間逐步調價的方案，以免一下子漲價過多造成顧客反彈。為了合理化較高的價格，我們試

著提升滑雪體驗，讓顧客們比較不覺得被敲詐了[1]。我記得自己在這方面幫忙出了個主意。希臘峰在某條滑雪道旁邊設計了一條短短的賽道，讓滑雪客可以穿越旗門，並且聽擴音器宣布用了多少時間，年輕的滑雪客喜歡這種競爭的感覺。因為旗門靠得夠近，若要轉彎就需要一直煞車或控制速度，不會太快，相對來說也比較安全。使用賽道的收費是1美元，雖然金額不大，付起來卻相當麻煩。在滑雪坡上掏錢極其費事，你得先脫掉笨重的厚手套，然後把手探進不知放在哪個夾層的鈔票，再將這一元紙鈔塞進自動販賣機式的收鈔口。就算擺在最好的環境下，這些機器也不見得每次都能正常運作，更別說是每天暴露在風雪之中了。

　　我問了麥可與他的老闆艾爾，這條賽道為他們賺了多少錢。結果只是蠅頭小利，每年差不多幾千美元。於是我問，為什麼不乾脆讓大家免費使用呢？這麼一來，我們僅須花少許代價便能提升滑雪體驗，這根本是明擺的事。於是麥可與艾爾也開始思考還能做些什麼改善服務品質，以及最重要的，顧客認定價值。

　　另一個例子則涉及到滑雪教練。他們的主要收入來自教導新手，尤其是那些一團團前來的學童，而這顯然也是擴大客源基礎的重要方式。只不過，教練有許多無事可做的時間。於是有個人想出了聰明的主意，提議在山上設置免費的滑雪診斷中心。滑雪客可在指定的滑雪道上等候，然後滑過幾個旗門。在此同時他的動作會被全程錄影下來，在下方等待的教練會播

放影片給滑雪客看,指點一些該注意的地方。對!這是免費課程!

即使上述這些改進能讓漲價變得比較能接受,我們還是擔心對價格特別在意的當地客源,所以從一個效果還不錯的現存模式著手。希臘峰有個學生專屬特惠方案,倘若學生們在十月十五日前預購六張週間的纜車票,便可享有相當優厚的折扣。這個方案相當受歡迎,也確實提供了穩定的早期收入,我懷疑學生喜歡這個方案的另一個原因是它被簡稱為「六套票」(six-pack,意同六塊肌),就連任何跟啤酒有關的暗示,也能讓大學生消費族群趨之若鶩。

我們考慮讓非學生身分的當地客源也享有這類折扣方案,而且這些折扣是每年開車來一兩次的外地人得不到的優待。對滑雪客來說,纜車票僅占這趟旅程所有花費中的一小部分,包括交通、飲食和住宿,在纜車票上省些小錢似乎不太可能影響他們是否光顧希臘峰的決定,尤其是附近沒有其他競爭者。最後我們想出了一個十套票方案:若在十月十五日前預購五張週末門票和五張週間門票,便可享受原價六折的優惠。

結果十套票廣受當地顧客歡迎。幾個行為上的因素可解釋它們為何熱銷,第一個因素很明顯:打六折聽起來很划算,交易效用頗高。其次,預購行為可讓購買決定與實際滑雪相互脫鉤,就跟紅酒的心理帳戶一樣,最初的購買被視為存錢的「投資」。下了一場大雪之後,在陽光明媚的星期五臨時起意去滑雪,感覺上似乎完全無須再投入成本,即使已經在上個週末花

了錢吃大餐，娛樂心理帳戶也不會因此出現赤字，反正滑雪是「免費」的。從滑雪場的角度來看這比免費還好，它成爲沉沒成本[2]。隨著季節過去，滑雪客會急著用掉預購的票，以免浪費了他們投資在十套票上的錢，說不定還會帶個付原價的朋友來光顧（這些票不可轉讓給他人使用）。

十套票受歡迎的另一個原因在於，滑雪是屬於那種會讓大家決心明年要做得更頻繁的活動。「希臘峰這麼近，去年我卻只來了三次，實在太荒謬了。今年我要跟公司請幾天假，趁人少的時候去滑雪。」就像健身房會員費會鼓勵我們多做運動，滑雪客腦袋裡的計畫者喜歡今年一定要更常滑雪的想法。買十套票是個不錯的自我允諾方式，同時又能省下一些錢。

幾年後，六套票、十套票和季票占了希臘峰總營收的一大部分，預收的費用亦大幅降低了貸款度過年底前淡季的需求。除此之外，預先售票可避免暖冬導致雪量太少的風險，雖然滑雪場可自行造雪，卻也得等天氣夠冷機器才能運作。最讓滑雪場老闆抓狂的是，縱使天氣夠冷，倘若市區地上沒有積雪，一般人就不太會想到滑雪這回事，無論滑雪場的狀況如何。

銷售十套票的三年後，麥可做了些分析，然後打電話給我告知分析結果。還記得十套票的售價是原價的六折吧。「猜猜多少比率的預售票被實際使用？」麥可問。「百分之六十！」滑雪場以原價的六成賣出預售票，但是預售票當中僅六成被眞正使用，等於他們實際上是用原價賣票，而且還早在幾個月前就收到錢，眞可謂一大勝利。

　　這種結果似乎並未惹毛客戶，大多數還是會在隔年繼續
買十套票，沒能盡量用掉預售票的人只會自責，不會怪罪滑雪
場。當然了，難免有些顧客在滑雪季結束之際，幾乎一張預購
票也沒用掉，其中有些懷抱著希望，詢問這些票能否在下個滑
雪季使用。滑雪場會婉轉地拒絕，表明這些票的使用期限只在
當年，不過艾爾為這些顧客設計了一項特別方案：倘若他們今
年再預購一次十套票，那麼前一年沒用掉的票便可繼續使用。
去年只滑雪了兩、三次的人，今年當然不太可能滑雪超過十
次，但是這個特別方案頗為中聽，儘管我不認為會有許多人傻
到因為這樣就再預購一次十套票，可是他們會欣賞滑雪場做到
「公平」的用心。我們將在本書稍後看到，公平是讓顧客滿意
的重要關鍵。

　　希臘峰要應付的最後一個價格挑戰，是想出滑雪季剛展開
之時該怎麼做。滑雪場會在第一場雪之後不久開始營業，這時
候通常只有一輛纜車裡頭坐著人。從三月就開始翹首盼望的滑
雪愛好者會在新季節一展開就衝進滑雪場，業主應該向他們收
取多少入場費？艾爾過去的策略是觀察窗外的山與氣候，然後
直接把門票價格告訴售票人員，通常是原價的一半。大多數已
經來到滑雪場的人不知道票價會是多少錢，只知道原訂價格，
只有真正的死硬派滑雪迷或許能破解艾爾的定價策略，我稱之
為「祕密特價」。試想一名顧客走向售票口，正準備以原價支
付門票，沒想到售票人員說：「喔，現在票價打五折。」雖然
這會讓顧客大喜過望，卻不是高明的定價策略，因為顧客其實

已經打算支付原價了。降價唯一說得通的時候，是當它能夠透過建立顧客忠誠度來增加現行銷量，甚至是未來的銷量。

我和麥可想出了一個新策略。滑雪季剛開始之時，滑雪場中僅部分區域開放滑雪，票價則是根據一套公式。顧客必須支付原價，但是可以得到下次來訪門票最多打對折的優惠券，折扣程度則看當天有多少纜車運行。既然顧客原本就預期支付原價，這項優惠顯得頗爲慷慨，而且也能吸引顧客再度上門，說不定還會多買午餐和啤酒。

麥可曾告訴我一個故事，顯示了這些優惠券有多麼受歡迎。有個人在當年的滑雪季首度光顧希臘峰，身上帶著預購的十套票，他站在排隊隊伍中，正打算將套票中的一張換成纜車票時，聽到售票員向站在前面的顧客解釋他會得到一張五折優惠券，可於下次消費時使用。這聽起來太棒了，於是他把十套票放進口袋，另外付錢買了張原價門票。我一直很想知道，這位仁兄是否在用完十套票之前，也用掉了那張五折優惠券。看樣子答案是無從知曉了。

不過，我們確實知道，在滑雪季開始前建立可靠的收入基礎，不但能達成脫離債務的目標，也降低了滑雪場對雪量的依賴。我和麥克之後分道揚鑣各自發展，不過我可以告訴各位，希臘峰如今仍正常營運（遺憾的是，麥可在本書完成之際過世了。當我寫到這一段時，我們都各自沉浸在這樁往事的遙遠回憶中，我已經開始想念他了）。

我在通用汽車的日子

多年來，美國的汽車製造業一直有季節性銷售差異的問題。新車款於每年的秋季上市，而消費者也變得不情願購買「去年的」車款。製造商似乎沒預期到這種行為模式發生，於是每年八月經銷商的停車場必定放滿尚未賣掉的庫存車，占用了展示新款汽車所需要的空間。無可避免的，車廠只得推出折扣促銷活動來消化庫存。

有一個促銷方案是提供消費者現金折讓。克萊斯勒在1975年率先推出這項促銷花招，福特與通用汽車不久便有樣學樣。車廠宣布臨時性的促銷，讓每個買主都可以拿到一些現金退款，金額通常在幾百美元之譜。折讓只是折扣的另一種說法，不過它們似乎比同等金額的降價更受歡迎。我們可以根據心理帳戶來預期買方的這種反應。假設汽車的定價是14,800美元，感覺上降價到14,500美元沒什麼，無法吸引消費者注意其差別，不過假如把降價的部分稱為折讓，消費者就會區別看待這300美元，進而提高了這筆金額的重要性。這樣的心理帳戶代價高昂，至少在我居住的紐約州是如此，因為折讓是要課銷售稅的。以上述數字為例，消費者以原價14,800美元購買要付一次銷售稅，拿到車廠給的300美元退款支票後，還得再付一次8％的銷售稅，更重要的是，折讓逐漸失去吸引力之後，庫存車又開始堆積在經銷商的停車場。

後來，通用汽車總部有個人想出了主意。福特與克萊斯勒

一直在嘗試讓車貸折扣成為另一種折讓方式，若是通用提供超高的折扣率來促銷呢？在那個車貸利率超過10%的年代，通用汽車推出了僅2.9%的貸款利率，消費者可以選擇折讓，也可以選擇車貸折扣。這項優惠對銷售產生了前所未見的影響，有新聞報導指出部分消費者全身趴在經銷商的汽車引擎蓋上，抵死不讓其他人買下那部車。

　　在那段時期，我注意到《華爾街日報》的一則短篇報導。某個記者在經過一番數字運算之後發現，低利率車貸的經濟價值甚至低於現金折讓。換句話說，倘若消費者將折讓用於增加頭期款，藉此減少他們必須借貸的金額，反而能夠省出錢。接受車貸折扣其實很蠢！然而這個促銷花招賣掉了許多車，很有意思吧。

　　我的康乃爾同事傑・羅素當時是通用汽車的顧問，我主動找他談談，告訴他我對這個問題或許能提出簡單的心理學解釋。折讓在車價中僅占一小部分，而車商提供的車貸利率還不到一般利率的三分之一，所以後者聽起來划算多了。除了會計師和《華爾街日報》的記者，很少人願意大費周章實際計算一番，尤其當時試算表與家用電腦都還沒問世。

　　傑請我把上述觀察寫下來，他打算拿給通用汽車的人參考。我照做了，而且一週後驚訝地接到通用汽車總部的來電，某個行銷部門的人看到了我寫的東西，希望能跟我親自見面談談。我說沒問題，來吧。

　　這位紳士從底特律飛往雪城，又開了七十五分鐘的車來

到綺色佳。我們聊了約一個小時，然後他就離開了。回底特律之前，他到校園裡散步了幾個鐘頭。於是我去找羅素，問他這是怎麼回事。他坦白回答：「他來這裡數數你有幾顆頭。」什麼？「對，他想確認你是不是有兩顆頭，不洗澡或是其他毛病，不適合帶去見他的頂頭上司，他會向總部回報。」

顯然我通過測試了。幾天後，我接到一通電話詢問是否願意前往底特律，這搞不好有機會成爲我的首次付費諮詢，本人正缺錢呢，因此我很快便答應了。再說，我好奇得心癢難耐。

假如你看過麥可‧摩爾執導的紀錄片《羅傑與我》，你便看過了我的目的地：通用汽車總部大樓。我發現這棟建築非常奇特，外觀頗爲巨大，新車展示在內部每處空間，連走廊和大廳都有。初次會晤時，一名行銷部副總給了我當日行程表，我得和行銷部不同的人進行一連串半小時會議，其中有許多頭銜都是副總。我在第一場會議詢問負責評估低利率促銷，也就是降低汽車售價的人是誰。主持人無法確定，不過他保證一定是我當天會在會議上遇到的人，反正我到最後就會知道了。

當天有幾個人描述了2.9％的利率是怎麼決定出來的。顯然執行長羅傑‧史密斯曾經召開過會議，討論如何處理當年的過剩庫存，而某個人建議以低貸款利率來促銷，會議上所有的人都同意這是個絕妙點子。但是，利率究竟應該定在多少呢？某個經理建議4.9％，另一個則說3.9％，最後有個人提出2.9％，羅傑覺得這個數字唸起來挺順耳。整個討論過程不到一小時。

　　然而當我問及誰負責評估促銷效果，並決定下一年該怎麼做，大家都一臉茫然紛紛回答：「不是我。」當天的最後是在接待人的辦公室裡，我記得自己說，若沒有人思考這些問題，在我看來是個錯誤。他聽了之後提議我寫個行動方案給他。

　　經過了這次參訪，我很確定自己不想要這份顧問的差事，但是我仍然寄給他一份包含兩項建議的簡短提案。我認為他們應該做的第一件事是弄清楚這次促銷為何如此成功；其次是為將來擬定計畫，特別是他們應該預期到福特與克萊斯勒可能會複製通用的成功促銷經驗。

　　一個月後，我收到簡略的回覆，該公司高層討論過我的建議，而且拒絕了。通用決定改善生產流程，避免夏季庫存過剩，如此一來就不太需要評估促銷或進行未來規畫了，不必再為新車款即將上市前的淡季推出促銷。我實在太震驚了，一家斥資數億美元舉辦促銷活動的大公司，竟然懶得搞清楚促銷活動該怎麼做，為何能夠成功。就連任職於小小滑雪場的麥可‧柯博，分析能力都比產業巨頭通用汽車來得強。

　　多年來我總算明白，而且會在本書後面幾章提及，許多人並不情願勞心費力地實驗、測試、評估。我也體會到之前在通用汽車經歷的思維方式其實再普遍不過，從那個時候起，我在商業界與政府機關持續觀察到這種傾向，雖然最近我有了個改變政府風氣的機會。

　　喔，對了，通用宣稱消除未來夏季過剩庫存的計畫，後來進行得如何？隔年的夏天沒達成，再隔年也沒達成。據我所

知，從那個時候起的每個夏季庫存依舊堆積如山。過度自信也是個相當強大的力量呢！

---

① 從心理帳戶的角度來看，為希臘峰支付原價可讓絕大多數顧客的獲得效用成為正值，尤其是對那些開三十分鐘的車就能抵達的當地人。他們白天滑雪，晚上回家吃晚餐，根本用不著多花飯店住宿費，不過這是鹽湖城或其他靠近滑雪場的居民才能享有的奢侈，多數民眾沒這個福氣。值得商榷的是顧客所認定的交易效用，希臘峰的票價和一些大型滑雪場差不多，在他們看來這似乎並不合理。

② 當然了，不是每個人都會落入這個陷阱。麥可還沒給我們免費纜車票之前，我已經為就讀七年級的女兒瑪姬買了下課後的滑雪課程。有一週瑪姬宣稱她要跳過這堂課，因為她打算參加學校舉辦的舞會。隔週她又說要跳過，因為某個朋友舉辦生日派對。「嗨，瑪姬。」我說：「妳確定嗎？我們為滑雪課付了不少學費呢。」結果瑪姬回敬：「哈！沉沒成本！」只有經濟學家的女兒想得出這種回答。

第4部

與諾貝爾經濟學獎
得主康納曼共事
（1984年～1985年）

史丹佛共處了一年後，特維斯基與康納曼決定移民至北美洲。特維斯基待在史丹佛大學心理系，康納曼則轉往溫哥華的英屬哥倫比亞大學。後者吸引他的部分原因是如此一來雙方距離僅兩小時航程，而且處於同一個時區。他們仍繼續共同研究，每天交談，並時常互相拜訪。

由於我們都在同一年展開新工作，也有同樣的離休年時程（譯注：為了提升教授的研究品質，許多美國大學讓教授每七年得以離修一年，從事研究或其他能提升學術成就的活動）。我在1984年至1985年獲得第一個離休年，特維斯基與康納曼亦然。既然在史丹佛的一年為我帶來了莫大轉變，當我在思考休假研究的時候，自然會希望能與他們至少其中一人共事。經過連串精心策畫，我總算能前往溫哥華找康納曼。特維斯基則返回了以色列。

英屬哥倫比亞大學商學院給了我一間辦公室。該校擁有相當出色的財務金融學系，況且當時我正努力在這塊領域深入學習，因此這裡是十分理想的停駐地點。不過那一年我最主要的任務是與康納曼，以及他的研究夥伴傑克‧柯內許共事，柯內許是一位環境經濟學家，在附近的西門菲莎大學任教。就如同在史丹佛的那年，溫哥華的一年給了我全心投入研究的難得機會，這兩年是我這輩子生產力最高的時候。

第*14*章

何種價格才算合理？

　　康納曼與柯內許邀請我參與一項他們剛剛展開的研究計畫，主題頗接近我的「沙灘啤酒」問題，探討哪些因素讓一樁經濟上的交易顯得「划算」（譬如哪些因素使得我們願意為時尚度假飯店買來的啤酒，支付比破舊小商店的啤酒更高的金額）。康納曼與柯內許展開的研究主題是：讓經濟交易看似「公平」的因素是什麼？有些人不願為破舊小商店販售的啤酒，支付與度假飯店啤酒同樣的價格，是因為在他的心目中，小店老闆索取這麼高的價格並不公平。

　　這個研究計畫之所以能成形要歸功於柯內許與加拿大政府談妥的一項安排，讓我們能夠取得免費的電話民調。該國有個計畫是訓練失業者做電話訪問，調查什麼主題並不重要，只要讓受訓人員有問題可問就行了。若我們每週一早上把問題傳真過去，他們會在週四晚上將電訪結果傳真回來，這麼一來我們便可趁著週五和週末假期好好思考從本週的問題中學到什麼，然後於隔週提出新的問題。如今這類調查可以透過亞馬遜提供的Mechanical Turk或類似服務在網路上進行，但是在當時能夠

每週取得幾百個安大略省（後來是英屬哥倫比亞省）居民的樣本就謝天謝地了，這已足夠讓我們測試許多想法，迅速得到回應，並且以現存的最佳方式來學習——將透過理論產生的直覺，以實際進行反覆試驗的方式來驗證。

以下的例子是我們提過的一個問題：

某間五金行的雪鏟售價爲15美元。暴風雪過後的隔天早上，他們將售價提高至20美元。您認爲這次的漲價：完全公平，尚可接受，有些不公平，或非常不公平。

我們決定簡化數據呈現，將前面兩個回答合併爲「可接受」，後面兩個回答則歸類爲「不公平」。以下是這個問題得到的回應（每個問題約有一百名回應者）：

可接受：18%
不公平：82%

現在你可能會說：「哪個混蛋會在暴風雪過後的隔天早上，調漲雪鏟的價格？」然而漲價完全符合經濟學理論的預期，而且它認爲商家根本就應該這麼做。商學院的基礎經濟課程通常會討論到這個問題，「雪鏟的供應量是固定的，需求量卻突然增加了，價格會因此產生怎樣的變化？」在課堂上，正確答案應該是：價格會上漲到足以讓每個願意支付漲價部分的

人都能夠買到雪鏟。漲價是唯一的方式,如此才能夠確保最後
得到雪鏟的人,是那些最看重它們的人(以他們的支付意願做
為評估標準)。

　　理性經濟人的思考方式是企業管理碩士生在商學院裡學習
的事物之一,但是這也讓他們忘了人類如何思考。以下這個例
子是屬於康納曼所謂的「理論盲」,當我向我的企業管理碩士
班學生提出雪鏟漲價是否公平的問題,他們的回應完全符合標
準經濟理論:

可接受:76%

不公平:24%

　　這是一次純屬客觀描述的思考練習。我們不打算扮演倫
理哲學家,或評判怎樣才「是」或「應該是」公平的。各位不
妨將我們的嘗試稱為實驗性哲學,我們想探究一般公民(雖然
是加拿大人)認為怎樣才算公平,更精確一點說,我們想知道
公司的哪些作為會惹毛民眾。調查結果就是在狂風暴雪過後調
漲雪鏟價格真的會讓大家火冒三丈,這種作法甚至有個專有名
詞:敲竹槓。通常這個字的定義是「用尖銳工具挖出一個洞或
溝」。當某家五金行在暴風雪過後隔天調漲雪鏟價格,民眾的
感覺就像被人用尖銳物體猛戳,許多地方甚至推出禁止敲竹槓
的法律,表示大家都討厭這種作法。因此我們想搞清楚,人
類還厭惡哪些其他的商業行為。任何能產生有趣結果的民調問

題，我們都會換個版本再重新調查一次，藉此確保問題中的商品，譬如雪鏟，並無任何特別之處。下面這個例子的靈感來自我的三歲女兒潔西和她那無所不在的喬依娃娃。喬依並非一般娃娃，他可是捲心菜娃娃。由於某種對我而言神祕難解，然而對許多小女孩來說再明顯不過的原因，捲心菜娃娃在幼稚園裡風靡一時，到了聖誕節貨架上的捲心菜娃娃早就被賣光，讓許多沒買到的家長一籌莫展。因此我提出了這個問題：

在某家店裡，熱銷的捲心菜娃娃一個月前就賣光了。聖誕節前一週，工作人員在倉庫間發現僅剩的一個娃娃。主管們知道會有許多顧客想買這個娃娃，於是透過店內廣播宣布舉辦拍賣會，將娃娃賣給出價最高的顧客。

可接受：26％

不公平：74％

上述回答引發了一個有趣的後續問題：是什麼原因讓這次拍賣如此不受歡迎？因為娃娃將落入有足夠財力可得標的人之手，或是因為家裡有迫切等待聖誕禮物的小寶寶就夠令人心急如焚了，店主竟然打算從這些家長身上搾出最多油水？

為了找出答案，我們向另一群受測者提出同樣問題，但是加上一行話，註明收益將捐給聯合國兒童基金會，結果回答可接受的比率高達79％。倘若收入捐給慈善機構，拍賣是可以被接受的，除非所謂的「慈善」是指店老闆的錢包。

　　不過，這個結論仍有待斟酌。在另一個場景中，某個小鎮有流感蔓延，可是鎮上只剩下一包藥，你認為如果藥劑師將這包藥拍賣售出是否公平？當然了，大家都討厭拍賣。在這個例子中，即使拍賣所得悉數捐給慈善機構，人們還是無法接受。我們明白許多奢侈品只有富人負擔得起，但是對絕大多數的人來說，醫療照護不屬於這類商品。大部分歐洲國家（以及加拿大）將健康照護視為公民的基本權利，即使是對這種觀點抱持抗拒態度的美國，也不會將沒有保險的意外受害者推出急診室。同樣的，沒有任何國家准許人體器官自由買賣，即使伊朗確實存在著腎臟黑市，但是需要腎臟的有錢人可花錢請窮人捐腎的這個想法，在世界上大部分地方都會招來「反感」，在這裡借用經濟學家艾文・羅斯喜歡用於形容這類市場交易的字眼。

　　在許多情況下，人們對一項行動是否公平的認定不僅是看誰得到幫助或受到傷害，也要看它是如何被包裝的。為了測試這些因素的效果，我們請幾組不同的受測者回答同一個問題的兩種版本，以下面這一對問題為例，另一個不同受測者的版本放於括號之內呈現：

　　問題1：有個熱銷車款逐漸出現供不應求的現象，交車必須等上兩個月（某個經銷商原本一直是以定價出售這款汽車，現在他將售價調高了200美元）。

　　可接受：29%

不公平：71％

　　問題2：有個熱銷車款逐漸出現供不應求的現象，交車必須等上兩個月（某個經銷商原本是以比定價少200美元的折扣價出售這款汽車，現在他將售價調整回定價）。

可接受：58％
不公平：42％

　　在本書第2章，我們曾討論到商家向使用信用卡的消費者收取較高金額的例子，上面這組問題也凸顯了相同的重點。公司應該將它有意收取的最高價格設定爲「正常」價格，任何異於這個價格的則爲「特價」或「折扣價」，取消折扣所遭遇的反彈，遠不如調漲價格來得強烈。

　　我們從這些研究歸納出一項原則，就是公平的觀念涉及到稟賦效應。買賣雙方將他們已經習慣的交易條件視爲理所當然，而任何條件上的退讓都是一種虧損。在賣方針對以往都免費贈送的東西開始收取費用，或將之納入售價的時候，這種對於慣常交易條件擁有所有權的感覺，會變得格外眞確，現況因此變成了參照點。倘若餐廳開始對坐著用餐收取額外費用，將違反晚餐包括提供座位的現行標準，即使座位不一定得舒適好坐。民眾確實認同公司與雇主有權獲取（合理）利潤，並未期望他們免費送出產品，因爲成本增加而調高售價，也在民眾能夠接受的公平範圍內。

　　公平的觀念也有助於解釋經濟學界一個存在已久的謎題：在景氣衰退時期，薪資為何沒有降至讓每個人都能受雇的程度？在理性經濟人的世界，當經濟陷入衰退時，企業面臨商品與服務需求下滑之際，第一個反應不會僅僅是裁員。根據均衡理論，當某樣東西的市場需求降低，勞動與價格也應該降至能夠達成供需相等的程度，所以我們會預期公司在景氣衰退時減薪，這樣才有餘裕調降產品價格且依舊能夠獲利。不過，事實恰恰相反：月薪或工資顯然不動如山。經濟蕭條來臨時，薪資不是完全沒降，就是降得太少，沒法讓所有人都能受雇。為什麼？

　　部分原因是減薪會惹火員工，以致公司寧願維持薪資水準不變，改為解聘一些多餘雇員（那些人不會留在公司裡抱怨），而且有了通貨膨脹的幫忙，公司可悄悄降低「實質」薪資（也就是通膨調整後的薪資）卻不招致員工的強烈反彈。下一組問題呈現的就是這個觀點。

　　問題1：一家公司的盈利在虧損邊緣，它位於一個遭逢景氣衰退、失業率高漲且沒有通膨的社區，這裡有許多人急著進這家公司。該公司決定今年降薪7％。

　　可接受：38％

　　不公平：62％

　　問題2：一家公司的盈利在虧損邊緣。它位於一個遭逢景

氣衰退、失業率高漲且通膨率達12％的社區，這裡有許多人急著進這家公司。該公司決定今年僅加薪5％。

可接受：78％

不公平：22％

請注意，這兩個問題中的員工購買力是一樣的，得到的反應截然不同。名目薪資降低被視為損失，所以是不公平的，可是沒能跟上通膨卻可以被接受，既然名目薪資依然有增加。這就是為什麼有些經濟學家（包括我本人）覺得央行應該在金融危機爆發之後提高對通膨的容忍，即使只有3％的通膨率，都能讓企業有效降低實質薪資至足以加速就業復甦的程度，畢竟世界上大部分地方的就業市場都呈現極其緩慢的復甦速度。

當然了，知道公司的哪些作為會導致民怨是一回事，要求公司遵守公平規則又是另一回事。針對這個問題，我不知道目前有哪些系統性的研究，但是我懷疑大部分成功的企業已經出自本能地了解我們發掘的這些規則，而且盡量試著避免給人行事不公的印象。

對於需要長期經營常客的企業來說，公平形象具有特別高的價值，因為假如被顧客認定作法不公，他們將比其他公司面臨更多損失。事實上，在一場颶風過後，國家三夾板最便宜的地方往往是重災區。舉例來說，卡崔娜颶風侵襲紐奧良市之後，家得寶和一些連鎖企業將好幾卡車的緊急救援物資，包括

食物與瓶裝水，運往受災地區免費發放。同時，如此規模的自
然災害也吸引了一些有創業精神的人將鄰近城市買來的三夾板
運到災區，設法以高價出售牟利。上述例子中，兩種賣方追求
的都是利潤最大化。連鎖企業要建立公平交易的名聲，因爲可
以帶來長期回報，而「臨時性創業家」兩天後就帶著一筆小財
打道回府。究竟他們會稍微感到罪惡，或爲自己參與協助改善
稀缺物資的分配感到驕傲，就要視其個人觀點爲何了。

　　只不過企業在這方面並非從不出錯。我的企業管理研究所
學生竟然認爲暴風雪後調升雪鏟售價完全沒問題，這就值得所
有商界主管警覺到，對於顧客與員工心目中何謂公平的認知，
他們的直覺可能需要稍微調整了。

　　1990年代中期，芝加哥大都會區規模最大的芝加哥第一
國民銀行推出一項措施，由於管理高層擔心銀行的消費金融業
務賺的利潤不夠多，所以爲了削減支出，決定鼓勵顧客多多使
用不久前才推出的自動櫃員機。雖然大部分人已經習慣從這類
機器提款，有些顧客仍不願意用自動櫃員機來存入支票，寧願
接受行員的服務。患有科技恐懼症的人連提領現金都要找行員
（說不定還特地跟最喜歡的行員聊上幾句）。銀行爲了讓所有
顧客改用自動櫃員機，便決定給這些人一個誘因，就是假如要
行員提供自動櫃員機已有的服務，銀行將爲每次的交易收取3
美元。

　　芝加哥第一國民銀行對於這項創舉頗爲自豪，敲鑼打鼓地
宣布了上述規定，順便推銷一系列新的活期存款帳戶服務。公

眾很快有了激烈回應。一家當地報紙的頭版標題寫著「芝加哥
第一國民銀行不通人性」，報導內容則是「芝加哥第一國民銀
行今日推出活期存款帳戶創新服務，以顧客期望在1990年代享
有的服務方式，力求旗下產品跟上時代。那麼該行認為顧客希
望在1990年代得到什麼樣的服務呢？為能夠讓銀行行員親自服
務的特權，支付3美元的費用。」

　　競爭對手立刻趁機出招。某家銀行在位於當地一條高速公
路旁的分行，擺出「免費櫃員服務」招牌。另一家銀行則推出
廣播廣告：

　　男子：我剛看了自己的銀行對帳單，我想知道……
　　行員：這是個問題嗎？
　　男子：什麼？喔，對。
　　行員：問題要另外收費，總共6美元。
　　男子：什麼？！
　　行員：總共9美元。

　　各位明白了吧，連深夜脫口秀主持人傑‧雷諾都拿這件
事開玩笑：「所以，假如你想跟人類講話，得付3美元。好消
息是，付3.95美元你可以對她出言不遜，所以這價錢還算公
道。」

　　為了這筆很少人會真正支付的3美元費用，銀行把自己搞
得聲名狼藉。直到2002年12月，芝加哥第一國民銀行被某家國

家性銀行收購之後，新的管理團隊才宣布廢除這項政策。「我們對於自己在此地的市場分額，向來過分妄尊自大。我們在芝加哥表現得並不理想。」

可口可樂的執行長也吃了一番苦頭才發現，違反公平規則可能會弄巧成拙。時年五十二歲的道格拉斯・艾維斯特原本可望晉升為董事長，卻在幾名董事會成員，包括傳奇投資人華倫・巴菲特的施壓之下倉促辭職。他的下台根源於幾次爭議行事，而在巴西的失言惹來了最多矚目。艾維斯特先生在一場記者會中被問到可口可樂正在進行的自動販賣機售價動態調整測試，他回答：「可口可樂是一種效用時時刻刻在變化的產品。夏季的冠軍賽總決賽舉行時，民眾齊聚體育館同樂，這時候一罐冰涼的可口可樂效用相當高，售價也應該貴一些，販賣機會依照情況自動計算當下價格。」《華爾街日報》在報導艾維斯特的隕落時，直指他似乎「耳朵很硬」。一則社論漫畫精準掌握到大眾的感受，畫了一名顧客轉身離開可口可樂自動販賣機，手上拿著一罐可樂，但是回頭時看到販賣機伸出一隻手，正在他的口袋裡掏錢。

違反交易公平基本原則的公司可謂前仆後繼。我們不妨想想2012年2月11日猝逝的流行歌手惠妮・休斯頓，各界預期她的唱片將頓時變成搶手貨，而且銷量多半來自iTunes這類網站。蘋果與索尼（擁有唱片版權者）應該如何回應她的離世？這是個漲價的有利時機嗎？

有個人（也可能是某個定價演算法）似乎是這麼認為的。

死亡消息曝光的十二個小時之後，英國iTunes網站將惠妮‧休斯頓的1997年《永恆情歌極精選》專輯售價從4.99英鎊（7.86美元）調升至7.99英鎊（12.58美元），漲幅達60%。《跨世紀精選》專輯則從7.99英鎊調升至9.99英鎊，漲幅也有25%。

　　《衛報》是首先披露這項消息的新聞媒體。消費者的怒氣一開始是針對蘋果，後來索尼也成了眾矢之的，無論罪魁禍首是誰，粉絲們同感憤恨。《每日郵報》引述了一名顧客的話：「憤怒還不足以描述我的感覺，我覺得iTunes是在利用歌手的死亡削錢，這在我看來根本是寄生蟲的行為。」顧客的憤怒在這個例子中格外激烈，因為網路下載的專輯根本不可能有稀缺問題，它與暴風雪過後的雪鏟不同，iTunes不會因為下載者眾而缺貨。

　　這個事件在美國並不廣為人知，因為美國的售價並未調漲，而且美國的銷量沒有因為這次事件而受到影響。根據尼爾森音樂統計公司調查，惠妮休斯頓過世後一週，美國市場的專輯銷量從一週前的1千7百張躍升至10萬1千張，單曲下載次數則從一週前的1萬5千次增至88萬7千次。我不知道英國的銷售是否同樣強勁，就算如此，漲價也不是個聰明作法。當需求驟升，賣方通常必須犧牲短期利益來換取長期商譽，畢竟後者難以具體估計。

　　所以，現在我們要提出一問題：企業是否必定會因為行事「不公平」而受到懲罰？當然，芝加哥第一國民銀行因為向要求行員服務的顧客索取3美元收費，遭到了媒體強力抨擊，但

是航空公司陸續增加的額外收費，卻似乎沒對個別要求收費的航空公司，或整體產業造成不可挽回的傷害。這是爲什麼呢？航空公司對要托運的行李或擁擠的頭頂行李架額外收費，旅客不可能感到高興，然而這些新增收費已成爲業界標準。這個案例就跟許多其他案例一樣，關鍵在於率先新增可能被認爲不公平收費的公司到後來的結果如何。如果其他競爭者跟著仿效，那麼就算顧客感到氣惱，可是由於他們非使用這項產品不可，最後只能因爲別無選擇而被迫接受。假使其他當地大銀行仿效芝加哥第一國民銀行，爲行員的服務額外收取費用，顧客說不定就會習慣這個想法，心不甘情不願地接受了，不過任何率先採取違反公平原則行動的大公司，都得冒著競爭者不追隨其後的風險。

我從這些例子中學到的教訓就是，當生意人碰到臨時性的需求暴增，無論原因爲暴風雪或流行樂手死亡，都是最不該流露出貪婪的時機（其實沒有任何時機是流露貪婪的好時機）。新創立的手機叫車服務公司Uber已打進世界各地的許多市場，它們顯然忽略了這項建議。Uber的營運模式特色是價格隨需求而浮動，該公司稱之爲「尖峰時段加價」。需求高漲時，無論原因爲何，收費也會隨之上調，叫車的顧客將收到現行價格倍數通知，並且選擇接受漲價或拒絕叫車，另尋其他交通工具。他們也可能期待漲價只維持短暫時間，等著Uber傳來通知說加價時段已結束。Uber並未公開他們的計價程式，不過有媒體報導指出加價能達正常價格的十倍以上，可想而知，如此高的加

價倍數勢必會招來民怨。

Uber為尖峰時段加價提出辯解，根據的基本概念是較高價格能為駕駛們提供在尖峰時段工作的誘因。我們很難評價這樣的說法是否可信，除非能取得Uber駕駛提供的供應反映內部資料，但是從表面上來看，這種說法似乎沒什麼說服力。首先，你不能臨時起意決定當Uber駕駛。至於那些已經註冊，正在家裡放鬆或忙於其他工作的駕駛，也很難在Uber臨時宣布加價時立刻跳進車子去載客。加價倍數竟曾高達十倍之多，正說明了駕駛迅速回應需求的能力有限。倘若有那麼多駕駛都能在Uber宣布加價時，立刻準備好出發載客，那麼價格飛漲也只會維持短暫時間。

姑且先不管Uber是否能源源不絕地補充生力軍，光是在暴風雪侵襲紐約市時收取如此高的加價倍數，就招來了紐約州總檢察長的注意（調漲雪鏈價格，可不是唯一會讓民眾在經歷暴風雪時抓狂的事）。結果，紐約有我先前提過的反敲竹槓法條，企業被特別禁止在任何「市場遭受不正常干擾」時，收取「昧於良心的過高價格」，所謂不正常干擾可以是暴風雪、斷電，或內亂等任何情況。這項法律的用語反映了民眾對這類議題的情緒感受，「過高價格」其實便足以說明法律內容，但是當局明言禁止「昧於良心」的過高價格。

於是紐約州與Uber達成了一項協議，後者擬於市場遭受不正常干擾時透過公式來限制加價倍數。Uber會先從緊急事件發生之前的六十天正常收費區間之中排除三天最高價格，而當中

第四高的價格就是Uber在非常時期所能收取的車資上限。除此之外，Uber還自願將這些額外收入中的兩成捐贈給美國紅十字會。

我認為Uber竟然等到總檢察長出馬才願意讓步，這顯示了該公司的管理階層判斷不周，若他們希望與顧客建立長期友好關係，就應該自己先想到這一點。想想看，2001年9月11日那天，當恐怖分子劫機撞向世貿中心雙子星大樓，若Uber在當時已經問世，並且向乘客收取平常車資二十倍的「911加價倍數」，同時派出許多當地計程車前往格林威治村，這會是個聰明作法嗎（我問過一名加州的Uber駕駛，倘若某個鎮發生森林大火，居民必須盡快逃離，而公司卻依規收取加價倍數，他對此有什麼想法。他回答：「在那種情況下，我希望能提供免費載客服務！」）？有鑑於Uber已在許多城市被迫對抗政治勢力，這種對公平規則的遲鈍恐怕會造成慘重代價。何必為了一年當中少數幾天的超額利潤而製造敵人[①]？

別誤會我的意思，我很喜歡Uber提供的服務，不過如果我是該公司的顧問或股東，我會建議他們為加價倍數訂個上限，譬如平時車資的三倍。你可能會好奇，三倍這個數字是怎麼來的，其實這個範圍只是我對飯店房間，或機票這類由供需決定價格之商品的粗略印象。除此之外，這些服務在最受歡迎的時間點銷售一空，這表示經營者是刻意在旺季提供過低的價格。

我曾經問過一個經營滑雪旅館的老闆，他為什麼不在聖誕假期期間提高收費，既然那時候需求旺盛，幾乎要提前一年預

約才能訂得到房間。起初他聽不懂我的問題，沒人想過為什麼當價格理應最高時，實際上卻如此低廉，我解釋自己是經濟學家之後，他明白過來，而且很快地回答：「假如你在聖誕節敲他們竹槓，他們三月就不會回來了。」對任何有意培養忠實顧客的經營者來說，這番話都是值得銘記在心的建議。

尼克‧柯寇納斯是特別深諳此道的生意人。他與名廚格蘭特‧阿凱茲共同擁有兩間芝加哥最頂尖的餐廳：俄利尼亞與涅斯特。後者的經營概念尤其具有原創性，每年有三次將菜單徹底改頭換面，主題從1906年的巴黎晚餐、泰國街頭小吃、到向西班牙名廚開設的El Bulli餐廳致敬等不一而足（El Bulli餐廳位於西班牙加泰隆尼亞自治區，直至2011年歇業前都是饕客的朝拜聖地）。當涅斯特餐廳計畫於2011年4月開幕時，他們宣布所有餐點（包括俄利尼亞餐廳的餐點）皆以購票形式出售，票價則根據在星期幾或當天幾點用餐而定。該餐廳遵循公平常規，價格差異不算太大。最昂貴票的是星期六晚上八點，但是價格只比最便宜的星期三晚上九點四十五分多了25%左右。結果黃金時段的票頓時銷售一空（有些顧客乾脆買下包含三餐的全年季票），唯一還能買到的只剩比較便宜的離峰時間。

正當涅斯特餐廳剛剛開張，饕客興奮到最高點之際，兩名任教於西北大學的經濟學家試圖向柯寇納斯先生解釋，他的經營方式完全錯誤，正確作法是將所有預約以拍賣方式售出，如此一來才能達到利潤最大化。但是，柯寇納斯強烈反對這項建議，並寫了篇幅頗長的部落格文章解釋原因，以下是這篇文

裡最關鍵的一段話：「經營任何行業都絕對不能忘記，無論市場需求有多高，都不能向顧客收取超乎商品或服務真實價值的費用，即使顧客願意多付些錢。」他認為就算有人願意花2,000美元到涅斯特餐廳用餐，顧客離開後也可能會覺得：「食物是挺不錯的，但是不值得花2,000美元。」最重要的是，這樣的顧客非但不會再度上門，還可能向其他潛在顧客抱怨這次的用餐經驗[2]。

　　現在柯寇納斯亦將他的線上售票軟體提供給其他的高檔餐廳，這些同樣使用售票模式的餐廳是否也採行柯寇納斯「黃金時段便宜賣」的定價策略，應該會是個有趣的觀察重點。若生意想做得長長久久，經營者最好還是仿效涅斯特餐廳的定價策略。

---

① 澳洲雪梨發生過類似事件。當時市中心發生人質危機，或許是根據某種未將特殊情況考慮進去的運算法，結果車資大漲。這件事引發網路上的猛烈批評，Uber公司裡總算有幾個人類出面解決問題，決定提供免費載客服務，並且將已經收取的車資退還給乘客（請參考《華盛頓郵報》記者Gail Sullivan在2014年所做的報導）。

② 一個規模更大的組織，也就是國家美式足球聯盟（NFL），不但有相同的體認，也遵循了同樣的建議。該聯盟的公關副總克雷格‧艾耶洛在接受經濟學家艾倫‧克魯格訪問時，解釋聯盟對於定價有其「著眼於長期策略的觀點」，至少對超級盃門票是如此。儘管超級盃門票的搶手程度確實能合理化高漲的票價（以及短期利潤，他

估計利潤增長與廣告收益不相上下），然而聯盟仍刻意維持合理票價，目的在培養「與球迷和商業夥伴之間的持續關係」（參考艾倫‧克魯格在2001年《紐約時報》發表的專欄文章）。

第 *15* 章

公平遊戲：
民眾會懲罰行為不公的企業？

　　當康納曼、柯內許，以及我在進行公平原則的相關研究時，我們都很想釐清一個問題：民眾是否願意懲罰行為不公的企業？顧客若支付了平常僅50美元，當下卻漲到500美元的車資，是否會從此拒絕接受該項服務？為了找出答案，我們設計了一次遊戲形式的實驗。

　　我們給參與遊戲的其中一方（提議人）一些稱之為「派」的錢。然後提議人被告知他可以依照自己的意願來給遊戲的另一方（也就是回應人）特定比例的派。回應人不是接受提議人給的那一份，而剩下的全留給提議人，就是拒絕接受，導致雙方皆一毛錢也得不到。

　　由於這個遊戲一定要用到真鈔，我們只得放棄電話訪問，將實驗對象改成英屬哥倫比亞大學和康乃爾大學的學生。我們設計了十分簡單的遊戲方法，盡可能在研究預算範圍內取得最多數據。至於提議人或回應人由誰扮演，則是靠隨機挑選，接著他們會填寫一張簡單的表格，譬如下方這份給回應人勾選的

表。在我們的遊戲裡，一個「派」的金額是10美元。

　　若提議人給你10美元，你會接受嗎？　　　會＿＿ 不會＿＿

　　若提議人給你9.50美元，你會接受嗎？　　會＿＿ 不會＿＿

　　…

　　…

　　若提議人給你0.05美元，你會接受嗎？　　會＿＿ 不會＿＿

　　若提議人完全不給你錢，你會接受嗎？　　會＿＿ 不會＿＿

　　我們以這種方式來提問題，是因為擔心許多提議人乾脆直接對分，這樣的話就不能藉由實驗結果來深入理解回應人偏好了，而後者才是我們真正要著墨的對象。

　　根據標準的經濟學假設，人是自私而理性的，博奕理論對這個遊戲有著明確的預期：提議人會給予可能範圍內的最小數值（在我們的版本中是50美分），而回應人會接受這筆錢，畢竟50美分總比什麼都沒有好。然而我們的推測恰好相反，我們認為較小的金額會被視為「不公平」，並遭到回應人拒絕。結果我們的推測完全正確。通常來說，若提議人給回應人的比例不超過派的20％，在遊戲中為2美元，那麼提議人就會被拒絕。

　　我們為這個可愛小遊戲的結果感到雀躍，卻很快發現由維納‧居特領軍的三名德國經濟學家，早就在三年前發表了類似論文，其中採用了一模一樣的遊戲與完全相同的研究方法，而且為它取了相當帶勁的名字「最後通牒賽局」。康納曼聽到這

消息後頗感氣餒，又開始擔心這輩子再也想不出其他新點子了（這個人可是在七十七歲這年出版了全球暢銷書）。

我和柯內許向康納曼保證，他說不定還有些好點子尚未使出，於是三人加了把勁，想出另一個遊戲來搭配前一個。針對這個遊戲，我們分兩階段進行研究。在第一個階段，我們給了教室內的學生以下選擇：「現在你手上有20美元，可和教室內另一個不知名同學分攤。你有兩個選擇：自己拿18美元，給那名同學2美元；或者你可以直接對分，兩人各拿10美元。」（當所有人進行選擇的時候，實驗對象被告知，只有一部分人會被隨機選中，可以實際拿到錢）。由於第二個遊戲者沒得選擇，只能接受對方的任意分配，所以這個遊戲後來被稱為「獨裁者賽局」。

我們對獨裁者賽局會有什麼結果，並沒有什麼強烈的看法，感興趣的主要是第二個遊戲，姑且稱之為「懲罰賽局」吧。我們到另一個班上向學生們說明先前所做的獨裁者賽局實驗，然後給他們一個選擇。「各位將和兩名玩過獨裁者賽局，卻沒被選中為實際拿到錢的學生配對。同學E玩獨裁者賽局時，將錢平均對分；而同學U則自己拿18美元、分配對方2美元。現在請你選擇，要和U對分18美元，或是和E對分10美元？」

懲罰賽局的選擇也可以換成這種說法：「你願意放棄1美元，選擇與一個對別人好的學生共同分享金錢，或寧願和貪心的學生分享較多的錢？」我們以為懲罰賽局就跟最後通牒賽局

一樣，可以告訴我們為了懲罰某個行為表現被認為「不公平」的對象，人們是否願意做出一些犧牲。讓我們（或至少我本人）意外的是，參與獨裁者賽局的學生們心腸好得不得了，將近四分之三（74％）選擇將錢平分。更有意思的是，懲罰賽局產生了更明確的結果，高達81％的學生寧願和「公平」的分配者分享10美元，也不願和「不公平」的分配者分享12美元。

在此我得特別說明，我們可以從這些實驗當中得出什麼推論，哪些因素又是毫不相干的。實驗中有清楚的證據顯示，人們討厭不公平的提議，而且願意犧牲荷包來懲罰做出這種提議的人。不過，我們比較不清楚的是，人們做出公平提議是否出自於道德義務感，雖然在最後通牒賽局中，最常出現的提議是雙方對分，可是不能遽下結論說這是因為提議人想表現公平，他們很可能只是出於理性考量，擔心提議遭對方拒絕。根據最後通牒賽局中回應人實際表現的行為，這項遊戲的利潤最大化策略是提議人給出40％的派，低於這個比率就得面臨被拒絕的風險，所以50％也算是接近理性自利策略了。

無論提議人分配的比率是出於公平或自私考量，最後通牒賽局的結果似乎都相當穩定。提議人做了接近對分的分配，而回應者則傾向於拒絕比率低於20％的分配。這個遊戲在全世界的多處地點進行過，除了一些偏遠部落之外，其結果都相當類似。然而，一個長久以來盤旋不去的問題是，在最後通牒賽局出現的拒絕接受過小分配比率之傾向，是否會隨著涉及金額增加而改變。許多人直覺地懷疑，隨著涉及金額增加，能夠被接

受的最小分配比率會反向降低至整體的一小部分。也就是說，
當金額是10美元時，能夠被接受的最小分配金額應爲2美元，
假如金額提高至1,000美元，人們是否能接受低於200美元的分
配？

　　要深入探究上述假設，研究人員面臨兩個問題：高金額的
最後通牒賽局所費不貲，而且絕大多數提議人會做「公平」的
分配。美國實驗人員做的最後通牒賽局是100美元版本，得到
的結果與低金額版本相差無幾。比較有說服力的是在貧窮國家
進行的實驗，當地的生活成本容許實驗人員提高賽局涉及的利
害關係。舉例來說，莉莎・卡麥隆在爪哇所進行的最後通牒賽
局同時包含低金額與高金額版本（相當於實驗對象三個月的收
入）。她發現無論金額高低，提議人的行爲都沒有明顯差異。

　　關於人類是否全然自私（至少當他們應付的對象是陌生人
時），正如理性經濟人應該要有的樣子，學者們爲解答這個問
題而設計了另一類遊戲，內容主要涉及協力合作。這類遊戲當
中最經典的就是人盡皆知的「囚徒困境」。在最初設計的場景
中，兩名囚犯因爲犯罪而遭到逮捕，並且被分開來審訊。他們
各自都有一個選擇：坦承犯行或保持緘默。若他們兩人都保持
緘默，警方只能給他們較小的罪名，差不多處一年有期徒刑；
若兩人都坦承犯行，就都得進監牢關上五年；假如一人坦承犯
行，而另一人保持緘默，那麼前者可恢復自由之身，後者則必
須入獄服刑十年。

在這個賽局比較通行的版本，也就是沒有串供情節的版本中，囚犯有兩種策略，不是合作（保持緘默）就是變節（坦承犯行）。博奕理論預測兩名囚犯都會變節，因為無論對方會採取什麼行動，變節都是對個人私利最有益的作法。然而當這個賽局在實驗室中進行時，40％至50％的實驗對象都選擇合作，這表示大約半數的實驗對象不是沒搞懂這個遊戲的邏輯，就是覺得合作才是應該做的事，抑或兩個原因兼而有之。

囚徒困境雖然講了個精彩故事，但是絕大多數人並不是常常被警察逮捕，它在一般人的正常生活中到底有什麼樣的意義？我們不妨想想另一個叫「公共財賽局」的相關遊戲。若要了解這個遊戲在經濟上的意義，得再回頭談談了不起的保羅・薩繆爾森，他在1954年發表了一份篇幅僅三頁的論文，為公共財的觀念提出正式定義。這位仁兄總是言簡意賅。

所謂的公共財即每個人都能夠使用，同時卻不會減損其他人之使用，而且也不可能排除任何人來使用的財貨。煙火表演就是個經典例子。薩繆爾森證明市場經濟對公共財的提供不足是因為沒人有為之付費的動機，他們也可以不花錢就享用到。這篇論文發表的幾年後，經濟學家們假定除非政府主動介入並提供公共財，透過稅收讓每個國民都負擔一部分，否則公共財的問題無法解決。

當然了，任何時候只要抬頭張望，我們就能看到上述理論的反例。有些人會捐錢給慈善機構，並且主動清理露營地，頗為神奇的是，至少在美國，大多數市區的狗主人會帶著塑膠袋

遛狗，以便在路上處理愛犬的排泄物（雖然已經有法律規定要這樣做，但這些法律極少被強制執行）。換句話說，有些人選擇了合作，即使這會妨礙他們的私利。

　　為了解開這個問題，經濟學家、心理學家，以及社會學家都曾利用以下這個簡單遊戲的多種版本來進行研究。譬如我們邀請十名陌生人來實驗室，給他們每人五張1美元紙鈔，每個實驗對象可自行決定要將其中多少錢捐給「公共財」，然後私下把要捐的錢放進空信封袋裡。這個遊戲的規則是，他們放進公共財信封袋的總金額會被增加一倍，然後所有錢將平均分給每一個實驗對象。

　　玩公共財遊戲時，理性的自利策略是半毛錢都別捐。假設布蘭登決定捐出1美元，實驗人員會將這筆錢倍增為2美元，然後再平均分給所有的實驗對象，那麼布蘭登分得的一份是20美分，他每捐1美元就會損失80美分。其他實驗對象當然會對布蘭登的匿名捐贈感到開心，因為他們每個人都淨賺了20美分，但是他們並不會對他個人表達謝意，畢竟這筆錢是匿名捐贈。按照薩繆爾森的邏輯，經濟理論對公共財遊戲的預測是沒人願意貢獻一分一毫。不過，值得注意的是，理性且追求私利的結果是每個人最終得到的只有原本可能會得到的一半。倘若大家都把手上的錢全部捐出來，每個人原本持有的5美元就會翻倍，最後換回10美元進口袋。傑出經濟學家暨哲學家阿馬蒂亞‧森曾說過一段名言，他將那些永遠不會在公共財遊戲中捐錢的人稱為理性傻瓜，或盲目追尋物質私利：「純粹的經濟人

實際上與社交白痴無甚差別，但是經濟理論關注的一直是這種理性傻瓜。」

就跟囚徒困境一樣，公共財遊戲的標準經濟學預測，即沒有參與者會選擇合作，最後被證明是個誤判。平均來說，實驗對象為公共財捐出了手上一半的錢，所以公共財依然有供應的問題。倘若大家都同意合作，公共財的數量才會多到人人滿意的程度，不過往好處想，這項實驗中供應不足的嚴重程度至少比理性自利模型的預期降低了一半。當然了，這句話要成立還有個但書，當實驗對象換成經濟系研究所學生時，捐獻的比率只有20%，這樣的結果給了社會學家傑拉德・馬維爾與茹絲・阿米斯靈感，兩人合寫了一篇標題為〈經濟學家搭便車：還有其他人想占便宜嗎？〉的論文。

對於馬維爾與阿米斯在論文標題中提出的問題，愛說俏皮話的經濟學家可能會這麼回答：「經驗老道的玩家。」公共財實驗有個屢試不爽的發現，就是假如同一組實驗對象重複進行這項遊戲，合作比率將逐漸下滑，從一般的50%降至幾乎為零。研究人員首次發現這樣的結果時，有些經濟學家指出一開始合作率高是因為實驗對象還搞不清楚狀況，多次重複這個遊戲之後，他們逐漸了解理性自利策略才是正確的。實驗經濟學家詹姆斯・安德雷奧尼在1999年測試上述詮釋，但是加入了一個高明的小變化：五名實驗對象在重複進行這項實驗達十次，眼看著合作率逐漸下滑之後，被告知他們還得跟同樣一群人再玩十回。各位認為接下來會發生什麼事？

　　若他們學到自私才是聰明作法，在新一輪的遊戲中合作率
應該會維持在低水平，可是事實不若想像，新一輪遊戲展開，
實驗對象第一次玩的時候合作率跳回首輪初次的水平。所以
說，重複玩公共財遊戲並未讓大家學會當個自私鬼，而只是讓
他們明白自己在跟（某些）自私鬼玩，而沒人想扮演這個討人
嫌的角色。

　　恩斯特・費爾與幾位同事的進一步研究顯示，頗高比例的
人可被歸類為「有條件的合作者」，也就是說若有足夠多的其
他人採取合作策略，那麼他們也就願意合作。這與安德雷奧尼
的發現有著相符之處。一開始大家都願意讓遊戲同伴們享有回
報加倍的好處，可是如果合作率太低，這些有條件的合作者就
會變成搭便車的人。倘若讓實驗對象有機會懲罰不合作的人，
即使遊戲重複多次，合作率仍然可以維持在一定的水平。誠如
先前所描述的懲罰賽局，為了教訓那些行事不公平的人，大家
會願意花點自己的錢來達成目的，正是這個懲罰的意願約束了
有意要占便宜的人，也讓合作率維持在穩定水平。

　　與康納曼在溫哥華合作研究的幾年後，我和心理學家羅
賓・道斯一起寫了篇關於合作的文章。我們在結論中用了路邊
攤的比喻，也就是綺色佳鄉間常看到的那種小攤子，農人在農
場前方擺了張桌子，上頭放著待售的農產品，顧客將錢放進有
個小長孔的盒子裡，錢只能進、不能出，而且盒子被釘死在桌
子上。我一直認為，採用這套收費方式的農人對人性可謂了然

於心，由於誠實的人還算夠多（尤其是在小鎮上），農夫可以放心地將新鮮玉米或大黃留在攤子上賺些外快。可是他們也明白，假如錢放在開放的盒子裡，任何人只要動了歪腦筋就可以拿走，到最後鐵定會有人幹出這種事。

農人們對人性的精闢觀察，經濟學家有必要好好效法。雖然不是每個人都隨時想著占其他人便宜，但是某些人仍伺機而動，準備趁你不注意時把手伸進你的荷包。我拍下這些農家小攤的照片，然後放在辦公室裡當成啓發靈感的來源。

第16章

你願意賣掉已擁有的馬克杯？

　　待在溫哥華的那年，當時對實驗方法著墨頗深的經濟學家艾文·羅斯在匹茲堡大學舉辦了一個研討會，目標是發表後來將集結成《經濟學中的實驗室實驗：六種觀點》一書的論文初稿。這次研討會邀來了實驗經濟學界的大人物，包括弗農·史密斯與查爾斯·普拉特。我和康納曼則代表實驗經濟學界一支新的行為經濟學生力軍。

　　在我和康納曼看來，最有趣的討論應該是我個人鍾愛的稟賦效應。史密斯與普拉特都指稱我們對於這種現象，並未提出具有說服力的實證證據。我提供的證據是根據傑克·柯內許與他的澳洲研究夥伴約翰·辛頓共同發表的論文，他們的實驗簡單得令人喜出望外。首先，他們隨機挑選出半數實驗對象，分別給每個人3美元；另外一半則得到樂透彩券。若彩券中了獎，得獎人可選擇拿50美元現金，或當價值70美元的當地書店折價券。過了一段時間，實驗對象們完成了其他任務之後，研究人員再次給他們一個選擇，沒拿到彩券的人被告知，他們可以用之前得到的3美元來買一張彩券；其他人則被告知，他們

可以將手上的彩券以3美元賣出。

接著，這兩組實驗對象都被問了同一個問題：「你寧願要彩券，或是3美元現金？」根據經濟理論，無論實驗對象最初拿到的是錢或彩券，答案都應該是一樣的。假使他們評估彩券價值超過3美元，最後應該會選擇彩券，可是如果他們認為彩券不值得3美元，最後會選擇現金。然而實驗結果與上述預測大相逕庭。一開始持有彩券的人當中，82%決定留著彩券，一開始持有現金的人當中，只有38%想用這筆錢來買彩券。這表示人們傾向於保留原來所擁有的，不打算將它交易出去，即使哪些人得到3美元、哪些人得到彩券都是一開始是隨機選出的。這個實驗結果可說再清楚有力不過了。

普拉特與史密斯的抨擊，可在本書第6章討論過的批評清單中找到歸屬。首先，他們認為實驗對象可能只是搞不清楚狀況，倘若後者在參與實驗之前有學習機會，結果應該會不一樣。其次，他們召喚了某種看不見的手勢，主張柯內許和辛頓所觀察到實驗對象的不當行為，在實際市場中，也就是買賣雙方交易且價格浮動的情境下，並不會真的發生。於是我和康納曼帶著一項任務返回溫哥華：設計一套能說服普拉特與史密斯相信稟賦效應的實驗。

既然柯內許是首創這項實驗的人，同時又屬於我們的公平團隊，我們自然要邀請他一起加入新實驗的設計。我們與普拉特和史密斯討論時，體認到稟賦效應若真實存在，將導致市場的交易量變小，一開始拿出東西的人會傾向於保留它，而一開

始手上沒有東西的人購買意願也不是太高。我們想設計出能夠反映上述預測的實驗。

　　基本上，我們打算以柯內許原先的研究為基礎，然後再額外創造一個市場。為了讓我們的論據無懈可擊，希望讓大家清楚看到研究結果並非特定研究方法所造成的不經意結果，於是我們決定採用史密斯最愛的實驗設計：價值誘導。本書第5章曾提到，史密斯曾在他的許多早期開創性實驗採用這套方式，欲證明市場有良好的運作能力。各位還記得使用這套研究方法時，實驗對象要買賣在實驗室之外毫無價值的代幣吧。他們被告知個人的代幣價值，倘若手上確實有代幣的話，也就是實驗結束時可以兌換的現金數。假設賽斯被告知若實驗結束時他手上持有一枚代幣，他可以用（譬如）2.25美元的價格賣回給實驗人員，而凱文則被告知他的代幣可賣3.75美元。我們之所以採用這個研究方式，是因為我們不認為代幣帶來的稟賦效應，會強過一張20美元紙鈔帶來的稟賦效應。

　　圖表7呈現了上述市場如何運作。假設我們找來十二名實驗對象，並隨機指定從25美分至5.75美元不等的代幣價值。接著我們按照實驗對象對代幣估價的高低，讓估價最高的人排在最左邊，然後向右依序排列，把估價最低的人放在最右邊，就像圖表7的第一排。接著拿出六個代幣隨機給這些實驗對象，就像圖表7的第二排。為了創造交易市場，我們向實驗對象提出了一系列簡單的問題。拿到代幣的人要回答如下問題：

圖表 7

A：學生們根據他們對代幣的估值依序排列，這些數值在實驗展開之前
　　便已指定。

B：接著，我們隨機分發 6 枚代幣給學生。

C：我們開放了代幣交易。在這個例子中，市場透過三次交易來達到均衡。

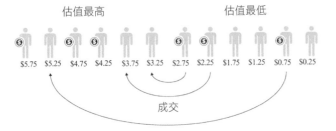

　　若價格爲6美元，我會賣出＿＿　我不會賣出＿＿
　　若價格爲5.5美元，我會賣出＿＿　我不會賣出＿＿

　　持有代幣的賣方，願意接受的最低代幣價格被稱爲他們的
「保留價」。評估代幣價格爲4.25美元的賣方，願意以4.5美元
的價格賣出代幣，但是4美元就免談了，所以他的保留價爲4.5
美元。價格範圍相同的表格也會提供給潛在買方，詢問他們購
買代幣的意願。傳統經濟理論會如何預測呢？倘若市場運作良
好，這六個拿到代幣的人當中，爲代幣估值最高的人，也就是
排列在最左邊的這個人最後將持有代幣。在這個例子中，這表
示實驗對象7號、8號和11號，將從實驗對象2號、5號和6號手
中買下代幣，如同圖表7的第三排所示。

　　我們可以先從第三排的兩端開始媒合，逐漸朝中間進行配
對交易，找出讓市場「結清」，也就是供需相等的價格。實驗
對象11號的出價很容易讓2號決定賣出手中代幣，所以他們必
然能達成交易。同樣道理也適用於實驗對象8號和5號。倘若實
驗對象7號要向6號買代幣，成交價格必須落在雙方的保留價之
間。既然我們以50美分爲價格調升的基本單位，市場成交價將
會是3美元。

　　既然估值的數字與代幣都是隨機給的，每次的實驗結果都
會不盡相同，平均來說估值最高的六個人會被分配到半數的代
幣。在這個例子中，他們必須買下三枚代幣來結清市場。換句
話說，預期的交易量是代幣數量的一半。

現在,假設我們重複這項實驗,這回用的是巧克力棒。我們仍然根據實驗對象喜歡巧克力棒的程度,由高至低將他們排成一列,但是這次不會告訴這些人應該要喜歡到什麼程度,而是讓他們自行決定。接著我們隨機分配巧克力棒,就跟代幣實驗一樣,然後提出一系列同樣問題,結果應該會如何呢?平均來說,半數的巧克力棒會從不怎麼喜歡巧克力(或正在節食)的人手中,交易至等不及要啃上一口的人手中。不過,如果稟賦效應確實存在,被隨機分到巧克力棒的人,對它們會比沒分到的人來得更加看重,交易量亦將隨之變低。這就是我們想驗證的預測。

當我於1985年秋季返回康乃爾大學,隨即展開第一次測試。我徵召了法律系和經濟系的大學部高年級生來參與實驗,總共募集到四十四名實驗對象,所以隨機分配的代幣數量是二十二枚,且每個實驗對象也給了個人估值。持有代幣的人被告知,他們可以用代幣來交易,價格則由市場供需決定。他們得回答包含不同價格的一系列問題,譬如:

若價格為6.25美元,我會賣出___ 我不會賣出___
若價格為5.75美元,我會賣出___ 我不會賣出___

為了讓大家理解自己的任務,實驗對象必須明白如果他們的個人估值是6.50美元,對任何大於6.50美元的出價他們就必須點頭同意,並且拒絕任何低於此數的出價。他們願意賣出的

最低價格,被稱為賣方的「保留價」。買方也有其個人估值,而且要填能夠產生出保留價的類似表格,亦即他們願意支付的最高價。為了確保所有人都掌握情況,我們反覆演練了三次。

接下來,我們在全班面前做起生意,學生們只要用基礎經濟學課程教導的供需原理就成了。我們記錄下所有賣方的保留價,然後從最低排列至最高,買方的保留價則由最高排列至最低。如果有個買方的最高出價大於某個賣方的最低出價,我們至少能成交一筆;如果買方第二高的出價也大於賣方的第二高出價,我們就能成交兩筆,依此類推,直到剩下的最高出價低於最低要價。所有交易都會出現相同價格,也就是代幣需求等同於供應數量時的價格。

還記得我們對些交易所做的預測吧,也就是撮合二十二個買家中的半數、與二十二個賣家中的半數。在前三次測試中,成交數量各為十二筆、十一筆,以及十筆,所以市場可謂運作良好,而實驗對象也表現出他們了解自己應該做什麼。

因此,我們已經準備好投入真正重要的實驗,也就是將代幣換成實際的商品。為了預備這次實驗,我特地跑到學校的書店裡,找找有什麼可以買來用於這次研究的商品。既然每件都得買二十二個,我想找學生可能會想要且價格又不是太貴的東西。最後我選定兩個目標:一個印著康乃爾校徽的馬克杯,以及一支盒裝的漂亮原子筆。這些杯子每只6美元,原子筆則每支3.98美元,我保留了貼在原子筆外盒的價格標籤。

一開始,我們將馬克杯放在所有學生面前。拿到馬克杯

的學生是所有者，也是潛在賣家，其他人則為潛在買家。我們把所有學生叫上前仔細審視馬克杯，看看自己的，也看看別人的，以便確保每個人都對這些商品取得平等資訊。接著大家展開和代幣一模一樣的市場。為了讓大家有學習機會，這也是普拉特與史密斯的要求之一，我們告訴大家同樣試驗將進行四回，然後隨機挑選其中一次納入正式紀錄。與代幣相同，經濟理論的預測是成交量將有十一筆，然而我們預測由於稟賦效應，成交量將會少了許多。

我們的預測完全正確。四回合試驗下來，成交量分別為四、一、二、二筆，距離十一筆遠得很。原因很明顯，拿到那些馬克杯的人不情願把它們賣掉，四回合的賣方保留價中位數都是5.25美元，可是沒有拿到馬克杯的人購買意願不高，買方保留價中位數在其中一輪是2.75美元，其他幾輪則是2.25美元。

後來我們又用原子筆重複了這項實驗。先前沒拿到馬克杯的學生這次拿到了筆，所以買賣的角色互相調換。原子筆沒有馬克杯那麼受歡迎，但是實驗結果大同小異。成交量只有四、五筆，賣方要價與買方出價的比例也在2：1之譜。

為了因應許多批評者與期刊審稿人的抱怨，我們針對這些實驗做了好幾個不同版本，得到的結果都一樣：即使加入了市場與學習因素，買方願意支付的價格大約是賣方要價的一半。我們再次見證，損失造成的痛苦感受程度，大約是獲得帶來喜悅程度的兩倍。經年來我們已經無數次重複驗證這項發現。

　　稟賦效應的實驗顯示，一般人傾向於保留已有的東西，部分原因是出自損失規避心態。一旦我擁有過那只馬克杯，我認爲它是屬於我的了，放棄那只杯子將會是一種損失。此外，稟賦效應發生得很快，在我們的實驗當中，實驗對象在交易展開之前的數分鐘，就已經覺得自己「擁有」那個馬克杯了，康納曼喜歡稱這種現象爲「即刻稟賦效應」。儘管損失規避已經可以部分解釋我們的研究發現，我們也得將一個相關現象納入考慮——慣性。從物理學來說，靜止的物體會一直保持不動，除非環境出現變化，人們的行爲舉止也一樣，他們會緊抱已擁有的東西，直到出現轉換的好理由，或甚至就算好理由出現也不想改變。經濟學家威廉‧薩繆爾森與理查‧澤克豪澤曾將這種行爲稱做「維持現狀的偏誤」。

　　損失規避與維持現狀的偏誤經常攜手合作，成爲阻礙改變的力量。我們不妨想想那些因爲工廠或礦場關閉而失業的人，爲了找到工作，他們必須轉換跑道，放棄深深依附的朋友、家人，以及房子。協助失業者返回職場也經常會遇到慣性造成的問題。本書將在討論公共政策時再回頭談談上述概念，現在我先來說一個維持現狀偏誤的有趣例子吧。

　　在我們的馬克杯論文在1990年出版之後數年，學術界冒出了幾十個，甚或數百個後續研究，有些是批評我們的發現，有些則探討心理學家所謂的現象邊界條件，意即造成我們何時會觀察到，而何時不會的局限。這些研究幾乎都有一個共同點：馬克杯。幾千個印著大學校徽的慣性馬克杯，被經濟學家與心

理學家買下來分發給實驗對象，就因為某天在康乃爾校園書
局，一只馬克杯吸引了我的目光。大學校徽馬克杯的製造商真
該請我一頓晚餐啊。

　　我即將離開溫哥華之前，康納曼一如既往在無意間隨口說
了句醒世金言。當時我們正在講某個兩人都認識的學術界人士
八卦，康納曼說：「你知道嗎？人到了某個年紀就不再被視為
『前途無量』，我想這大概是四十歲之後吧。」我很確定康納
曼不知道我的年齡，不過我當時是三十九歲，等到學期開始我
返回康乃爾大學之際，我將變成四十歲。真是的，我本來還挺
享受當個「前途無量」的人呢。

第5部

擂鼓鳴金號召
戰友
（1986年～1994年）

從溫哥華返回康乃爾大學後，有長達八年的時間，我將所有工作時間投入於風險不小的行為經濟學研究。由於我的這些努力（或說儘管我做了這些努力，這要看你問的人是誰）。我總算在康乃爾爭取到終身教職，並且在頂尖期刊陸續發表了數篇論文。我發現一些過去被視為徒勞無益的研究計畫做起來其實相當有趣，而且也讓我們一家子得以溫飽。最大的問題在於，儘管我、特維斯基，以及康納曼積極參與實驗經濟學圈子，大部分時候我們還是只能跟彼此對話，不過這個情形即將改變。

第*17*章

行為經濟學的第一次論戰

　　我從溫哥華返回康乃爾大學不久後，行為經濟學進行了第一次的重要公開聽證會。1985年10月，兩名芝加哥大學商學院研究所的教授，心理學家羅賓·何加斯與經濟學家梅爾·雷德在芝大舉辦了一場學術研討會，而該校有著許多傳統經濟學研究方法的熱血捍衛者。理性主義者與行為學派在此齊聚一堂，探究我們是否有嚴肅看待心理學與行為經濟學的理由。倘若有人要為這次的辯論輸贏下注，地主隊可說頗具主場優勢。

　　行為學派隊伍由赫伯特·西蒙、特維斯基，以及康納曼領軍，經濟理論學家肯尼斯·亞羅則負責從旁協助。亞羅就和保羅·薩繆爾森一樣都值得獲頒好幾個諾貝爾經濟學獎，雖然最後也只能拿到一個。較年輕的行為學派軍團成員包括鮑伯·席勒、理查·澤克豪澤，以及我本人，擔任與談人角色。

　　理性主義隊伍軍容壯盛，由芝加哥大學的羅伯·盧卡斯與默頓·米勒領兵上陣。尤金·法馬與我的論文指導教授舍溫·羅森擔任研討會主持人，不過他們顯然是站在芝大的理性主義陣容那一邊。這場為期兩天的研討會在一個大禮堂舉行，終日

座無虛席。回想起來，這場盛會實屬難能可貴，我想不出自己參加過任何其他同樣特別的研討會。

特維斯基發表了他和康納曼為了這次研討會而寫的新論文，當中質疑了幾個格外令經濟學家坐立不安的經濟原則，包括如今已眾人皆知的「亞洲疾病」問題，其內容如下：

兩組受測者被告知，現在有600人正罹患某種亞洲疾病，他們必須在兩種策略中做出選擇。第一組受測者的選項是：

策略A：將確定拯救兩百條人命。

策略B：有三分之一的機會拯救所有人、三分之二的機會是這600名病患都會死亡。

面對這兩個選項時，絕大多數人選擇較保險的策略A。

在另一個版本中，受測者也面臨了兩個選擇：

若他們選擇策略C，有400人將確定死亡。

若他們選擇策略D，有三分之一的機會沒有任何人死去，三分之二的機會是600人全部死亡。

在這個例子中，絕大多數人偏好風險較高的策略D。

乍看之下，這些選項似乎沒有什麼特別引人注目的地方，不過只要稍微做點算術就會發現，策略A與策略C完全相同，而策略B也和策略D是一模一樣的，受測者沒道理偏好A勝於B，卻偏好D勝於C，但是他們做出了這樣的選擇。即使改由一群醫

師來回答同樣問題，得到的結果也都相同。這些實驗結果顯然讓理性主義陣營深感不安，照理說理性經濟人不會做出如此明顯不符常理的事。

　　接著，康納曼發表了我們對於公平的研究，包括最後通牒賽局與獨裁者賽局實驗，可是這些研究發現同樣不受歡迎。經濟學家們認為「公平」通常是小孩子無法稱心如意時用的耍賴說詞，而心存懷疑的人則完全不理會我們的調查數據。最後通牒賽局實驗讓他們稍感困擾，既然受測者玩的是真錢，但是畢竟並非一大筆錢，所以他們照例端出了那些常見的辯詞。

　　提供了我最多思考素材，也最常讓我回頭重新審視的是肯尼斯‧亞羅的話。他的思考以光速運作，言談彷彿層層疊疊的賦格曲，從一個枝節延伸出另一個枝節，時而引述幾百年前的不知名學者，時而突然跳出兩、三層，回到他腦中預設的梗概。當你還在努力消化這團偽裝成隨口話語的深刻見解時，他已經跳回到主要論點，你只能在後面苦苦追趕。不過他這次的發言內容很容易歸納出一個重點：理性（即最佳化）並不是良好經濟理論之必要條件或充分條件。

　　亞羅在開場白就直攻理性有其必要的觀念。「容我批評一種觀點，雖然它不總是被明言，卻似乎在許多文章當中隱約可見。大家好像都主張，經濟理論必須建立在理性之上，這是顛撲不破的原則，否則理論就無法成立。」然而亞羅指出，許多嚴謹且正式的理論，是可以建立在經濟學家認定不符理性的行為之上。 以下面這個標準消費理論為例，當商品價格改變，消

費者會在預算限制範圍內選出一套新的「最佳」商品與服務組合，以此解決新的最佳化問題。然而我們也可以將這個理論建立在習慣之上，當商品價格改變，消費者會在預算範圍內選擇最接近過往採購的商品組合。其實亞羅還可以進一步舉例，譬如就連「選擇知名品牌商品，好讓商品組合出現最多次數的字母K」這種怪題目都可以建構出嚴謹的理論。換句話說，正式模型不見得必須理性，甚至不需要合情合理，所以我們也不應該在認定除了理性別無其他選擇的基礎上，為理性假設來做辯護。

至於理性是否為充分條件，也就是說理性本身便足以正確導出重要預測，亞羅以頗具說服力的方式告訴我們——光靠理性是不夠的。若要得出有用結果，理論專家必須額外加上其他輔助性假設，例如所有人的效用函數相同，意即他們都有同樣的品味和喜好，但是這個假設很顯然是錯的，卻能立即引導出各種不符事實的預測。我們不是理性經濟人，更不是同一個模子打造出來的理性經濟人。

除此之外，亞羅也點出經濟理論學家自身行為的矛盾之處。他們針對複雜的經濟問題，花了幾個月時間苦思冥想才構思出最佳化解決方案，卻高高興興地假定模型中的主體表現得像有辦法解決同樣的問題。「現在出現了一個怪現象，那就是科學分析將科學行為強加在研究對象身上了。」亞羅在這次發言的最後以宣示效忠做為結束：「西蒙曾談到認知理性有其局限的重要性，無疑的，本人衷心認同他這番睿智見解。」

不過，我在這場研討會的角色不只是來聆聽仰慕的學者發表宏論，還被賦予一項艱鉅任務，得身兼三份論文的與談人，作者分別是赫伯特・西蒙、丹尼爾・康納曼與阿莫斯・特維斯基，以及海利爾・殷紅與羅賓・何加斯（研討會主辦人）。由於我泰半同意作者們的說法，所以不確定該怎麼辦才好。與談人的任務是批判與深入闡述，光是說「是的，作者本人表示……」根本交不了差，可是我認爲眞正出現觀念問題的論文尙未被列入議程，而且我也得記著自己是坐在「兒童桌」，台上有兩位諾貝爾獎得主（亞羅與西蒙），觀衆席裡也有好幾個得主，另外有超過六名觀衆未來將獲得諾貝爾獎，我要如何在這群大聯盟菁英面前表達看法，卻不顯得狂妄放肆？

最後我決定最好的策略是用上一點幽默，可能有些冒險，但是我發現被逗笑的人會變得比較寬容。我的發言以喬治・史蒂格勒一篇較不著名的論文爲藍本，他是同時代最有智慧的經濟學家之一，並且也在芝加哥大學任教，當時就坐在理性主義陣營的加油觀衆席。史蒂格勒的論文標題爲〈會議手冊〉，內容是根據一個老笑話：

監獄來了一名新犯人，在那兒所有其他的人都已經被關了許多年。他注意到有時候某個人會冷不防喊出一個數字，然後所有的人都笑了，於是他問牢房室友這是怎麼回事，對方回答由於這些人已經被一起關了很久，所有能想得到的笑話全都聽過了，所以爲了節省時間乾脆幫每個笑話編號。新犯人後來又

聽了幾次引發笑聲的號碼之後，決定自己也來一個，於是他大喊：「39！」卻沒有聽到任何笑聲。他問室友為什麼沒人笑，得到的回答是：「有些人就是很不會講笑話。」

　　史蒂格勒的論文認為，笑話中的編號可以套用在學術研討會與各系的專題討論，因為我們會在那些場合一而再、再而三聽到令人生厭的同樣評論。他提供了幾個老掉牙的引言，每個引言分別以字母表示，然後羅列出三十二條他認為可以直接編號的特定評論。我引述了他的引言F，因為我猜過不久這段引言就會出現：「能夠對我們的問題提出非專家看法確實很好，全新的角度總是有機會締造新猷，雖然這次就和平常一樣，專業分工的優勢再次得到肯定。」

　　秉持著這種精神，我提出了「心理學暨經濟學研討會手冊」，將每回發表觀點時聽到的老套評論，也就是本書第6章提到的那些說詞列成清單，然後附上建議回應。我揣測事先將它們說出來或許能占得先機，妨礙部分與會人待會兒發表類似高見。你先可以猜猜這些評論包括哪些說法：一，假如涉及的利害關係夠高，大家就會做出正確決定。二，在真實世界，常人會學習且避免犯這些錯誤。三，總的來說，錯誤會互相抵銷……諸如此類。我針對每個說法，解釋了它為何不像提出這些說法的人所預期能夠一舉摧毀我方的立論。

　　接著我做了以下結論：

本人將用以下兩個錯誤陳述做為總結。

1. 理性模型是無用的；
2. 所有行為皆是理性的。

我提出這兩個錯誤陳述，是因為此次研討會或未來類似場合的辯論雙方，都傾向於扭曲對方的觀點。倘若大家都同意這兩個陳述是錯的，那麼我們便無須再浪費任何時間批判它們。

大家似乎頗欣賞這番話，當我離開講台時，史蒂格勒甚至對我比了大拇指。接下來的一整天，研討會進行得頗為平順。

隔天一早傳來了佛朗哥‧莫迪利尼亞贏得諾貝爾經濟學獎的消息，部分獲獎原因是他與默頓‧米勒合作的研究，而後者是研討會第二天的主講人之一。當時莫迪利亞尼在麻省理工學院任教，不過他之前曾經是赫伯特‧西蒙的卡內基美隆大學同事。在西蒙的敦促下，研討會發了一份賀電給莫迪利亞尼。倘若米勒在那天早上忍不住覺得，獲獎對他的指導者暨合作夥伴來說是好消息，對他本人而言卻是壞消息，我們其實得體諒他的心情。莫迪利亞尼獨得大獎，米勒可能覺得錯過了難得機會，雖然他在五年後也獲得諾貝爾獎，然而在當時誰會知道呢？在那個網路尚未問世的時代，米勒當下也不可能知道莫迪利亞尼的主要獲獎原因是儲蓄與消費研究，也就是他的生命週期假說，而非他與米勒共同合作的企業金融研究。

獲獎消息使得當天早上的氣氛一片歡騰。米勒簡短地談到

莫迪利亞尼的研究，媒體請米勒約略說明他與莫迪利亞尼合作的研究，而米勒就如往常般機智，回答說他們的研究顯示假如你從一邊的口袋拿出10美元，然後將它放進另一個口袋，那麼你的財富不會有任何變化。這段話逗得眾人哈哈大笑，米勒回應：「別笑，我們做了非常嚴謹研究來證明這件事呢！」

這則笑話指的是米勒與莫迪利亞尼所謂的「無關定理」，亦即在某些前提之下，公司要選擇發放股利，或用這筆錢實施庫藏股，抑或是用來減債，基本上都是一樣的，投資人不應該操心這筆錢是存了起來或是被發放出去。但是這個笑話也可套用在生命週期假說，因為在該理論中，家庭消費唯一的決定因素是財富多寡，而不是這些財富以何種形式持有，譬如現金、退休金儲蓄或房屋資產淨值。這兩個理論都假設金錢是有可替代性的，可是各位都已經看到，雖然這個假設在理論上成立，可是實際上並不成立。姑且把所有笑話先擺在一邊，這個假設在企業金融研究其實也大有問題，而這將是當天下午米勒的演說主題。

米勒的論文靈感來自於赫希‧薛佛林與他的聖塔克拉拉大學同仁梅爾‧史塔曼合著一篇關於行為金融學的論文。薛佛林也是我撰寫自我控制論文的研究夥伴，他們為一個令人尷尬的事實提供了行為學上的解釋。米勒與莫迪利亞尼的無關定律中，有一個重要假設是不考慮徵稅因素。倘若股利被課稅後，所得利益與公司返還現金給股東並不相同，那麼發放股利就不能再被視為無關，依照當時美國的稅法，公司根本不應該發放

股利，令人尷尬的事實是絕大多數大型企業都會發放股利。

　　當時課稅的標的是包括股利的總收入，而稅率可高達50%以上，但是資本利得的稅率卻只有25%。尤有甚者，後者只有在資本利得被實現，也就是股票被賣掉的時候才會產生。這種稅制導致股東寧願賺取資本利得，也不想要拿股利，至少對那些身為理性經濟人的股東而言是如此。重要的是，企業大可透過原本要用來支付股利的資金實施庫藏股，輕鬆地把股利變成資本利得，這麼一來股東雖然沒拿到股利，卻可坐享股價上揚的好處，還能藉此節稅。所以我們的疑惑是：為什麼企業要發放股利懲罰那些必須繳稅的股東（至於那些因為捐款或使用免稅儲蓄帳戶而不必繳稅的人，對於上述兩種作法該偏好哪一個就不是那麼關心了）？

　　薛佛林與史塔曼的解答，結合了自我控制與心理帳戶。有些股東，譬如退休人士喜歡他們心理上歸類為「收入」的穩定金流，如此一來才不會覺得花這筆錢是在吃老本。但是假如在一個理性的世界中，這種想法根本毫無道理。退休的理性經濟人會買不發放股利的公司股票，並且定期賣出部分持股以換取生活費，這麼做還能少繳點稅，可是長期以來一般人都覺得將收入花掉，本金保持不動才是比較謹慎的作法，這種想法在1985年左右退休的那群人當中尤其盛行，因為他們全都親身經歷過大蕭條時代[1]。

　　默頓・米勒可說對薛佛林與史塔曼的論文興趣缺缺，甚至毫不掩飾他的鄙夷之情。他說行為學的研究方法或許可套用在

他的蜜妮嬸嬸或其餘像她這樣的人身上,可是頂多也只能到這個程度了。

　　米勒論文的文字版不像他的研討會發言那麼尖銳,不過還是挺令人納悶,因為大部分內容是針對薛佛林與史塔曼試圖解釋的謎題,做出清晰易懂的入門指南,而不是批判他們的假說。事實上,米勒的這篇論文是我看過最清楚的解釋,說明了為什麼在理性經濟人主宰的世界,公司不會在當時的稅制之下發放股利。米勒同意公司確實不應該發股利,但是絕大多數的公司都這麼做了。他也同意最能精確描述公司如何決定發放多少股利的模型,是金融經濟學家約翰‧林特納所提出,並且被米勒貼上「行為學派」標籤的模型。在林特納的模型中,公司只有在相信盈餘增長幅度,大到足以保證未來股利水準可持平或提高,才會增加股利的發放(這個模型若是晚點問世,林特納或許就會用損失規避來解釋公司為何忌諱降低股利了)。不過當時林特納會想出這個模型,用的是實地採訪許多大型企業財務長的老法子。針對這個模型,米勒表示:「我將它歸類為行為學模型,不只因為其形式,也是因為經過了三十年的嘗試,它依舊無法被用來解決最大化問題!」

　　我們為米勒的這篇論文做個摘要吧。經濟理論告訴我們公司不應該發放股利,實際上他們卻這樣做了。現在有某個行為學模型似乎最能精確描述公司發放股利的模式。以上聽起來像是一篇作者打算讚揚,而非貶抑行為金融學的論文,但是米勒無意讚揚也不準備退讓,他如此寫道:「本論文的目的是為了

顯示以理性為基礎的市場均衡模型，無論是套用在一般性金融或特定性的股利發放，都依然能夠做出有效詮釋，或至少不遜於其他具有可比較性的經濟學模型之集合。」因此，米勒所能撂下最狠的話就是宣稱金融市場的標準理性模型，也就是本書接下來要談的效率市場假說，現在還活蹦亂跳呢。

　　米勒不只承認最能精確描述公司如何發放股利的是行為學模型，也樂於將最能精確描述散戶投資人行為的桂冠戴在行為學模型的頭上。他說：「在每個所有權的背後或許都有家族事業、家人紛爭、接收遺產、離婚協議等故事，以及許多與資產配置理論完全無關的其他考量。我們在建立模型時之所以排除這些故事並非因為他們不夠有趣，而是因為他們或許太有趣了，使得我們將心力從真正該關注的普遍市場力量轉移到無關緊要地方。」請花點時間仔細想想他到底在說什麼：我們應該忽略行為背後的原因，並非因為它們不夠有趣，而是因為它們太有趣了，我實在無法理解米勒到底是在為哪一方辯護。

　　米勒的發言是在研討會最後一天的下午場，主持人尤金・法馬也在芝加哥大學任教，是理性觀點的強力後衛。這場研討會的其他主講人還有艾倫・克萊登，他跟米勒一樣沒發表多少自己的新研究，而是將火力集中在攻擊羅伯・席勒的一篇論文。我們將在本書第24章討論到這篇論文。席勒的角色是與談人，而其他兩名與談人則是效率市場的擁護者理查・羅爾與史蒂夫・羅斯，薛佛林與史塔曼只能從觀眾席開砲。顯然情勢在此時變得相當不利，就將它看成是地主隊掌握主場優勢吧。

　　席勒被賦予了一個頗不尋常的角色。他要討論的論文是批判他本人所做的研究，然而他卻沒機會提出原始研究中的任何細節。席勒一如既往，陳述沉穩且論證周密，指出米勒與克萊登都提到了孔恩的科學革命模型，而根據該模型，唯有足夠多的異常案例實際發生，且研究社群因此對舊典範的質疑有了共識時，才會發生典範轉移。克萊登與米勒的論文都宣稱革命幸而尚未降臨在我們身上，而席勒的回應是：「或許一個宛如科學革命的戲劇性轉折即將發生，然而這並不表示革命將走向『全面棄絕理性預期的假設，轉而支持大眾心理學』。」他解釋：「本人傾向於將行為的研究視為效率市場模型之延伸，進而藉此提升效率市場模型的有效性。如此一來，我在課堂上教導效率市場模型時，便可先將它們用於極端特殊案例，然後再深入探討更貼近真實的模型。」這番話說得真好，而且迄今依然正確無誤。

　　就如這類的交鋒過後，或是像政壇候選人互相辯論之後，雙方都有信心自己贏得了這場論戰。行為金融學研究與效率市場假說擁護者之間的攻防才剛剛展開，過去三十年來亦不斷砲火四射。不過，從某方面來看，一切都始自於芝加哥的那個下午，我們將會在下一章看到雙方的論戰將大家帶向了何處。

────────────

① 長久以來，基金會與捐贈基金都是以同樣方式在運作，也就是本金不動，只花「收入」部分。所以他們傾向於持有發放大筆股利的

債券與股票，但是後來這些組織逐漸發現這項作法相當不智，於是調整成比較合理的規定，例如將一定比率（如5％）的三年移動平均捐贈資產價值投注於具有長期潛力的投資項目，而不再只看能拿到多少現金股利。這項政策調整讓捐贈基金得以投資於新的資產類別，譬如創投基金這類經常得等待多年才開始產生回報的標的。

第 *18* 章

解釋傳統經濟學中的異例

　　在芝加哥舉行的學術研討會結束之際,與會者提到了湯瑪斯·孔恩的科學革命模型,該模型包含一個重要觀念,就是唯有在專家們確信出現了大量無法以現行典範解釋的異常案例,典範的轉移才會發生,零星幾件無法解釋的事實並不足以推翻傳統智慧。其實,那次研討會並不是我第一次將孔恩的概念與我打算進行的研究聯想到一塊兒,我確實思考過這個主題,卻也只敢偷偷地想,對於一個事業在不久之前還處於「前途無量」階段的人來說,把自己的研究跟「革命」搭上線未免過於魯莽,非但不得體,甚至還可能自毀前程。我的目標其實謙遜得多:設法多發表幾篇論文,讓大家認同將心理學加入經濟學的作法。然而我確實讀過孔恩那本開創性的著作《科學革命的結構》,有時候也偷偷地胡思亂想,好奇著經濟學是否可能會發生典範轉移。

　　典範轉移是科學界罕見的大變動,當眾人徹底顛覆該領域過往的發展方式,一起追尋新的方向。哥白尼革命或許是最著名的例子,它指出太陽才是太陽系的中心,顛覆了太陽系所有

天體圍繞著地球轉的托勒密「地心說」體系。既然天體並非圍繞著地球公轉，以前的人能否做出有效的地心模型還真是令人狐疑。然而幾個世紀以來，使用地心模型的天文學家依舊稱職地解釋了天體運行，儘管他們得為基本模型做許多被稱為「本輪」的臨時修改，意即天體循著本輪的小圓運行，而本輪的中心則循著大圓繞行地球。

在芝加哥的學術研討會，捍衛現況的講者通常會帶著明顯的恐懼提到典範轉移，他們的發言主旨就是大家根本沒理由認為革命即將發生。當然了，他們一再提到這件事，正表示傳統派至少感受到了需要擔心的理由，他們的防衛方法往往是大肆攻擊任何確定的調查結果，並且解釋這些結果沒有表面上看起來的那麼有關鍵性。有必要的話，傳統典範捍衛者總是能找到某種經濟學版本的「本輪」，藉此合理化令他們尷尬的事實。任何異常案例都可能被他們貶抑為畸零存在的謎題，並且認為令人滿意的解釋必然存在，只要大家夠努力尋找。我覺得若要創造真正的典範轉移，需要的是一系列異常案例，而且每個異常案例都得有自己一套臨時拼湊的解釋。沒想到一個彙整與紀錄上述異例清單的機會，就在最佳時機與地點落到了我頭上，而我也敏銳地抓住了這個機會。

從溫哥華返回綺色佳之後，我參加了一場研討會，旁邊坐著經濟學家海爾・韋瑞安，當時他是名聲赫赫的理論專家，後來成為Google的首席經濟學家。他告訴我美國經濟學會打算辦

一份新期刊，名為《經濟學展望期刊》，海爾本人則擔任論文審查委員。該期刊的編輯委員會正在考慮推出幾個固定專題。聰明的貝利‧奈勒波夫將撰寫以經濟學為藍本的智力測驗與謎題。我和海爾則想到，我可以將異常案例當成專欄主題，而編輯約瑟夫‧史迪格里茲頗樂在摻和其中，很輕易就被說服同意我們的點子。於是我每年發表四次關於異常案例的文章，而這些例子顯示了一些原本被認為無關的因素，實際上大有影響，或者是指出了不符合標準經濟理論的其他事實。

《經濟展望季刊》於1987年發行創刊號，我在首篇專欄文章的開場白就引述了湯瑪斯‧孔恩的一段話。

「新發現從察覺異例開始，也就是認知到自然會違反主宰常態科學、根據典範所做的預期。」

──湯瑪斯‧孔恩

異例專題因何產生？

請想想下面這個問題。桌子上有四張卡片，就擺在你面前。卡片上分別寫著：

圖表 8 異例測驗

你的任務就是盡可能在翻最少卡片的情況下，證實下列陳述是否爲眞：一面有母音的卡片，另一面是偶數數字。你必須事先決定要檢視哪幾張卡片。繼續往下讀之前，請先親自嘗試看看。

當我讓班上同學做這個題目時，從最多人翻的卡片到最少人翻的卡片，順序通常是A、2、3、B。毫不意外的，幾乎所有人都正確地決定先翻A這張卡。顯然是因爲倘若翻過來的另一面並非偶數數字，那麼這個陳述就是錯誤的。然而第二受歡迎的選擇（數字2）卻毫無用處，就算它的另一面確實有母音，能從中得到符合假設的觀察，卻也不能因此斷定該陳述正確無誤，更別說是反駁它了。

要反駁這項陳述必須翻開卡片3，但做這個選擇的人少得多。至於最少人選的B也是必須要翻開的，既然另一面有可能藏著母音（這個問題並沒有說每張卡片都是一面爲數字，另一面爲字母，雖然解題的人通常會自動做出這種假設）。這個問題給了我們兩個教訓（根據彼得·華生於1968年發表的論文）。首先，常人有尋求確認，而非否證證據的天生傾向，正如我們在上述實驗中看到選擇2的人多於選擇3的人。這個傾向被稱爲「確認偏誤」。其次，當無根據的假設使否證證據看似不可能時，確認偏誤會因而被強化，最少人選擇B呈現的就是這種心態。

本專題將著墨於否證證據的搜尋，也就是經濟學上的異常案例。誠如湯瑪斯·孔恩所想，所謂經濟學上的異例即爲不符

合現行經濟典範的實證結果。經濟學與其他社會科學的不同之處就在於前者相信大部分（或所有？）行為的解釋，都可以建立在行為主體有固定明確的偏好，能夠做出符合這些偏好的理性選擇，而且市場（終將）會結清的假設之上。若某個實證結果很難「合理化」，它就會被歸類為異例，或是被強加不具可信度的假設，只為了能夠在典範的框架內得到解釋。當然了，「很難」和「不具可性度」都含有判斷意味，其他人或許並不認同我的評判，因此我邀請各位讀者們為我文中的任何異例提供簡短的解釋（典範之內或不符典範皆可）。然而，倘若各位希望自己的投稿見諸期刊，您的解釋必須可被證偽，或至少大體上能如此。假如有讀者宣稱某個異例其實是對徵稅的理性回應，那麼您必須願意根據這項假說做出一些預測，譬如在沒有稅收的國家，或不必繳稅的主體身上，或相關稅費問世之前的時期，這樣的異例便不會被觀察到。根據交易成本提供解釋的人，可提議能夠消除交易成本的實驗測試方法，而且也必須願意預測交易成本的影響將在該環境下消失。

　　我為每期《經濟展望季刊》寫一篇專欄文章，也就是每季一篇，持續了將近四年。那些文章的篇幅大約有十到十二頁，可以很快地讀完，但也足夠放進不少細節。每篇文章的最後都有個「解說」欄，用以解釋這些發現的重要性。

　　剛開始寫這些專題文章時，我並沒有盤算著什麼偉大計畫，我列出想寫的主題，直覺地認為自己應該至少能寫其中十

個，問題只在哪一個主題要先寫，用什麼樣的語調來寫。由於最近才發表過兩篇關於哪些因素能惹毛他人的論文，我很清楚這個專欄可能會引發反彈。此外，寫這些文章非常花時間，許多主題在我的專業領域之外，遇到了這種時候我會找該領域的專家來合寫，但是我自己仍得為新主題做大量研究，畢竟我得負責所有文章的最後定稿。換句話說，這些專欄文章占用了我許多時間，使我無暇投入於大多數學術界人士所認定的「真正研究」，也就是發現新事實、發展新理論、在學術期刊發表論文[1]。

這項努力的潛在收穫相當可觀。《經濟展望季刊》曾針對美國經濟學會會員做了一項調查，想知道大家對這份新期刊的看法。問題包括會員是否讀過這份期刊，尤其是否讀過裡面的專題文章，回應調查的美國經濟學會會員當中，有半數說他們「定期」閱讀「異例」專題，雖然不知道他們所謂的定期是指什麼。為了讓讀者諸君了解這項調查結果的意義，我得說一般專業學術期刊論文的閱讀人數有一百名讀者就算運氣好的了，但是異例專題的文章有超過五千經濟學家看過，所以我在找共同作者時，可以如實告訴對方這篇文章的讀者人數可能超過他們寫過的任何其他論文。當然了，對我個人而言事實也是如此。既然我成功吸引了眾人目光，我該讓他們看到些什麼呢？

我的目標是探討廣泛領域的異例，並找出透過各種實證方式，包括市場數據而得來的案例，以便掃除異例僅發生在實驗室的迷思。前四年我總共寫了十四篇專題文章，其中只有五篇

以實驗數據爲基礎，其他幾篇資料牽涉廣泛（雖然多數還是以金融爲主），簡單來說，因爲這些資料最讓標準典範的捍衛者驚訝又困擾。

我得特別說明，本人並非對於每個異例都能提出令人滿意的行爲學解釋，有些只是不符合理論預測的實證性事實。舉例來說，前兩篇專題文章提到股市的「日曆」效應，其調查結果實在太奇怪了。例如，股市通常在週五上揚，在週一下跌。一月是個持有股票的好月份，尤其是在月初，對小型上市公司的股票而言更是如此，假期的前幾天（通常是星期五）股市的表現會特別好。大量的研究論文記錄了這些調查結果。關於這些效應的所有合乎邏輯與部分不合邏輯的解釋都可能遭到學界否定，我本人也提不出解釋，可是它們確實可算是異例。

另一個異例來自賽馬場的賭徒。美國的賽馬場和這世界上的許多其他國家一樣（英國除外），採用的是同注分彩法，賠率由下注在每匹馬的總金額來決定，而不是事先設定好的固定金額。最簡單的贏錢情況是主辦方先從彩池中提領出預設的比率，一般爲17%左右，然後押中冠軍馬的人再分得彩池中剩下的錢。大家認爲最有冠軍相的馬被稱爲熱門馬，而獲勝機率最低的馬，譬如賠率高於1賠10的，則被稱爲冷門馬。

倘若主辦方先拿走了17%的賭金，而且這個賭博市場是有效率的，那麼所有賭金應該都會有同等的預期回報，亦即減17%。假如你的賭金是100美元，你會預期拿回83美元，而這是下注目標從最有勝算的熱門馬，到最沒希望的冷門馬之平

均。但是，我們得到的數據卻並非如此，下注在熱門馬的回報
比冷門馬要好得多。舉例來說，下注在同額賭注熱門馬的回報
率，是每1美元賭金有90美分的預期收益，若下注在1賠100的
冷門馬，則每1美元賭金只有14美分的預期收益。還記得本書
第10章討論過的賭博與打平效應吧，下注在冷門馬的回報在當
天最後一輪比賽甚至還更低。

　　連續寫了十四期的專題文章之後，我暫時休息一陣子。這
些文章被稍微編輯之後集結成書，書名則引用其中一篇文章的
標題《贏家的詛咒》。後來我不定期地陸續寫了幾篇文章，由
於不必趕上每一季的截稿日，這些文章面世的間隔也相隔得越
來越久，最後一次刊登是在2006年，在那之後沒多久，這個專
題就正式退出舞台了。當時的期刊編輯安德瑞‧施萊弗宣稱這
些專題已完成使命，其實他是在委婉地說，本人記錄異例的工
作已經結束，我被開除了。

---

① 撰寫異例專題的樂趣之一是編輯自己下海做審稿工作。為了讓非
　專家讀者也能看懂，每篇論文都會被真正「編輯」過。善於寫作的
　經濟學家提姆‧泰勒從一開始便將這項任務執行得非常到位，直到
　目前仍屬簡中高手。大部分學術期刊的編輯只須確定內容正確，然
　後交由文字編輯處理排版與文字風格。沒有人會針對如何讓文章更
　易讀來提出建議。提姆很早就明白「預設」的力量，他會親自重寫
　每篇文章，然後把新擬的草稿寄給原作者，告訴對方他們可自由選

擇忽略他的哪些修改建議。順帶一提,《經濟展望季刊》可免費於
線上閱讀(www.aeaweb.org / jep),官網亦有歷年的往期內容,
是個學習經濟學的好地方。

第 *19* 章

組隊出擊

　　「異例」這個專欄所達到的目的，就是讓經濟學專業圈子看到現實生活中存在著許多不符合傳統模型的事實，這麼做有助於鼓吹大家接受一個以真實人類，而非理性經濟人為藍本的經濟學研究方式。但是，經濟學這門學科的涵蓋面太廣，而我又是個懶人，要開闢新領域必須依靠一組團隊，我該怎麼做才能鼓勵其他人一起同樂呢？沒有任何教戰手冊能告訴我如何達成這個目標。

　　當然了，新領域隨時都在出現，而且通常不經過任何通力合作。有些人針對新主題寫了篇論文，便開啟了一連串的新探索，譬如1940年代的博奕理論。其他人讀過那篇論文之後覺得這個主題似乎頗有意思，於是決定做出自己的一份貢獻。順利的話，沒多久就會集結足夠人馬進行該領域的研究，並且開始舉辦相關的研討會，直至最後出現奉獻於該主題的期刊。然而這是個緩慢的過程，我渴望與特維斯基和康納曼之外的人對話。到了1980年代末，學術界總算有除了我之外的三個人將自己定位為行為經濟學家。本書談自我控制時提到的喬治·魯

文斯坦是其中一個，羅伯‧席勒則是另一個，本書接下來會有
幾段以他為主角，第三個是柯林‧坎麥爾。我認識坎麥爾的時
候，他正在學術界謀職，當時他已經取得企業管理碩士學位，
並且即將完成芝加哥大學的博士論文，年紀還不滿二十一歲。
坎麥爾為行為經濟學做出了許多重要貢獻，而其中兩項尤其突
出。首先，我們或多或少可說他發明了行為學領域的博奕理
論，也就是研究人類實際上如何因應賽局，這與標準博奕理論
截然不同，後者研究的是理性經濟人如何因應賽局，且前提是
他知道其他參與者也是理性經濟人。最近他更站到了神經經濟
學的最前線，這門學問以腦造影的技術，深入探究真實的人類
如何做決定。

　　坎麥爾是個多才多藝的人。唸研究所時他還是個青少年，
已經自組唱片公司，並簽下走諷刺風格的知名龐克樂團Dead
Milkmen，他們的暢銷曲之一是〈看著史考提死去〉。坎麥爾
的模仿表演也很有一套，他模仿尤金‧法馬和查爾斯‧普拉特
簡直維妙維肖，不過就我個人來看，他模仿理查‧塞勒倒是不
怎麼樣……

　　雖然坎麥爾、魯文斯坦與席勒的加入，為這個領域建立了
重要的里程碑，但是我知道行為經濟學做為一個學術事業，必
須號召夠多具備各種研究技巧的研究人員才能真正站穩腳步，
所幸另外有個人懷抱著同樣目標，而且也貢獻了許多資源，那
個人就是韋納‧邦特。

　　艾瑞克・韋納開始對結合心理學與經濟學產生興趣時，正在斯隆基金會擔任專案主任。他是訓練有素的心理學家，不過我認為他的愛好更偏向經濟學，而且他很有興趣知道這兩個領域能否找到共同基礎。起初他向特維斯基與康納曼尋求建議，詢問該如何做才能達到上述目標。向來以身為悲觀主義者為傲的康納曼還記得他當初給韋納的答案是他「想不出任何能將大筆錢投資於這項努力的方法」，但他與特維斯基都建議韋納來找我談談。韋納在紐約的斯隆基金會和我碰面後，便說服基金會出資讓我到溫哥華進行一年的研究，並趁此機會拜訪康納曼。

　　我返回康乃爾大學之後不久，韋納離開了斯隆基金會，轉往同樣位在紐約的羅瑟・塞吉基金會擔任董事長。雖然該基金會的核心使命在於扶貧、移民等重要的社會政策議題，與行為經濟學根本沾不上邊，由於董事會急著雇用韋納，於是他們同意讓他挾帶行為經濟學議題入主。韋納對於該如何孕育這個新領域所想到的自然不會比我多，不過我們一起腦力激盪，總是能在忙碌之中想出幾個點子。

　　我們想到的第一個點子在當時感覺起來還不錯，既然最終目標是要結合經濟學與心理學，我們決定偶爾舉辦心理學家與經濟學家的聚會，看能不能從中激發一些火花。我們邀請來三種人：願意忍受跟經濟學家交談一天的著名心理學家、據聞對新研究方法抱持著開放態度的資深經濟學家，以及早已投入於這個新領域的少數死忠支持者。

　　韋納有著十足的說服力，在他的魅力與軟磨硬泡之下，我
們的首次會議邀請來的心理學家陣容驚人，不只有特維斯基和
康納曼，也包括以奧利奧餅乾與棉花糖實驗聞名的華特・米歇
爾，提出認知失調概念的里歐・費斯丁格，以及情緒研究先驅
史丹利・沙其特，可說是心理學界的夢幻隊伍。同意前來參與
且態度友善的經濟學家們也是星光熠熠，有喬治・艾克羅夫、
威廉・鮑莫爾、湯姆・謝林、理查・澤克豪澤。死忠支持者成
員為坎麥爾、魯文斯坦、席勒，還有我。韋納也邀請了賴瑞・
桑默斯，他雖然不克出席，不過建議我們邀請他的一個新學
生，安德瑞・施萊弗。我就是在那次的會議首度見到作風粗獷
的施華弗，後來他成了我的研究夥伴。兼容並蓄的挪威哲學家
尤恩・艾爾斯特幾乎在每個領域都有淵博知識，可為我們的論
述做最佳總結。

　　雖然出席者高手如林，我們舉辦的幾次會議卻沒能產生多
少實質成果。有兩件事情讓我印象深刻，其中一個是里歐・費
斯丁格不斷說些俏皮話，只有當他到基金會的露台抽菸時才稍
微歇口氣，而且他還挺常往那裡跑。另一個則是威廉・鮑莫爾
懇求我們別再拘泥於異例的發現，他認為我們的異例挖掘活動
已經達到目的，接下來該前進到更有建設性的議題，不過他並
未提議更有建設性的議題應該是什麼。

　　我們所面臨的問題，其實是在我的個人經驗中一個普遍的
問題。跨領域會議，尤其是議題宏大（減貧、解決氣候變遷）
的會議往往成果令人失望，就算與會者都是一時之選也少有結

果，這是因為學術界人士不喜歡抽象地談論研究，而是想看到確實的科學調查結果。但是，假如某個領域的科學家以該領域的同儕期望的方式來發表其研究發現，那麼其他領域的科學家就會陷入他們無法理解的技術性細節中，或是被他們覺得無意義的理論操作搞得很厭煩①。

　　無論我對跨領域會議的悲觀評估是否正確，在紐約市羅瑟・塞吉基金會辦公室舉辦的這些會議中，明星級心理學家的出席與熱忱參與對我們而言是個鼓勵，卻也誤導了我們對這個領域的前途判斷。之所以有鼓勵是因為這些傑出學者願意花時間來到這裡，而且似乎都認為我們的使命明智且有價值。至於誤導判斷則是因為他們強化了我們當時的信念，也就是如果行為經濟學領域要能成功，讓心理學家與經濟學家攜手合作的跨界整合勢在必行。我與特維斯基和康納曼會這麼想是必然的，因為我們就是從彼此的身上學到許多，進而開始合力進行研究。

　　結果證明，我們的預測大錯特錯。雖然這幾年來，確實有幾名心理學家與經濟學家達到成功的合作，卓瑞森・普瑞雷克與埃爾達・夏菲爾就是著名的例子，但是行為經濟學領域後來變成經濟學家讀了心理學家的研究之後，再獨自進行自己的研究②。我們的早期參與者之一史丹利・沙其特就是這樣的例子，他做了一些關於股市心理學的研究，然而主流金融與經濟學期刊審稿人的回應讓他越來越感到挫折，最後他終於放棄這整個研究計畫。

　　心理學家的缺席有幾個可能原因。首先，既然很少有心理學家會認同理性選擇模型，研究從該模型出發的議題自然就沒什麼意思了。他們的典型反應是：「當然大家會在意沉沒成本！還能有別的看法嗎？」其次，行為經濟學家所運用的心理學在心理學家來看已經老掉牙了。若心理學家開始在他們的研究論文裡使用供需曲線，經濟學家大概也不會覺得這個概念有多刺激。最後，心理學界傳統上將「應用性」問題的研究，視為低層次的活動，探索一般人負債或輟學的背後理由，並不是那種能夠為學術界心理學家帶來名望與榮耀的研究類型，不過羅伯・席爾迪克是著名的例外。

　　更進一步說，我們行為經濟學家並不擅長自行發展新的心理學，否則就能如原先所預期創造出某種科際整合的知識了。這個領域的大部分新發展都在於想出方法，讓經濟學研究工具既適用於理性經濟人，也適用於真實人類，而不是針對行為本身產生新領悟。在後來成為行為經濟學領導人物的新崛起經濟學家中，喬治・魯文斯坦是唯一真正創造新心理學的人，他接受的是經濟學家訓練，卻也是個相當有天分的心理學家，部分原因可能是拜優良基因所賜。他的中間名字首是字母F，指的是佛洛伊德的Freud，西格蒙德・佛洛伊德是他的曾祖父。

　　雖然讓經濟學家與心理學家攜手合作的努力並未成功，韋納・邦特仍全心投入於培育發展這片新領域，即使他能號召的生力軍幾乎只有經濟學家。羅瑟・塞吉基金會的規模並不大，若這個領域要拓展到少數幾個鐵桿成員之外，就不可能將該基

金會視為主要的研究經費來源。所以邦特說服董事會成員以經費有限卻十分不尋常的方式繼續支持這個領域，不像最初白忙一場的努力，這回我們竟取得了巨大成功。

以下是邦特發想出的計畫。1992年，基金會集結了一群研究人員，並稱之為「行為經濟學圓桌論壇」，這批研究人員拿到一小筆預算，任務目標是培育這個領域的成長。圓桌論壇的最初成員有喬治・艾克羅夫、艾倫・布林德、柯林・坎麥爾、尤恩・艾爾斯特、丹尼爾・康納曼、喬治・魯文斯坦、湯姆・謝林、鮑伯・席勒、阿莫斯・特維斯基，以及我本人。只要用途合理，我們可以任意支配手頭拿到的預算。

圓桌論壇成員們決定，這筆有限預算（一開始是每年10萬美元）的最有效運用方式是栽培年輕學者，鼓勵他們進入這個領域，於是我們為研究生舉辦了為期兩週的暑期密集訓練課程。當時還沒有任何大學將行為經濟學放入研究所課程，所以這項訓練可讓來自世界各地的學生接觸這個領域。訓練課程的正式名稱是「羅瑟・塞吉基金會行為經濟學暑期課程」，不過大家從一開始就暱稱它為「羅瑟・塞吉夏令營」。

第一次的夏令營於1994年夏季，在柏克萊舉辦。柯林、康納曼和我負責籌備，其他幾名圓桌論壇成員則擔任教師，來幫忙個幾天。我們也有重量級的來賓，像是肯尼斯・亞羅、查爾斯・普拉特，以及社會心理學家李・羅斯。為鼓勵青年學者加入，我們也邀來了兩位最近剛拿到學位的經濟學家，分別是恩斯特・費爾和馬修・拉賓。

　　恩斯特・費爾是我認識的名字取得最好的經濟學家。若要用一個形容詞來描述他，那個詞就是「認真」（earnest，音同恩斯特），而且公平是他最有興趣的主題。他出生在奧地利，立足於瑞士蘇黎世大學，在歐洲的行為經濟學運動中成為中心要角。和坎麥爾一樣，他後來也在神經經濟學領域成為一方之霸。

　　費爾頭一篇吸引我們注意的論文相當具有實驗性。他與共同作者指出在實驗室環境中，「企業」給的薪水若高於最低工資，便可讓「員工」以投入更多的努力做為回報，這個實驗結果支持了最早由喬治・艾克羅夫提出的概念，也就是聘雇合約可被部分視為禮物交換。該理論的重點是假如雇主善待員工，給予較多薪資與更好的工作條件，員工就會回贈以較多的努力和更低的流動率，如此一來高於市場行情的薪資，將帶來經濟上的獲益。

　　馬修・拉賓的第一篇行為學論文則是理論性的，也是繼「展望理論」之後在當時最重要的行為經濟學理論論文。這篇論文是學界首次認真地嘗試發展出一個理論，以解釋我們在最後通牒賽局以及獨裁者賽局這類情境中觀察到的矛盾行為。人們在獨裁者賽局表現出利他精神，願意把錢分給不知名的陌生人，卻在最後通牒賽局無情地對待那些對他們不公平的人。所以，增加別人的快樂會讓我們更快樂，或者讓我們比較不快樂，原因或許是出於忌妒？拉賓認為答案在於互惠，我們會善待那些對我們好的人，苛待那些對我們不好的人。本書先前討

論過一般人是「有條件的合作者」，這與拉賓的模式是相吻合的。

　　拉賓也是個頗有個性的人。他平常穿的是紮染T恤，彷彿衣櫥裡有穿不完的這種T恤。他為人也相當風趣。我曾經受邀為《美國經濟評論》審查他投稿的一篇關於「公平」的論文，並且寫了熱忱的評論支持這篇論文出版。我加上一段話說他遺漏了一個先前草稿中原有的重要註腳，這一點讓我相當不安，這個註腳提到了博奕經濟學家所謂的「小雞賽局」，即先退讓的人是輸家。他在後來出版的定稿中加回這個註腳，內容是：「儘管我仍沿用這個賽局的傳統名稱，但是我發現該名稱充滿物種歧視的意味，沒有什麼證據顯示雞比人類或其他動物更不勇敢。」

　　我們的夏令營湊齊了大牌名師，另外加上明日之星費爾與拉賓，不過由於這件事仍屬生平頭一回，大家都不知道會不會真的有人來上課。我們發通知給世界各地頂尖學校的經濟系主任，期待會有人想參加課程，幸好最後有超過一百人申請，而我們從中挑出的三十名學生，有許多人成為這個領域的未來新星。

　　此後我們每隔一年舉辦一次夏令營，直到我和康納曼開始覺得太忙 / 累 / 老 / 懶，沒精力再籌備與參加為期兩週的課程，年輕的一代便開始接手。坎麥爾與魯文斯坦當了幾年的籌備人之後，大衛‧萊布森與馬修‧拉賓接手最後幾次的夏令營。

　　這些夏令營是否成功，指標之一是大衛‧萊布森首次開課時還是學生，所以這個群體已變得能夠自我壯大，許多其他現在擔任夏令營導師的人，過去也曾經是這裡的學生。必須說清楚的是，我們並未以將這群年輕學者捧成明星而自居，例如大衛‧萊布森來夏令營上課之前已經從麻省理工學院畢業，而且也在哈佛大學取得了教職，其他人亦不例外，當時都已經是前途看好的學者。夏令營真正的成就是鼓勵一些全世界最優秀的研究所學生，慎重考慮成為行為經濟學家的可能，然後提供一個志趣相投的經濟學家能夠互相交流的網絡。

　　第一年的夏令營學員天份洋溢的程度可從當中有多少人後來聲名大噪看出，其中一人是森迪爾‧穆蘭納珊，當時他才剛完成哈佛研究所的第一年學業。穆蘭納珊就讀於康乃爾大學部時，我就已經認識他了，他在三年間完成經濟學、數學和資訊工程學位，不難看出他幾乎對什麼都有天分，於是我使出渾身解數設法讓他對心理學和經濟學都產生興趣。幸運的是我的推銷奏效了，由於他對行為經濟學萌生興趣，選擇研究所時便從資訊工程轉向經濟學。穆蘭納珊在種種成就之外還創立了第一個非營利的行為經濟學智庫，名為ideas42。穆蘭納珊、拉賓和坎麥爾都曾經接受麥克阿瑟基金會所頒發的俗稱的「天才獎」。

　　其他出人頭地的第一年夏令營學員還有泰瑞‧歐丁，他基本上發明了散戶投資人行為這方面的領域。奇普‧希斯與他的手足丹‧希斯出版了三本相當成功的管理學書籍。琳達‧鮑柏

克與克莉絲汀・喬斯後來成爲我的共同作者，稍後將在本書再度露面。

　　2014年夏季，我們舉辦了第十屆夏令營。如今我們已有大約三百名畢業生，其中許多人在世界各地的頂尖大學擔任教職，行爲經濟學之所以能從邪門歪道昇華爲主流經濟學中活躍的一支，大多要歸功於這群夏令營畢業生的研究。韋納・邦特協助大家開始了這一切，他可說是行爲經濟學的奠基贊助者。

---

① 這個通則仍有些例外，譬如神經科學有來自各領域的科學家一起創造出許多實質成果，不過在這個例子中，他們會圍繞著電腦斷層掃描儀這類特定工具一起工作。我的意思並非跨領域會議都只是浪費時間，只不過就我的經驗來看，這類會議往往令人失望。

② 康納曼與特維斯基在1970年代首開先河的判斷與決策研究，至今仍是個枝繁葉茂的領域。他們的年會由「判斷與決策學會」贊助舉辦，吸引了超過五百名研究工作經常與行爲經濟學發生交集的學者，與會者也包括不少行銷領域的著名行爲科學學者，譬如我的老朋友艾瑞克・強森，幾個以前的學生，以及許多做過心理帳戶和自我控制相關研究的其他學者。我要說的重點是，一個典型的行爲經濟學家會議往往沒有任何心理學家出席，而我是少數定期參加判斷與決策學會會議的經濟學家。

第20章

上東區的狹窄框架

　　羅瑟・塞吉基金會對行為經濟學的貢獻不限於創立圓桌論壇，也為訪問學者提供了卓越的研究計畫，並且資助後者在紐約上東區，也就是基金會附近的公寓住宿一年。訪問學者只要負責現身大啖美味午餐就行了，而且還是免費供應的，其餘時間可花在思考與寫作。1991年至1992年學年間，坎麥爾、康納曼和我組團申請擔任訪問學者。康納曼的妻子安妮・特麗斯曼也是一位心理學家，加入了訪問學者的行列，再加上特維斯基定期來訪，我們這一年應該會過得相當精彩。我和康納曼期望先前發生在史丹佛與溫哥華的魔法能夠重現，但是運氣不站在我們這一邊。

　　當時我正經歷一場離婚，安妮與康納曼在柏克萊的房子被大火燒成灰燼。然而我們得分神應付的事還不只如此，溫哥華共事之後的六年間，我們將全副心力投注在合作的研究計畫，忙到顧不上其他事情，可是我們還有博士班的學生得照顧，康納曼與特麗斯曼在柏克萊有個坐滿研究生的實驗室，而且我們都各自有同事拉著我們淌進部門間的渾水。能夠專心做一件

事、每週工作七天、一口氣埋頭幹活好幾個月的日子已經結束了。

　　不過，我們各自都在心裡琢磨著一個概念，而它也在我與坎麥爾合作的研究計畫中扮演重要角色，這個概念就是「狹窄框架」，涉及到一個更廣泛的心理帳戶問題：經濟事件或交易何時被結合？何時被分開來看待？假如你出門度假，旅程中的每個成本（交通、飯店、餐飲、出遊、禮物）會被視為各項獨立的交易，抑或全部被歸為旅行類、一起進行評估，就像全包式郵輪行程？我和康納曼都在思索的問題是：為什麼常人要把事件分開來看，而不是視它們全體為一個組合，以至於讓自己陷入麻煩呢？

　　康納曼在他與丹・洛瓦羅合作的研究計畫中探討了這個問題。洛瓦羅是柏克萊大學的畢業生，擔任過我們的研究助理。他們的主要概念是管理決策的驅力有兩個互相對抗，卻不一定能互相抵銷的偏誤：大膽預測和膽小選擇。大膽預測是來自於康納曼所謂「內部觀察」與「外部觀察」之間的區別。

　　為了說明清楚上述區別，康納曼講述了一個出書計畫的故事。完整的故事內容可見於他的著作《快思慢想》，倘若有讀者很慚愧地沒把這本書的內容記下來，以下提供一個簡短版本。一群來自三種不同背景的學者被賦予為中學生設計決策課程的任務。經過幾個月的努力之後，康納曼開始納悶總共得花多長時間才能完成使命，於是他對各組成員做了民調，請他們寫下推測的完成時間，成員們推測的完成時間從十八個月、至

三十個月都有。後來康納曼發現有個成員是課程研發專家，而且多年來觀察過許多這類團隊的運作，所以他請這名專家評估比較其團隊，以及他觀察過的其他團隊，根據經驗來推測這項計畫還得要多久時間才能完成。這名專家的個人推測原本就落在十八個月至三十個月區間，然而他被這麼一問就變得有些膽怯了，他勉勉強強地告訴大家，根據他的個人經驗，沒有任何團隊能在七年內完成類似任務，而且甚至有高達四成的團隊從來沒能克竟全功。

這位專家的兩次推測相差如此之大，正體現了康納曼所提出的「內部觀察」與「外部觀察」區別。當專家以計畫團隊成員身分思考這個問題時，他被限定在「內部觀察」之中，也就是團體共同努力帶來的樂觀精神，並未費神思考心理學家所謂的「基本率」，即類似計畫所耗費的平均時間。一旦他戴上專家的帽子且進而採用外部觀察，他自然會想到所有他知道的其他計畫，然後做出較為精確的推測。若審慎運用外部觀察，並且取得適切的基準數據，它將變得比內部觀察更加牢靠。

問題在於，內部觀察來得太自然又太容易，就連了解這個概念，甚至發明這個術語的人，其判斷力都會受到它的影響。得知特維斯基的病重程度與剩餘壽命短促後，康納曼與特維斯基決定將他們先前關於決策的幾篇論文編輯成書，然而特維斯基未能等到這項工作完成便撒手人寰了，這下康納曼得獨自撰寫原本打算由兩人共筆的導言部分。特維斯基在1996年逝世，我記得當年秋季與康納曼談到這本書時，我問他預計什麼時候

可以完成，他回答應該不會超過半年，我聞言笑了，他知道我在笑什麼，於是靦腆地說：「喔，你想到了那本書（意指提到內部觀點事例的那本書），可是這本書完全不同，只是一些論文的集結，而且大部分都已經發表過了。我只需要趕出新的論文，寫完導言部分就行了。」這本書在最後一篇論文交稿，導言完成後沒多久便出版，然而那已經是2000年，幾乎是四年之後了。

康納曼與洛瓦羅提出的「膽小選擇」則是建立在損失規避之上。每個經理人一考慮到自己要面臨什麼後果就會趨向於損失規避。在組織機構中，損失規避的自然傾向會因為獎懲制度而變本加厲。許多公司給創造巨大收益的人微薄獎賞，對於帶來同等級損失的人則予以開除，在這種環境條件下，就算是一開始並不特別害怕風險且願意把握任何賺錢契機的經理人，也會變成高度損失規避，如此一來，組織架構非但沒能解決問題，反而會讓事態變得更惡化。

以下的例子顯示了損失規避如何被強化。我離開紐約不久之後，受邀前往一家平面媒體公司為該公司的一群主管上決策課程。那家公司擁有許多出版物，主要是雜誌，觀眾席中的每個主管都是其中一份出版物的總負責人，而每份出版物幾乎是各自獨立運行。公司執行長也來參加了，他坐在會議室後面觀察聆聽。我讓這群主管們想像這個場景，假設你有個機會為自己的部門進行投資，而這次投資有兩種可能結果：有50%的機率能賺進200萬美元獲利，以及50%的機會損失100萬美元（這

筆投資的預期回報是50萬美元，因為它有一半機會賺到200萬
美元，即預期回報為100萬美元，以及一半機會損失100萬美
元，即預期損失為50萬美元。這家公司規模夠大，就算損失
上百萬美元，甚至數百萬美元，都不會影響到該公司的償債能
力）。接著，我請願意接受這項投資計畫的人舉手，在出席的
二十三名主管中，只有三個人表示願意。

　　然後我向執行長提出一個問題。若這些投資計畫是「獨
立的」，也就是說一項投資計畫的成功與否並不影響到另一項
投資計畫的成敗，那麼他希望能投入多少個計畫？他回答：全
部都要！倘若該公司投入二十三項投資計畫，預期的回報將是
1,150萬美元（既然每項計畫的預期回報是50萬美元），稍微做
點數學就能知道整體賠錢的機率不到5%，他認為像這樣執行
所有投資計畫根本是想都不必想的事。

　　「這麼一來你可遇上麻煩了。」我告訴執行長：「因為你
不會得到二十三項投資計畫，你只會有三項，這表示你一定哪
裡做錯了，可能是雇用了不願意承擔風險的懦弱主管，但更可
能是創造了一個冒險得不到回報的獎酬制度。」這位執行長會
心一笑，卻保持沉默，等著聽其他與會者的回應。我望向一名
說過自己不會接受這個投資計畫的主管，問他原因為何。他回
答就算計畫成功，能得到的可能只是上級拍拍肩膀，或許還能
拿到一些獎金，譬如三個月的薪水；但是如果計畫失敗，他倒
是非常有可能被炒魷魚，雖然他很喜歡自己的工作，不想為了
三個月的薪水賭上五成失業機會。

　　「狹窄框架」使得執行長無法得到他想要的全部二十三項投資計畫,最後他只能得到三項。若將這二十三項計畫看成一個投資組合,顯然公司會覺得這樣的投資非常吸引人,然而若我們窄化框架逐一來考量,主管們都不情願承擔風險,最後公司就變得行事過度保守。這個問題的解決方法之一是把所有的投資集中,將它們看成是一籃子組合。

　　為一家大型藥廠短期擔任顧問時,我深刻體會到上述這種集合的價值。就跟所有大藥廠一樣,這間公司每年也斥資超過10億美元在研發上,鑽研數千種新化合物,期望能從中發掘暢銷產品,然而暢銷的藥物相當少見,就連大公司每兩、三年能推出一款就算成績相當好的了。藥廠得研究許許多多藥物,光是有任何一款藥能創造收益就算中樂透了,真正的大獎機率微乎其微。你可能會以為一家得投資數十億美元來換取極小發財機率的公司,一定對風險有十足的掌握,但是你想錯了,因為他們只在研發方面懂得控制風險。

　　當時我在進行的研究計畫是關於行銷與定價,不涉及研發。有個員工想出了一項提案,建議針對幾種特定藥物的不同定價方式進行實驗,目的之一是改善「遵從醫囑」的情況,這個醫學用語指的是服用醫師處方藥物。有些藥物,尤其是未能紓解痛苦或帶來其他明顯效果的藥物,病人多半會停止服用,然而在某些案例中,譬如心臟病發作後服用建議藥物能發揮顯著的優異效果。因此改善遵從醫囑的情況有機會創造雙贏局面,病患會變得更健康,醫療支出將隨之減少,藥廠也可以因

爲銷售量增加而賺進更多錢。儘管有這許多潛在好處，我們卻
被告知那些設計來直接與消費者溝通的實驗過於冒險，但是這
種想法根本是錯的。當然這個點子有可能不會奏效，這就是我
們爲什麼需要做實驗[1]。相較於公司的整體規模，實驗成本可
說只是九牛一毛，唯有跟某個主管的預算相比時，它才會看起
來頗有些風險。在這個例子中，狹窄框架妨礙了創新與試驗，
而這兩者正是任何組織要獲得長期成功的必備要素。

　　但是，規避風險的主管和屬意二十三項風險投資計畫，
最後卻只能得到其中三項的執行長，他們共同點出了委託—代
理人問題當中的一個關鍵。在經濟文獻中，這樣的失敗通常會
被描述爲責任歸咎於代理人，他們未能做出能讓公司利益最大
化的決策，僅僅是根據自己的利益行事。他們之所以做出不智
決定，只是爲了一己而非組織的福祉，雖然這樣的描述通常沒
錯，可是在許多時候真正的罪魁禍首是老闆，而非員工。

　　爲了讓主管們願意承擔風險，公司有必要創造一個主管若
做出經事前評估，可望帶來最大價值的決定時，便能夠獲得獎
勵的環境，也就是說，根據決策當下所能得到的訊息而做的決
定，即便後來的結果是虧錢。然而後見之明偏誤使得這樣的政
策執行起來並不容易，只要決策制定的時間與結果產生的時間
之間有時差，老闆就可能不記得他自己當初也覺得那是個好主
意。尤有甚之，許多時候當代理人做出不智決定之際，行爲不
當者往往是委託人，而非代理人。行爲不當的一方未能創造出
讓員工覺得可以承當適當風險，不必擔心失敗後會被懲罰的環

境,我將這種情境稱為「傻瓜委託人」問題。本書稍後談到體壇的決策問題時,會再度討論這類例子。

前面幾個故事都體現了康納曼所提到的狹隘框架。我自己關於這個主題的論文是與一名剛剛入學康乃爾就讀金融,名為施羅莫‧本納茨的博士班學生合作完成。施羅莫成為我的懶勁剋星,他不但活力充沛,還抵死不退,也精通於我們後來定義為「騷擾我」的藝術。我常常跟施羅莫說:「我實在太忙了,現在沒辦法思考這件事。」施羅莫會回答:「好,那麼你認為自己大概什麼時候能處理?」我說:「喔,至少要等兩個月之後吧。」於是過了整整兩個月後的隔天,他就會再打電話來:「我們可以準備開始工作了嗎?」當然,施羅莫已經猜到我對於兩個月後會比較有空這件事是用內部觀察思維,可是他依舊打電話來,而我最後總是會抽出時間投入他手頭上的研究計畫。由於他的「騷擾」和源源不絕的有趣想法,他成了我論文產量最高的合作夥伴。

我和施羅莫對一個稱為股權溢價之謎的異例深感興趣。這個謎題的問世與命名都在拉吉‧梅拉與艾德華‧普列史考特在1985年所發表的論文中。普列史考特可說是這個異例的意外提出者,他從過去到現在一直是保守理性預期圈子的死忠成員,專攻的領域被稱為「實質景氣循環」,後來讓他贏得了諾貝爾獎。普列史考特跟我不一樣,他並沒打算將發表異例當成重要的工作事項,我懷疑他對於發現這個與他的世界觀衝突的異例說不定還覺得有些尷尬,不過他與梅拉都知道,他們發現了頗

耐人尋味的事。

「股權溢價」的定義是權益（股票）與無風險資產（如短期政府公債）之間的回報差額。歷史股權溢價的多寡端看所處時期與其他定義，但是在梅拉與普列史考特進行研究的1889年至1978年期間，股權溢價大約是每年6%。

股票的回報率高於短期國庫券並不令人意外。任何投資者表現出風險規避的經濟模型都會預測：由於股票有其風險，投資者會要求得到高於無風險資產的溢價，否則他們沒理由承擔風險。在許多經濟學文章中，上述分析到這裡就打住了。經濟理論預測風險越高的資產，得到的回報就會越多。作者找出證據來支持這項預測，其研究結果再次高舉經濟理論的勝利旗幟。

梅拉與普列史考特的分析有個特別之處，就是他們超越了探究經濟理論能否解釋股權溢價的存在，進一步問道經濟理論能否解釋溢價到底會有多少。這是我所知道在經濟學領域，少數有作者針對某個效應的量值做出具體陳述的試驗[2]。梅拉與普列史考特搞弄了一番數字之後，結論是根據他們的模型所能預測的最大股權溢價只有0.35%，距離歷史平均6%差得遠了[3]，投資人對風險得怕到一個程度才能解釋如此低的回報。他們的研究結果引發了爭議，花了六年時間才得以發表那篇論文，然而論文發表之後吸引了不少注意，許多經濟學家衝上前幫忙找藉口或解釋。在我和施羅莫開始思考這個問題時，還沒有任何解釋能完全令人滿意，至少對梅拉與普列史考特而言是

如此。

　　我們決定試著為股權溢價之謎找出解答。要了解我們的研究方式，各位不妨先參考保羅·薩繆爾森的另一篇經典論文，他在那篇論文中描述了與同事在麻省理工學院教職員俱樂部的一場午餐對話。薩繆爾森指出，他在某個地方讀到懦夫的定義就是連勝率66％的賭都拒絕押注的人，接著他把臉轉向經濟史學家凱瑞·布朗，然後說：「譬如你，凱瑞。」

　　為了證明論點，薩繆爾森讓布朗打一個賭。他請布朗擲銅板，擲到正面贏200美元，背面則輸100美元。正如薩繆爾森所預期，布朗謝絕了這個賭，並回答：「我不玩，因為我對損失100美元的擔心，更勝於贏得200美元的期待。」換句話說，布朗的意思是：「我是風險規避者。」布朗接著說了令薩繆爾森大感意外的話，他說他不喜歡只擲銅板一次，如果能擲一百次，他將樂於接受這個賭。

　　這讓薩繆爾森思索了一陣子，然後拿出證明指出布朗的偏好不一致，因此以經濟學的標準來看非屬理性，尤其他證明了若有人連打一次賭都不願意，他就不應該同意同一個賭多玩幾次。但是這項說法的附帶條件是：當事人的不願意無涉於財富的相對小幅變化，特別是當就算他玩上一百次，他的財富水位也不會因此受到影響時。以這個例子來說，他最多可能賠到1萬美元（若擲一百次銅板都輸），最多則可贏到2萬美元（若擲一百次銅板都贏）。假如布朗擁有可觀的退休金儲蓄，賺賠個1或2萬美元或許已經是家常便飯，我們可放心地假設就算他

的財富頓時增加5千美元，或減少5千美元，他對薩繆爾森的回答也不會改變（此論述的重點是，薩繆爾森運用了傳統的財富預期效用公式，賭場贏利效應這類心理帳戶造成的不當行為，在這個場景中沒有存在空間，因為財富是具有可替代性的）。

薩繆爾森的邏輯是這樣的：假設布朗同意擲一百次銅板，然而當他擲了第九十九次之後，薩繆爾森給他一個暫停的機會，讓他選擇要不要擲最後一次。布朗會怎麼做呢？現在，假設擲了第九十八次銅板之後，我們讓布朗選擇要不要繼續擲。這回最後的兩次都是他可以自行選擇的了。布朗會怎麼做？身為訓練有素的經濟學家，他會運用倒推法，意即從結果來回溯推導。他知道在第一百次時，他會選擇拒絕擲銅板，使得第九十九次也成為單一一次的賭注，既然這是他不喜歡的，他也不會在第九十九次選擇擲銅板。這個邏輯連續運用下去，得到的結果將是布朗連第一次的賭都不會願意接受，因此薩繆爾森做了這個結論：假如你連打一次賭都不願意，你就不應該同意同一個賭多玩幾次。

薩繆爾森的結論頗引人注目。拒絕一個有50％機率賠掉100美元的賭，其實還挺合情合理，尤其1960年代初期的100美元，價值超過如今的450美元。沒有多少人能接受因為擲銅板就可能損失這筆不小的金額，即使他有機會贏得兩倍的錢。連續擲一百次銅板固然是頗吸引人的選擇，但是薩繆爾森的邏輯似乎不容置疑。他在另一個短篇論文再度提到上述例子，這回他用到的每個英文字都只有一個音節[④]：「假如一個動作只做

一次時不會帶來收益，那麼就算做了兩次、三次……或任何次
數，也不會帶來收益。」這是怎麼回事呢？

　　薩繆爾森不僅指出了同事所犯的錯，他還為這篇論文標
題所嘲笑的謬誤提供了診斷，也就是「風險與不確定：大數謬
論」。在薩繆爾森看來，布朗錯在接受擲一百次銅板，而且他
認為布朗之所以犯這個錯，是因為他誤解了所謂大數法則的統
計學原理。大數法則指的是假如某個賭的重複次數夠多，得到
的結果就會相當接近預期價值。倘若你擲銅板一千次，擲到正
面的次數將會是在五百次左右，所以布朗認為假如他擲一百次
銅板，就不太可能會損失金錢，這其實是個正確的預期。事實
上，他損失金錢的機率只有兩千三百分之一，然而薩繆爾森認
為布朗錯在忽略了損失一大筆錢的可能，假如有50%輸錢機率
的賭只玩一次，你頂多賠100美元。若你玩了一百次，儘管輸
錢的機率微乎其微，仍然有可能連續一百次都擲到銅板背面，
結果總共輸了1萬美元。

　　針對上述這個賭局，我和本納茨覺得薩繆爾森只對了一
半。他認為布朗做出錯誤的選擇，我們同意他這個看法。在薩
繆爾森的設定當中，拒絕只賭一次，卻願意賭許多次是不合邏
輯的，但是薩繆爾森批評布朗不應該願意賭許多次，我們卻認
為布朗犯的錯在於拒絕只賭一次，這是狹窄框架造成的結果，
把布朗的錯誤歸咎於選擇擲一百次銅板，根本就搞錯了重點。
布朗是為了5,000美元的預期收益而選擇連續賭一百次，反正
虧錢的機率微乎其微，虧一大筆錢的機率更是渺茫，損失超

過1,000美元的機率大約是六萬兩千分之一。正如我和馬修‧
拉賓在針對這個主題所撰寫的「異例」專欄文章所說:「光是
拒絕這個賭博,就可以讓一名稱職的律師成功舉證你有精神疾
病。」假如拒絕擲一百次銅板是腦袋有問題的選擇,那麼薩繆
爾森的邏輯也可以整個顛倒過來,你連一次都不應該拒絕!我
和施羅莫將這種現象稱為「短視的損失規避」。如果你為了高
預期收益可以接受擲銅板一百次,照理說你就應該要接受第一
次的邀約,造成你拒絕只擲一次銅板的原因在於你對它區別看
待。

　　同樣的邏輯也可套用於股票和債券。還記得之前提過的股
權溢價之謎吧,我們問到大家為什麼要買這麼多債券,假如股
票的回報率是每年超過6%,我們的答案是:他們以過度短期
的眼光來看待自己的投資。有了6%左右的回報率,經過一段
長時間譬如二十,或三十年後,股票報酬低於債券的機率相當
微小,就跟薩繆爾森所提供擲銅板百次賽局中的輸錢機率一樣
低(雖然前者的勝率或許沒後者高)。

　　為了測試這項假設,我和施羅莫針對南加州大學最近雇用
的非教員員工進行了一項實驗。這群員工都享有確定提撥制的
退休金,所以他們得決定如何為退休金進行投資。在美國,這
類退休金通常被稱為401(k)計畫,這名字來自於使該退休福
利計畫生效的《國內稅收法》401條K項條款。我們請每位實驗
對象想像他們的退休計畫只有兩個投資選擇,其中一個風險較
高,預期回報也較高,另一個比較安全,預期回報則較低。同

時，我們提供了圖表呈現兩者在過去六十八年的回報率分布。
其中風險較高的退休基金，根據的是美國大型企業指數的回報
率，較安全的基金則是根據五年期政府債券投資組合的回報
率。不過我們沒把這一點告訴實驗對象，以免他們可能對於股
票和債券有任何先入為主的看法。

　　這個實驗的重點在於回報率被呈現的方式。在一個版本
中，實驗對象看到的是年回報率的分布，而在另一個版本，實

圖表 9 一年回報率分布

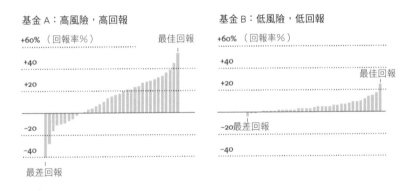

三十年平均年回報率分布

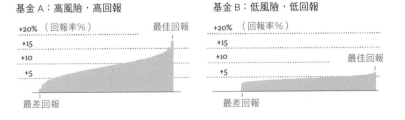

驗對象看到的是三十年期的模擬平均年回報率分布，請見圖表9。第一個版本模擬投資者每年看一次自己的退休金理財對帳單，第二個版本則模擬投資者持續三十年採用隨便買、隨時買、不要賣的傻瓜投資法。請注意，這兩張表格引援的數據是完全一樣的。這表示在理性經濟人的世界，兩張表之間的差異根本是無關因素，不應該影響到我們所做的選擇。

對身為人類的實驗對象而言，數據的呈現方式有其巨大影響。看到年回報率分布圖的員工，選擇將40%的假想投資組合投入於股票，而看到長期平均回報率分布圖的員工，則將高達90%的資金投入股票。薩繆爾森假定一般人高估了藉由重複下賭來降低風險的效果，然而上述實驗結果並不吻合他的這項假設，當常人看到具體數據，他們會偏愛風險更高的投資組合。

我們從上述分析中學到，一般人越常檢視他們的投資組合，就越不願意承擔風險，因為你越常檢視，就越會看到損失。後來我與康納曼和特維斯基進一步探索這個現象，將研究結果發表在唯一由我們三人共同發表的論文中（作者還包括康納曼當時的學生艾倫・施瓦茨，在伊利諾大學芝加哥分校擔任教授，專攻醫療決策領域）。這篇論文出版於1997年的《經濟學季刊》紀念特維斯基特集，他最後沒能親眼看到這篇文章的完成。

這篇論文提到了一項實驗，接受實驗的柏克萊大學學生要負責擔任大學捐款的投資組合經理人。當然了，他們只是假裝有這個身分，但是他們能在實驗中賺到多少錢確實得看個人

的投資績效。在不到一小時的時間內，他們賺得的錢可從5美元至35美元不等，所以應該能產生足夠的眞實感了。在前一個實驗中，實驗對象只有兩個投資選擇，其一風險與回報率都較高，另一個則兩者都較低，這次實驗的變化之處則是實驗對象檢視決策結果的頻率，有些實驗對象模擬每年度檢視八次投資結果，其他人則每年或每五年只看一次。正如「短視的損失規避」所預測，更常檢視投資結果的人往往也變得更爲小心謹愼，每年看八次的人只將41%的資金投入股票，每年看一次的人投入股票的資金則高達70%。

最近的一項自然實驗重現了上述實驗發現，而這項自然實驗之所以能形成要拜以色列變更法規之賜。芝加哥大學布斯商學院博士班學生瑪雅·雪頓發表的一篇論文探討退休儲蓄基金的主管機關在2010年改變基金對帳單的通知方式後，發生了什麼狀況。在此之前，投資人檢視自己的投資成果時，在個別基金首先看到的數字是最近一個月的回報率，然而新規定推出後，投資人看到的是過去一年的回報率，於是投資人開始將更多資產投入於股票，正如「短視的損失規避」所預測。此外，他們的交易頻率隨之下降，不再那麼常把錢投資在近期回報率高的基金。整體來說這是個非常明智的規定。

這些實驗顯示，如果我們越常檢視投資組合回報，就會變得越不願意承擔風險。在我和本納茨的「短視的損失規避」論文中，以展望理論和心理帳戶來解釋股權溢價之謎，也引用了股票與債券的歷史數據，並且詢問投資人評估投資組合的頻率

應當為何,才能使他們對股票與債券保持中立態度,或是持有股債各占一半的投資組合。我們得到的回答是一年左右。當然了,每個投資人檢視投資組合的頻率不同,不過一年一次是個頗具可信度的答案。我們每年申請一次退稅,而退休基金與捐贈基金也是每年向董事會報告一次投資成效,因此年度對帳單或許是最明顯的選擇。

我們的分析指出,股權溢價(或股票的必要報酬率)之所以高是因為投資人太常檢視他們的投資組合。倘若有人請我提供投資建議,我會叫他們買以股票為主的分散式投資組合,尤其是如果他們還年輕,然後要竭力避免閱讀報紙上除了體育版之外的任何東西,填字遊戲也可接受,但是嚴格禁止觀看有線電視財經新聞[5]。

在羅瑟・塞吉基金會共事的那年,我和坎麥爾經常一起搭計程車。有時候我們很難找到空車,尤其是當天氣寒冷或城裡有大型集會活動時,我們偶爾會跟計程車駕駛聊天,問他們如何決定每天的工作時數。

絕大多數駕駛是靠行在車隊龐大的公司。他們承租十二小時的車,通常從早上五點到下午五點,或從下午五點到清晨五點[6]。駕駛得先付統一金額的計程車租金,還車時必須把油箱加滿。他可以保留按里程收費的車資和額外得到的小費。我們問駕駛:「你如何決定什麼時候收工?」以紐約市的交通來看,十二個小時可說是相當長的工作時間,尤其駕駛還得特別留意路上的行人。有些駕駛說他們採取的是目標收入策略。付

完計程車租金與汽油費之後，他們便爲這一天打算賺多少錢設定目標，一達到目標便結束這天的工作。

人會努力工作到什麼程度，一直是我和坎麥爾，以及魯文斯坦在思考的研究題材，我們稱之爲「努力」計畫。我們在此之前便已討論過這個概念，也進行了一些實驗室試驗，可是還沒找到我們喜歡的切入角度，於是琢磨著或許研究計程車駕駛的實際決策正符合我們的目標。

所有駕駛都有一份記錄每項車資的車程報表，內容包括接客時間、目的地，以及車資，同時記錄了還車的時間。坎麥爾設法找上一位計程車公司的主管，對方同意讓我們影印一大疊車程報表。我們後來又取得紐約市計程車禮車委員會的資料來充實數據。由於資料分析變得頗爲複雜，於是請來琳達・鮑柏克助陣，她是勞動經濟學家，也是羅瑟・塞吉夏令營的畢業生，嫻熟於計量經濟學的技巧。

這篇論文要提出的核心問題是，在有效工資較高的日子裡，計程車駕駛的工作時間是否也會延長。我們的第一步是顯示高工資與低工資的日子確實存在，其次是證明當天稍早的收入可用以預測當天稍晚的收入。這一點是眞的。在繁忙的日子裡，計程車駕駛每小時賺得的收入增加，假如額外多開一小時的車，總收入可望隨之上升。建立這項前提之後，我們得到一個令經濟學家大爲吃驚的結果，也就是工資越高，駕駛的工作時間就越短。

基本經濟學告訴我們，需求曲線必然向下傾斜，而供給

曲線則是向上傾斜，也就是說，工資越高，勞動力的供給就越多，但是我們的研究結果卻恰恰相反！我必須先釐清這些結果說了什麼和沒說什麼。就跟其他經濟學家一樣，我們原本相信假如計程車駕駛的工資加倍，就會有更多人想以開計程車維生。在任何我們有理由相信這天會生意繁忙的日子裡，決定休假一天到海灘玩的駕駛應該會比較少，就連行為經濟學家也相信，價格上漲會使買的人變少，而工資上漲會讓供給變多。然而駕駛決定出門幹活的那天，他們對於今日預計工作的時間落入了狹隘思考，一次只看一日所得，使得他們犯下在生意好的日子，工作時間反而比生意差的日子更短的錯誤[7]。

　　不過，並非所有的駕駛都會犯這種錯。駕駛計程車是一種類似電影《今天暫時停止》的學習經驗，同樣的事天天發生，駕駛們隨著時間過去學會了克服這種偏誤。我們發現，假如依照實驗對象的工作年資將其分為兩半，越有經驗的駕駛無一例外的都表現得更加明智，大部分時候會在工資較高的時候延長工作時間，而非縮短工作時間。不過，這當然使得上述效應在菜鳥駕駛身上表現得更為強烈，意即他們格外傾向於設定當天的目標收入，一達到目標就收工回家。

　　要將狹窄框架套用於此處，我們不妨假設駕駛是每個月追蹤自己的收入，而非每天追蹤。若他們決定每天工作同樣時數，可能會比我們的例子多賺5％；若他們在生意好的日子工作得久一點，在生意不好的日子縮短工時，可能會比每天固定工時的人多賺10％。我們懷疑每日目標收入是一種自我控制

手段，特別是對菜鳥駕駛而言。「一直開到達成收入目標，或做滿十二小時工作時間上限爲止」是個容易遵循的規定，更別說這可以讓你對自己，或是對在家等候的配偶有個交待，總比今天之所以提前收工是因爲你沒賺到多少錢要容易說得過去，提早回家得忍受一番冗長嘮叨，除非你的配偶恰好是個經濟學家。

　　這份計程車論文也發表在《經濟學季刊》紀念特維斯基特集中。

---

① 一個近期的研究顯示，行爲干預可在這方面派上用場，雖然所運用的技術在當時還不存在，只要發簡訊提醒病患服用處方藥物（這項研究觀察的是降血壓或降膽固醇藥物）就能將忘記服藥，或因爲其他原因而未服藥的病患人數從25%降低至9%（參考David Wald等人於2014年發表之論文）。

② 他們之所以能做得到是因爲技術上的原因：標準理論針對股權溢價與無風險資產回報率之間的關係做出了預測。在傳統經濟學世界，當無風險資產的實質（通膨調整後）利率處於低檔時，股權溢價就不可能會有多高。在他們研究的那段期間，短期國庫券的實質利率還不到1%。

③ 雖然看似只有個位數差異，其實差異頗大。若每年成長1%，投資組合要翻倍得花上七十年。若每年成長1.35%，則是花五十二年。但假如成長率是7%，那麼只須十年就能達到翻倍了。

④ 其實也不然，以下是他的論文結語：「毋須再多說，我已經表明觀點，並且只用一個音節的英文字來做定論。」事實上，他的論文不小心捎帶了「再度」（again）這個兩音節的字。提供我這項資

料來源以及發現「再度」這個字眼的人,是目光銳利的瑪雅‧巴爾-希勒。

⑤ 當然,這並不是說股票只漲不跌,大家近年才親眼目睹股市狂跌50%。這就是我為什麼認為投資人應隨著年紀增長,逐漸調降投資組合中的股票比率。被大部分退休金計畫列為預設投資策略的目標期限基金,現在也開始依循上述策略。

⑥ 他們選擇許多人正要離開公司的下午五點交班,特別令人感到惱火。由於許多車隊位於皇后區,離曼哈頓市中心頗有段距離,駕駛們通常從下午四點開始陸續返回還車,亮出暫停載客的牌子。最近一份研究發現這導致下午四點至五點間,路上的計程車數量相較於前一小時減少了20%。完整報導參見Michael M. Grynbaum在2011年《紐約時報》的文章。

⑦ 還記得本書之前討論過的Uber與高峰時段加價吧。倘若駕駛當中有一些人是這樣做的,高峰時段加價帶動駕駛人供應量增加的效果就會受到局限。一個關鍵問題就是,真的有許多駕駛會在不開車時也隨時留意加價消息,當價格一上揚就跳進車子衝出去載客嗎?這問題得看Uber才能得到答案。倘若做出這種反應的駕駛夠多,那麼駕駛在撈到十倍車資之後提前收工的傾向就會減弱。當然了,加價或許有助於將計程車分散至需求較高的地方,假使加價時段長到足夠讓計程車趕到那裡。

第6部

行為偏誤對金融市場造成的影響

（1983年～2003年）

　　除了與本納茨對股權溢價之謎的共同研究之外，我還有一個東西尚未提到：金融市場的行為現象探查。鑽研這個主體可說頗具風險，卻有機會得到豐厚回報，只要讓大家看到行為偏誤能對金融市場造成影響，沒有比此更有助於推動行為經濟學的發展了。金融市場不僅利害關係巨大，也為專業交易員提供了利用他人錯誤的充沛機會，任何非理性經濟人（業餘人士）或非理性經濟人的行為（甚至是專家本人行為），理論上都應該沒有生存機會。經濟學家們，尤其是那些專攻金融經濟學的專家，他們的共識就是金融市場最不可能出現行為不當的證據。金融市場最不可能窩藏行為異例的事實，意味著若我能在這裡成功找到異例便可以吸引到所有人的注意，抑或如同我的經濟學家朋友湯姆・羅素所說，金融領域就像歌手法蘭克・辛納屈那首名曲中的紐約：「若你能在這裡成功，那麼你在任何地方都能夠成功。」

　　不過那些聰明錢賭我們不會成功，根本沾不著紐約州紐約市的邊，我們比較有可能被困在紐約州的滑雪勝地綺色佳。

第 *21* 章

選美比賽

　　我很難形容一般人對於金融市場的行為經濟學抱持何等懷疑的態度，宣稱消費者會做些奇怪的事可能還有人信，但是金融市場被認為是價格絲毫不受愚蠢行為影響的地方。大多數經濟學家假設（其實這是個恰當的初始假設），就算有人在涉及金錢時處理不當，幾個聰明人也會趁機與他們對做，並且「糾正」價格，所以這些不當行為對市場價格並無影響。本書第17章提到的芝加哥大學研討會中，效率市場假說被這個圈子的人認為已證明為真。1980年代初，我剛剛開始研究金融市場心理學時，羅徹斯特大學商學院的同事麥可・簡森就這麼寫過：「本人相信經濟學中，支持效率市場假說的實徵證據，比起其他命題都要來得更加堅實可靠。」

　　「效率市場假說」一詞是由芝加哥大學經濟學家尤金・法馬率先提出。法馬不只是金融經濟學家當中的在世傳奇人物，也被麻州波士頓附近的莫爾登天主教高中選入運動名人堂，這是他最珍視的成就之一（被問到入選名人堂和獲得諾貝爾獎哪一個更令他自豪時，法馬回答是前者，因為名人堂的獲獎人數

要少得多）。他在塔夫斯大學主修法文，畢業後前往芝加哥大學就讀研究所，由於表現搶眼，校方主動提供他一份畢業後的教職（這是十分罕見的），然後他就一直留在芝大。布斯商學院最近才慶祝過他的就職五十週年紀念，他與默頓・米勒同為芝大金融知識界領袖，直至米勒辭世。法馬迄今仍負責指導金融學系博士班學生的第一堂課，以確保他們有個正確的開始。

效率市場假說有兩個互相關聯，卻在觀念上截然不同的組成要素[1]。其中一個要素涉及價格的合理性，另一個則關乎「打敗市場」是否有可能性（我等一下會說明這兩個概念之間如何相關）。我將第一個命題稱為「價格是對的」，我在羅徹斯特大學同事克里夫・史密斯曾用這一詞來描述股市，我們可聽到他用濃濃的南方口音在教室裡叫喊：「價格是對的！」這個概念的核心就是任何資產都會以它的真實「內在價值」賣出。假如一家公司的合理估值是1億美元，那麼股票交易情況終將使得該公司的總市值達到1億美元，無論是個股或整體市場均可套用這項原則。

長久以來，金融經濟學家生活在虛幻的安全感中，認為效率市場假說中的「價格是對的」要素無法直接驗證真偽，所以才被稱為假說。此外他們推論內在價值也是無法觀察的，畢竟誰敢鐵口直斷說奇異、蘋果電腦，或道瓊工業指數的合理或正確股價究竟是多少？要建立對一個理論的信心，沒有比相信它不可被驗證更管用的了。雖然法馬不愛強調理論中的這個要素，但是它在許多方面其實是效率市場假說中更為重要的成

分。假如價格「正確」，泡沫便絕對不會產生。在當時，若有人出言反駁這項要素，那可是會成爲大新聞呢[②]。

　　效率市場假說的早期學術研究，大部分強調的是該理論的第二個要素，我稱之爲「沒有免費的午餐」原理，也就是任何人都無法勝過市場的概念。更精確地說，由於所有能公開取得的訊息都已經反映在現行股價，要能確切預測未來股價並從中獲利根本是不可能的。

　　支持這項假說的論述在直覺上頗吸引人。假設一檔股票是每股30美元，而我很確定它沒多久就會漲到每股35美元，我只要在股價低於35元時買進股票建立部位，預測成眞時悉數賣出，就可以輕鬆賺進一大筆財富了。不過，當然了，倘若我用以預測股價的資訊是公開的，我就不太可能是唯一有慧眼的人，一旦資訊傳開，每個得知消息的人都會開始買進股票，價格將瞬間跳漲至每股35美元，獲利的機會也隨之變成稍縱即逝。這套邏輯頗有說服力，且早期的測試似乎驗證了它的眞實性。從某些方面來看，麥可‧簡森的博士論文提供了最可信的分析，他在論文中指出，專業經理人的表現並未優於市場平均水平，而這項事實迄今依舊成立。倘若連專業人士都打敗不了市場，那麼還有誰做得到呢？

　　直到1970年代，效率市場假說才被正式提出。既然它同樣是建立在其他經濟學領域早已接受的最佳化與均衡原理之上，這麼晚才問世倒有些令人驚訝。一個可能的解釋是，金融經濟

學這個領域發展得比其他經濟學分支稍微慢些。

　　如今金融學已經是備受尊崇的經濟學分支，無數諾貝爾獎頒發給主攻金融的經濟學家，包括2013年的經濟學獎[3]。但是過去可不是這樣，雖然該領域的一些大師級人物，譬如肯尼斯・亞羅、保羅・薩繆爾森，以及詹姆斯・托賓都在1950與1960年代為金融經濟學做出了重大貢獻，可是金融在當時還不是經濟系的主流科目。1970年代之前，商學院裡的金融學仍屬學術荒漠，相關課程與會計課程往往大同小異，學生要學的就是判定哪支股票值得投資的最佳評估方法，其中涉及的理論不多，嚴謹的實證研究更是稀少。

　　現代金融經濟學始於哈利・馬可維茲、默頓・米勒，以及威廉・夏普等理論家，但是它成為一門重要的學科卻是因為兩項關鍵發展：便宜的電腦運算能力與龐大數據。數據的突破發生在芝加哥大學，該校的商學院獲得一筆30萬美元撥款，建立了1926年迄今的所有股價資料，「證券價格研究中心」自此誕生。

　　證券價格研究中心在1964年公布第一批數據，該領域的研究旋即在芝加哥大學學者的領路之下開始蓬勃發展。這群學者當中的要角包括了米勒、法馬，以及一群格外傑出的研究生，譬如麥可・簡森、理查・羅爾，以及麥倫・史諾斯。羅爾是長年任教於加州大學洛杉磯分校的卓越學者，而史諾斯是「布萊克-史諾斯期權定價模型」的共同發明人。由於這方面研究進展得十分快速，到了1970年，支持效率市場假說的理論與證

據已建立得相當充分，法馬因而得以對過往文獻做出全面性的回顧與檢視，其論述在多年後仍被視爲效率市場聖經。法馬奠定這項基礎的八年後，簡森便公開宣稱效率市場假說已經被證實。諷刺的是，這句話出現在《金融經濟學期刊》的特刊引言，而那份特刊的主題是異例，換句話說它所集結的論文提出了許多背離效率市場假說的案例。

簡森與其他經濟學家對效率市場假說的信心，一方面是由於這個觀念的背後邏輯深具說服力，另一方面則是實證數據的支持。每當提到金融市場的時候，看不見的手勢就變得特別令人信服，沒人會稍加抗拒質疑。1970年代是一段類似革命發生在總體經濟學的時期，建立於理性預期的模型聲勢逐漸上升，凱恩斯主義經濟學在學術圈內則日趨式微，原因之一可能是凱恩斯的著作不再是研究所學生的必讀教材，發生這樣的情況實屬遺憾，因爲他老人家若還在世或許就能讓學術辯論變得更不偏不倚，他可是行爲財務學的眞正開山祖師。

人類的動物本能

凱恩斯最讓世人銘記在心的，主要是他對總體經濟學的貢獻，尤其他對政府是否應該在景氣衰退或蕭條時，運用財政政策來刺激需求的爭議性論證。無論你對凱恩斯的總體經濟學抱持著什麼樣的看法，都不應該刻意忽視他對金融市場的見解。對我個人來說，他這本名氣最大的著作《就業、利息和貨幣通

論》當中，洞察力特別深刻的一章談的便是這項主題。凱恩斯
對金融市場的觀察部分來自於他身為投資人的重要經驗，他持
續多年成功地管理劍橋大學國王學院的投資組合，首開先河提
出將捐贈用來投資有價證券的概念。

誠如我們先前所討論，與凱恩斯同時代的許多經濟學家對
於人類行為，其實有著相當好的直覺，凱恩斯是當中在這方面
見解特別深刻的一位。他認為情緒或他所謂的「動物本能」，
在個人做決策時扮演著重要角色，也包括了投資上的決定。有
趣的是，套用現代用語來說，凱恩斯認為市場在二十世紀初期
比較「有效率」。當時的經理人持有公司大部分股票，知道這
家公司真正的價值為何，他相信隨著股權分散開來：「對於那
些股票持有者或考慮買入的人來說，評估這些投資所依據的真
正知識要素……將嚴重減損。」

1930年代中期，當凱恩斯正埋首撰寫《就業、利息和貨
幣通論》之際，他判定市場已經變得有些瘋狂了。「現有投資
獲利的每日波動，顯然是無關緊要的短暫現象，卻對市場產生
了過度，甚至荒謬的影響。為了支持這項論點，他指出冰淇淋
公司的股價在夏季月份隨著銷售量而攀高，實在頗令人感到意
外，因為在一個效率市場中，股價反映的是公司長期價值，照
理說夏暑或冬寒都不應該反映在股票估值上，像這種可預期的
季節性股價變化模式，在效率市場假說中是絕對不可以出現的
④。

效率市場假說的捍衛者仰賴「聰明錢」來維持市場效率，

不過凱恩斯懷疑專業的經理人是否眞是扮演「聰明錢」的角色，他反而認爲行家比較有可能是騎上非理性繁榮的浪頭，而非逆勢操作，原因之一是對做的風險太大了。「世俗智慧教導我們，寧可因依循常規而損及名譽，也不要靠著顚覆常規來獲取成功。」因此凱恩斯反而認爲專業經理人玩的是複雜的推測遊戲，他將選出最佳股票比喻男性主導的1930年代倫敦金融界常見競賽：從一組照片中挑出最漂亮的臉孔。

專業投資或許就像那些報紙舉辦的競賽，參賽者必須從上百張照片中挑出六個最漂亮的臉孔，而得獎者是那些挑出的照片，最接近所有參賽者平均偏好的人：所以參賽者挑的不是他自己認爲最漂亮的臉孔，而是他認爲其他參賽者會喜歡的臉孔，以至於所有參賽者都從同一個角度來看問題。在這種情況下，獲選的並非出於個人最佳判斷而挑出的眞正最漂亮臉孔，也非平均來說大家眞心認爲最漂亮的臉孔。我們來到了第三個層次，將智力全用於預測平均看法對於平均看法可能爲何的預期。我相信有些人還能做到第四個、第五個，甚至更多層次的預測。

我相信凱恩斯的選美比賽比喻，迄今仍是對金融市場運作和行爲因素的所扮演的關鍵角色最恰如其分的描述，雖然要想透徹可能得費點腦力。爲了解凱恩斯這項比喻的要旨，並且欣賞其中的精妙之處，請試試解答以下題目：

　　從0到100之間猜個數字。你所猜測的數字必須盡可能接近所有參賽者猜測數字平均值的三分之二。

　　為了協助各位思索這個題目，我們不妨先假設有三個參賽者，他們各猜20、30與40，所以猜測數字的平均值是30，而30的三分之二是20，所以猜到20的人贏得比賽。

　　在你繼續往下讀之前，請先猜一個數字。真的，你應該親身試試，若你真的試過了，本章接下來的部分讀起來會更有意思。

　　開始猜數字之前，你有任何事想要先問嗎？若是如此，你的問題會是什麼？我們稍後會再回到你的問題。現在，我們來想想一個人會如何思考怎麼玩這個遊戲吧。

　　首先，是我所謂「零層次」的思考者。他說：「我不知道，這好像是個數學問題，但是我不喜歡數學問題，尤其是應用題。我就隨便挑個數字吧。」許多在0至100之間隨機挑選數字的人，最後會產生平均值為50的猜測結果。

　　那麼第一層次的思考者呢？他說：「其他人都不喜歡費神思考，他們可能會隨便挑個數字，產生平均值為50的結果，所以我要猜33，也就是50的三分之二。」

　　第二層次的思考者可能會說：「大部分的人是第一層次思考者，他們覺得其他的人都有點笨，所以他們會猜33。因此我要猜22。」

　　第三層次的思考者認爲：「絕大多數人會搞清楚這遊戲該怎麼玩，而且會想到大部分人猜的是33，如此一來他們的答案會是22，所以我要猜15。」

　　當然，這套思考邏輯一路發展下去根本沒個了局。現在你想改自己的答案了嗎？

　　接下來還有另一個問題：上述場景中的「納許均衡」是什麼？這個術語取名自約翰‧納許，暢銷書和傳記電影《美麗境界》的主人翁。這個遊戲中的納許均衡是一個倘若每個人都猜到，就沒有人會想再變更的數字，所以在這個遊戲中，納許均衡爲0。想了解爲什麼，我們先假設大家都猜到3，於是猜測數字的平均值爲3，而你想猜這個數字的三分之二，也就是2。但是如果大家都猜2，你會想猜1.33，依此類推。只有當所有參賽者都猜0的時候，才不會有人想要變更自己所猜的數字。

　　或許你現在已經想到了值得在猜數字之前提出的問題：其他參賽者是什麼人，他們懂得多少數學與博奕理論？假如你人在當地的酒吧，特別是到了深夜，其他人可能沒有深入思考，所以你可以猜33這個數字。只有參加滿屋子都是博奕理論專家的研討會時，你才可能會想猜接近0的數字。

　　現在我們來看看，這個遊戲如何與凱恩斯的選美比賽扯上關係。從形式上來說，這兩個比賽的設置是一模一樣的，在猜數字比賽，你得猜其他人會怎麼猜其他人在想什麼，就如同凱恩斯的選美比賽。事實上，「猜數字遊戲」在經濟學通常和「選美比賽」被當成同一回事。

　　第一個對這個有趣遊戲進行實驗的是德國經濟學家羅斯瑪麗·納格爾，她在巴塞隆納的龐培法布拉大學任教。拜英國《金融時報》之賜，我在1997年有了個機會透過大規模試驗重現納格爾的研究發現，當時《金融時報》請我寫一篇關於行為財務學的短文，而我希望引援猜數字遊戲來闡述凱恩斯的選美比賽理論。於是我有了個點子：報社能否在這篇文章登出的幾週前，舉辦一次猜數字比賽？這麼一來我就能在文章中引用剛從《金融時報》讀者身上得到的最新數據了。結果《金融時報》點頭同意，英國航空則提供兩張倫敦到美國的商務艙機票做為獎品。現在，根據你目前已有的知識，若你和這群《金融時報》讀者玩遊戲，你會猜什麼數字呢？

　　獲獎的數字是13。大家猜的數值分布可見於下頁圖表10，如你所見，《金融時報》的許多讀者聰明到猜出了這個遊戲的納許均衡是0，但是他們也沒把握認定這就是獲勝答案[5]。還有不少人猜1，預留了有些呆瓜還沒完全「搞懂」的可能性，所以他們將平均猜測值提高至0之上[6]。

　　許多第一層次與第二層次的思考者，猜的數字是33與22，但是那幾個猜99和100的傢伙是怎麼回事？我們後來發現他們都來自牛津大學的一棟學生宿舍。由於每個參賽者只能提出一個數字，有人便乾脆代表所有室友填寫了一堆明信片，我和研究助理們一時無法決定這些數字是否該剔除，既然每張明信片都附上了不同的名字，還是決定將它們納入，使得獲獎數字從12變成13。幸好，那棟學生宿舍裡的人都沒猜到13。

圖表 10　《金融時報》讀者的猜測値分布

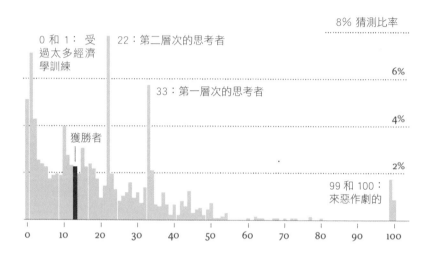

我們請參賽者對自己的邏輯做個簡短解釋，若發生平手狀況就可以用來分出高下。他們的解釋爲我帶來了意外收穫，其中有些還挺聰明的[7]。

有個詩人猜數字0：「行爲學家觀察人，一個《金融時報》讀者，所以他是個聰明的傢伙，懂得競賽規則，並將與之對抗，因而將數字縮減至無窮小。」

有個保守黨人認定，這個世界根本不會是理性的，所以他猜數字1：「答案應該是零……但是工黨獲勝了。」

一名猜數字7的學生如此合理化他的選擇：「因爲我爸知道數字與市場的平均數量，他猜到10就沒勇氣再往下了。」就跟許多年輕人一樣，他低估了自己的爸爸，要是他能夠認可自

己的老爸比一般參賽者多想到一層，說不定就贏得比賽了！

最後，另一名詩人猜數字10：「67以上只有傻瓜會選，45以上標示著數學盲，1到45的平均是23，所以邏輯指出15，我留下10給自己。」

這些提出猜測數字的《金融時報》讀者展現了不同程度的思考精密程度，我們可從中看到凱恩斯的選美比賽比喻，仍然是對專業經理人意欲如何最適切的描述。許多投資者自稱「價值型經理人」，意思是他們要買價格被低估的便宜股票；有些則自稱「成長型經理人」，意思是他們買進股價會快速成長的標的。不過，價格太貴的股票，或公司將萎縮的股票本來就沒人想買，因此這些經理人真正打算做的是什麼？他們都想買進價值會增長的股票，換句話說，買進他們認為其他投資者往後將認定價格應該上漲的股票，而其他投資者，也會反過來押注在其他人的未來估值。

買入一檔市場現在還看不上眼的股票，其實是沒問題的，只要其他投資者之後能夠轉而認同你的看法就行了，而且時機宜早不宜遲。還記得凱恩斯的另一句名言吧：「長期來說，我們都死了。」對一個投資組合經理人來說，典型的長期通常不超過幾年，說不定還只有幾個月呢。

① 尼可拉斯‧巴伯瑞斯是我多年來的金融學導師之一，他是我在芝加哥大學的同事，如今任教於耶魯大學，本書此處的討論引援自我們對行為財務學的研究（參見我與巴伯瑞斯於2003年共同發表之論文）。

② 實驗經濟學家做過了無數試驗，在實驗室環境製造出預料中的泡沫（參考Smith、Suchanek、Williams於1988共同發表的論文；Camerer於1989年發表的論文；以及Barner、Feri、Plott於2005年共同發表的論文），但是金融經濟學家對這些成果深表懷疑，部分原因是上述實驗沒讓專業人士有機會介入並糾正錯誤價格。

③ 2013年的諾貝爾經濟學獎頒給尤金‧法馬與羅伯‧席勒，本章與第17章皆已分別說明他們的論點。第三個共同得獎者是我的芝加哥大學經濟學家拉斯‧彼得‧韓森，他的觀點介於法馬與席勒的兩個極端之間。

④ 無論這種價格波動模式是否容許存在，近期的一份論文支持凱恩斯的冰淇淋公司案例。業績有淡旺季之別的公司，確實在盈利較高時，股價也會隨之攀升（參考Chang等人於2014年發表之論文）。

⑤ 這又是一個規範性經濟理論，在此即納許均衡為0，描述真實情況完全失準的例子。向規範性理論尋求猜測數字的建議同樣不是個好主意，現在已有雨後春筍般出現的研究文獻，嘗試提供更好的描述性理論模型。

⑥ 有些參賽者猜數字1的另一個原因，是注意到比賽規則中的一個小語病。原本規則是要求大家在0與100「之間」猜個數字，於是他們認為「之間」暗示著猜0或100都是不容許的，雖然這對比賽結果沒什麼影響，但是我從這次的經驗中學到教訓，將0與100「之間」改成了「從」0「到」100。

⑦ 其他人就沒這麼聰明了，至少有三個人猜數字33，是採用Excel的不重複隨機亂數生成功能，進而決定如果從0到100隨機選擇數字，

平均值會是50。或許我對《金融時報》的讀者有過高的數學能力期
望，我以為他們不需要Excel也能算出0到100的隨機選擇數字平均
值為50。這證實了我長期以來的懷疑，果然許多人是用電子試算表
來代替大腦思考。

第22章

股市過度反應了嗎?

　　我之所以涉入金融市場領域,要歸功於第一個被我說服共同投入心理學與經濟學的研究所學生韋納·德·邦特,他給了我一個研究金融市場的機會。我在1978年秋季認識邦特,那是我在康乃爾大學任教的第一個學期,邦特是比利時交換學生,也是那學期的經濟學暨公共政策課堂上表現最優異的一個,後來他在我授課的另一堂春季課程同樣也鶴立雞群。我鼓勵他繼續升學取得博士學位,他在比利時服完兵役後果然照做了。我們只有一個問題:邦特真正感興趣的是金融,而我對此所知甚少。

　　幸好,雖然我從來沒修過任何一堂金融課,但是我在羅徹斯特商學院研究所任教時學到了些基本概念。當時許多商學院的頂尖教師專攻金融領域,因此這個主題處處可見,於是我想出了一個計畫,假如我們能想出注入心理學的好方法,我就來擔任邦特的論文指導教授。此外,專攻金融的同事可幫忙確認我們採用的研究方法都是金融經濟學普遍接受的。雖然機率不高,可是說不定能發現有趣的事,而且研究結果可以被認真看

待。有些同事告訴我，鼓勵邦特投入於這個研究主題實在有違專業，可是他本人倒不怎麼擔心，邦特是真正的知識分子，只對尋找真相有興趣，因此我和他一起學習金融，雖然大部分時候是他在教我。

　　構思這篇論文的時候，邦特希望能從心理學挑出一個假設，將它用於預測某些先前未曾在股市中觀察到的影響。有些作法會比較容易達成，比方說為一些已經被觀察到的股市效應提出行為學上的合理解釋，就如我和本納茨曾試著解釋股票回報為何高於債券（股權風險溢價），然而為舊效應提出新解釋的問題在於我們很難證明自己的解釋正確無誤。

　　以證券市場的高成交量為例。在理性的世界，成交量照理說應該很低，甚至幾乎沒有成交量，經濟學家有時候稱此為「格魯喬・馬克思」定理，喜劇演員格魯喬曾說過這句名言：「他絕對不會想加入任何願意讓他成為一員的俱樂部。」這個笑話的經濟學家版本（自然不會有什麼幽默感），便是沒有任何理性主體會想買進其他理性主體有意賣出的股票。想像一下，湯姆與傑利這兩名金融分析師正在打高爾夫球，湯姆提到他正考慮買進一百張蘋果公司股票，傑利說可巧了，我正想著賣出一百張股票呢，我可以把股票賣給你，這麼一來就不必讓我的經紀人抽佣了。在他們同意成交之前，兩人都各自重新考慮了一番，湯姆知道傑利是聰明人，他自問：傑利為什麼要賣出股票？傑利對湯姆也有同樣想法，所以他們取消了這次交易。同樣的，倘若每個人都相信每支股票已達到正確價格，而

且未來也將維持在正確價格，如此一來大家還有什麼理由進行交易，至少打敗市場將不再是交易目的。

　　沒人會把這種「無交易定理」推向極端，然而絕大部分的經濟學家同意，或至少在被逼問的時候同意，股市交易量確實出乎意外的高。儘管理性模型確實容許估價看法的差異存在，這還是很難解釋在一個理性經濟人組成的世界為何會出現每月5%的股票換手率。如果你假設有些投資人就是過度自信，高成交量的出現就十分自然了。傑利與湯姆做交易之所以順利是因為他自認為比湯姆聰明，而湯姆也認為自己比傑利聰明，他們高高興興地成交，各自都覺得占了朋友誤判的便宜有些不好意思。

　　我發現，用過度自信來解釋高成交量其實還挺有可信度，但是要證明這一點根本是不可能的。我和邦特想做些更具說服力的研究，希望運用心理學中的一項發現，藉以預測未曾在金融市場發掘的現象，而且這現象若是金融經濟學家過去認為不可能發生的事就更好了。簡單得很嘛。

　　我們打算運用康納曼與特維斯基的發現：常人願意根據薄弱數據來做出極端預測。他們做了一些經典實驗來闡述這個觀點，其中一個實驗要受測者根據每個學生的單一事實，預測一群學生的學業平均成績（GPA）。他們設計了兩種實驗情境（為求簡化我刻意漏掉第三種情境，也就是受測者被告知學生在精神集中度得到成績的十分位數。該情境的實驗結果落在另外兩個情境之間）。在第一個情境中，受測者被告知學生GPA

的十分位數，也就是它是否落在前10%（百分位數第90至100
之間），第二個10%（百分位數第80至90之間），依此類推。
另一群受測者則未被告知成績，可是他們看到每個學生在「幽
默感」測驗中得到成績的十分位數。

　　十分位數的GPA當然是真實GPA成績的一個絕佳指標。假
如有人告訴你，雅典娜的GPA落在前10%，你就可以合理推測
她應該是拿到了高分，譬如滿分4.0拿到3.9分。即使幽默感與
GPA之間有關聯，照理說也是非常薄弱。

　　若康納曼與特維斯基的實驗對象做出理性行為，那些被
告知學生GPA十分位數的實驗對象對於真實GPA的預測，應該
比那些只被告知幽默感測驗成績的實驗對象，要做出更為極端
（非常高或低）的預測，後者所做出的預測應該和該校的平
均GPA相差不多。簡言之，他們不應該讓幽默感成績影響到自
己所做的預測。然而誠如各位在下頁圖表11所見，結果並非如
此，根據幽默感成績所做的預測，就和根據GPA的十分位數所
做的預測一樣極端。事實上，他們對幽默感成績落在前10%的
學生所做的GPA預測，就跟對GPA十分位數落在前10%的學生
所做的GPA預測，完全是一樣的！對於這個結果，我們只能說
是實驗對象對於他們得到的幽默感成績資訊過度反應了。

　　投資人對凱恩斯所聲稱「短暫且無關緊要」的訊息，是否
也表現出了相同行為？倘若投資人確實過度反應，我們又該如
何將它呈現出來？

　　過度反應的間接證據已經存在，譬如投資大師班傑明‧

圖表 11　預測學業平均成績

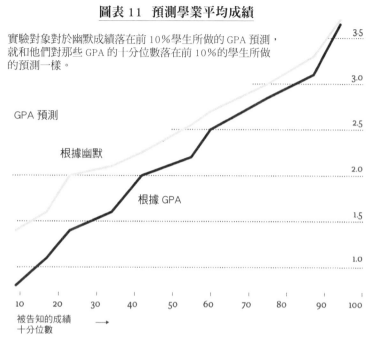

實驗對象對於幽默成績落在前 10％學生所做的 GPA 預測，
就和他們對那些 GPA 的十分位數落在前 10％的學生所做
的預測一樣。

GPA 預測

根據幽默

根據 GPA

3.5

3.0

2.5

2.0

1.5

1.0

10　20　30　40　50　60　70　80　90　100

被告知的成績
十分位數　➞

葛拉漢首創的「價值投資」這個行之已久的傳統。1934年，他
與大衛・陶德共同執筆出版了投資聖經《證券分析》，後來又
在1949年出版了《智慧型股票投資人》，兩本書迄今仍印行
不輟。葛拉漢和凱恩斯一樣都身兼專業投資人與教授兩職，他
任教於哥倫比亞大學，學生華倫・巴菲特成爲傳奇投資人，巴
菲特並將他視爲智識上的偶像。葛拉漢經常被認爲是「價值投
資」之父，而價值投資的目標就是找出內在長期價值被低估的
證券，關鍵在於知道該如何做到。一檔股票什麼時候算是「便
宜」？葛拉漢主張決定股票究竟算便宜還是貴的一個簡單方
法，就是用本益比（P／E）來評估，也就是每股股價除以每股

稅後純益。若本益比偏高，這表示投資人為每股獲利支付了許多成本，因此高本益比也可用來預測獲利將快速成長到足以合理化現行高股價的程度。若獲利未能如預期般快速增長，那麼股價就會隨之下跌。相反的，對於一檔低本益比的股票，市場的預測是未來獲利將維持低檔或甚至下滑，當獲利回彈或只是維持平穩，股價就會跟著上揚。

葛拉漢在他仍在世時的最後一版《智慧型股票投資人》當中（此後的版本由其他人修訂）放了一張簡單的表格，展示出價值投資法的效力。從1937年起，他買下道瓊工業平均指數（美國一些規模最大的公司）列入成分股的三十檔股票，依照本益比做出排名。接著，他建立了兩個投資組合，一個包含了本益比最高的十檔股票，另一個則包含本益比最低的十檔股票，結果那些「便宜」股票的績效竟然大幅領先較昂貴的投資組合。從1937年到1969年這段期間，投資1萬美元買入的便宜股票，最後總值高達6萬6千9百美元；昂貴的投資組合僅增值到2萬5千3百美元（假如把這三十檔股票全部買進，最後的總值會是4萬4千美元）。葛拉漢為這項發現提供了某種行為學上的解釋，便宜股票就是那些不受歡迎或人氣消失的股票，而昂貴的股票風頭正盛。便主張我們應該逆勢操作才能打敗市場，雖然這並非任何時刻都能奏效。他指出，買下道瓊工業指數最便宜成分股的策略在1917年至1933年這段期間發揮不了效果，而且他也提醒：「由於忽略或偏見而造成的股價低估，有可能持續過長的時間。同樣道理也可套用於投資人一頭熱或人為刺

激造成的股價大漲。」上述建議在1990年代的科技泡沫期間十分值得遵循，當時的價值投資表現得奇差無比，因為最昂貴的股票，也就是那些熱門的網路概念股漲個不停，把其他無趣的價值型股票遠遠甩在後面。

投資社群中有許多人對班傑明・葛拉漢推崇備至，然而在1980年代初期，學術圈裡大部分金融經濟學家認為他的研究已然過時，買進「便宜」股票的簡單策略，顯然並不符合效率市場假說，而且他的研究方法也實在算不上先進。各種道瓊投資組合的回報數據無疑是用手工方式計算出來的，研究人員如今有了「證券價格研究中心」提供股價的數位資料庫，也有「標準普爾財經分析資料庫」蒐集財務會計數據，將這兩個數據來源結合在一起，我們就可以做更全面性的研究。葛拉漢那種在相對較短的期間內研究一小撮股票所得到的結果，在當時的學者看來簡直是歷史軼事。

這倒不是說有人要反駁葛拉漢的價值投資主張，而是1970年代的效率市場理論認定價值投資「不可能」管用，但是它確實是管用的。1970年代末，會計學教授桑傑・巴蘇針對價值投資發表了一份完全夠格的研究報告，全然支持葛拉漢的投資策略。然而，為了讓這種論文在當時能夠出版，負荊請罪是一定要的，巴蘇用以下這段話結束他這篇論文：「總而言之，過去十四年這段期間的證券價格表現，或可說並不完全符合效率市場假說的描述。」他只差沒說「我很對不起」了。同樣的，尤金・法馬在芝加哥大學的學生羅夫・班茲也有了另一個異於尋

常的發現，就是以小型上市公司為主的投資組合，績效勝過以大型上市公司為主的投資組合，他在1981年發表的論文中做出了語帶歉意的結論：「由於發生時期頗長，所以原因不太可能是市場欠缺效率，僅僅是顯現了定價模式設定錯誤的證據。」換句話說，毛病一定出在模型漏掉了什麼，因為市場效率是絕對不會有錯的。

一位名叫大衛‧德雷曼的投資人對葛拉漢的投資策略提出了更大膽的主張。大衛當時已經成立了自己的投資公司，他在無意間看到康納曼與特維斯基的研究，可說是頭一個為價值效應提出明確為心理學解釋的人，主要是說人們傾向於以近期的過去來推想未來。1982年，德雷曼將他的概念出版成書，也就是為一般讀者所寫《新逆向投資策略》。迥異於巴蘇與班茲，他完全不為自己的想法致歉，由於這是寫給業外人士看的，學術金融圈對這本書無甚印象，不過我和邦特都讀了這本書，而且放在了心上。

我們依循德雷曼的思路，想出了一套看似可行的假設。若「本益比效應」是由過度反應造成：高本益比的股票（俗稱的成長股，因為它們勢必得瘋狂成長才能合理化高股價）漲得「太高」，因為投資人對其未來成長做出過度樂觀的預測，而低本益比的股票或稱價值型股票，跌得「太低」是因為投資人變得過度悲觀。如果以上前提為真，隨後而來的價值型股票高回報和成長股的低回報，代表的是簡單的回歸平均值。

回歸平均值的例子在生活中的每個層面俯拾皆是。若某

個籃球員在一場球賽的最高得分是五十分,他極有可能在下一場比賽拿到較低的分數。同樣的,倘若他只得到三分,是兩年來得分最低的一場,我們幾乎可以篤定他下次比賽會表現得更好。身高七呎的籃球員生下的小孩個子也高,可是通常不會長到那麼高,其他依此類推。我和邦特想到,同樣的過程或許也發生在股市中,連續幾年表現優異的公司會產生出一種他們是「好公司」的光環,進而持續快速成長。從另一方面來說,連續幾年營運虧損的公司,則被貼上什麼事都做不好的「壞公司」標籤,我們不妨將這種現象視為企業層級的刻板印象。若企業刻板印象結合了做出極端預測的傾向,就如同先前所提的幽默感測驗成績影響GPA預測,那麼回歸平均值的時機就成熟了,這些「壞」公司不若表面上看起來的那麼糟,而且平均來說,未來可能還會有出乎意料的好表現。

　　預測股市的平均值回歸似乎不是特別激進的假設,除非效率市場假說認定此事不可能發生。「價格是正確的」要素指出,股價不會背離其內在價值,所以從定義上來說,股價不可能是「便宜」的。「沒有免費的午餐」要素則說你不可能打敗市場,因為所有訊息已經反映在現行股價了。既然股票的歷史回報與本益比都已經公諸於世,這些資訊也無法用來預測未來的股價變化,所以它們全是無關的因素。要找尋回歸平均值的證據勢必得公然抵觸效率市場假說,因此我們決定看看能否找出真憑實據。

　　這項研究很簡單。我們列出在紐約證交所掛牌的所有股票

（在當時幾乎囊括了所有大型企業），並且根據一段期間的績效做出排名。這段期間必須持續得夠長，譬如三到五年，足以讓投資者對某家公司變得過度樂觀或悲觀。我們將表現得最好的股票稱爲「贏家」，最差的稱爲「輸家」，接著比較這群贏家和輸家（最極端的三十五檔股票）自此開始的表現。倘若市場是有效率的，我們預期這兩種投資組合會表現得一樣，畢竟根據效率市場假說，過去表現無法用來預測未來，但是假如我們的過度反應假設才是對的，那麼輸家的績效將凌駕贏家。

這樣的發現將達成兩項成就。首先，我們運用了心理學來預測新的異例。其次，我們可藉此支持我們所謂的「廣義性過度反應」。不像在康納曼與特維斯基的實驗中，實驗對象在預測GPA時，對幽默感的測驗成績過度反應，我們並未指明讓投資者過度反應的因素是什麼，僅僅是假設某些股價若漲跌幅度夠大，以至於在長達七年的時間成爲最大的贏家或輸家之一，投資人就有可能是對「某些因素」過度反應。

研究的結果強力支持我們的假設。我們用許多方式試驗過度反應，只要追溯的時期夠長，譬如三年，由輸家組成的投資組合績效就會勝過由贏家組成的投資組合，而且還超出甚多。舉例來說，我們在一次試驗中以五年績效來建立贏家與輸家投資組合，然後計算個別投資組合在接下來五年相較於整體市場的回報。結果輸家的回報比市場多了約30％，贏家卻比市場少了10％左右。

取得這些研究結果之後沒多久，我們就碰上了好運。赫

希‧薛佛林受邀為美國金融協會的年會安排議程,他邀請我和邦特在年會上發表我們的發現。當時美國金融協會的旗下刊物《金融期刊》每年發行一次,內容完全由年會上的論文集結而成,負責安排議程的人可從議程中提名一篇論文來出版,而美國金融協會的時任理事長則從中挑選其他幾篇。被選中的論文幾個月後就會出版,並不需要經過正式的同儕審查過程。可憐的赫希遇上了難題,他應該推薦自己將在年會中發表的論文,或是我們的論文(這個議程的第三篇論文不符合資格,因為它已經被投稿給其他出版機構了)?於是赫希結合了所羅門王的智慧,以及一點點老派作風的膽大妄為,他乾脆兩篇論文都提名。好運就是在這個時候降臨,當年的美國金融協會理事長是已故的費雪‧布萊克,即「布萊克—史諾斯期權定價模型」的共同發明人,他頗有些叛逆性格,最後決定兩篇論文都出版。

我和邦特的論文在1985年出版,後來變得頗富盛名,但是我相信若非赫希幫我們開了後門,讓這篇論文能夠在期刊露面,我們可能得等待多年才能出版,甚至根本不會出版。首先,每個人都「知道」我們的研究結果一定是錯的,因為它明顯違背效率市場假說,所以期刊審稿人會抱持著高度懷疑的態度,而且我們也絕對不會同意寫下巴蘇教授被迫做出的歉意結論,邦特太有原則,而我本人則太頑固。

第*23*章

對過度反應的反應

　　既然已經有事實證明「輸家」股票的回報勝過市場，要拯救效率市場假說中的「沒有免費的午餐」要素，也就是不可能打敗市場的這套論述只剩下一個辦法。市場效率擁護者想出的解決之道是求助於一個重要的技術性細節：假如你打敗市場的方式是甘冒更多風險，這樣的結果就不算是違反效率市場假說，但是如何衡量風險本身就是個難題。

　　頭一個明確指出上述細節的人是尤金・法馬。他正確地指出，所有針對效率市場假說中「沒有免費的午餐」要素所進行的試驗，事實上都是結合了兩項假設的「聯合試驗」：市場效率和某種風險與回報模型。舉例來說，假設有人發現投資新創公司的回報高於老牌企業，照理說企業的年齡是公開資訊，不能被用來「打敗」市場，但是不表示市場效率一定是錯了，因為我們大可說新創公司的風險高於老牌企業，因此理性投資人會要求更高的回報率，藉此補償他們承擔的額外風險。

　　這個聯合假設論證，可套用在任何對效率市場假說明顯的抵觸上，包括葛拉漢、巴蘇、德雷曼，以及其他宣稱價值型股

票是優良投資標的的人。若我們的「輸家」投資組合風險高於「贏家」投資組合，觀察到的較高回報率可能就是理性投資人對高風險投資組所要求的補償，這時候核心問題就變成他們是否接受我們將這些發現解釋為定價錯誤的證據[1]，而這並不符合市場效率假說，抑或僅僅將它們歸因於風險。

若要回答這個問題，你需要一個衡量風險的方法。在「輸家」投資組合中，每一檔股票的風險必然都很高，其中有些公司甚至還可能破產。不過，我們已經在研究中計入這項風險，倘若兩個投資組合中有任何個股被紐約證交所除名（譬如因為破產），電腦程式就會假設性地「賣出」該個股，無論股價跌到什麼程度；假如它改到其他交易所掛牌，我們就將這筆投資列為全部虧損。所以上市公司破產的可能性，並不能當成潛在風險來源以解釋我們的發現。

儘管如此，「輸家」股票「看起來」確實頗具風險。有些似乎比較不可怕的股票，譬如價格已經大跌了一段的個股，是否也必須在市場中取得較高的回報率（風險溢價）？你可能會認為理當如此，可是這種想法與現代金融經濟學格格不入。在那個時候，衡量股票風險正確且合宜的方式是採用金融經濟學家約翰・林特納與威廉・夏普各自獨立發展出來的「資本資產定價模型」（簡稱CAPM）。

根據資本資產定價模型，在理性世界中，唯一能帶來報酬的風險要看一檔股票的回報率與整個市場的相關程度。假設你建立了由一批高風險股票構成的投資組合，而且價格波動頻

繁，但是如果每支成分股的價格變化互不影響，因爲這些變化
會互相抵銷，這個投資組合本身其實風險並不大。然而，倘若
不同股票的回報率會互相影響，表示它們傾向於一起上漲或下
跌，那麼由一批價格波動大的股票所構成的投資組合就相當冒
險了，持有一籃子股票帶來的分散投資益處也因此而消失。有
鑑於此，資本資產定價模型認定衡量股票風險的正確方法，就
是判別個股與整個市場之間的連動性，他們將這種影響程度稱
爲「貝他值」（爲避免讀者混淆，本章所說的「貝他」與本書
第12章提到「現時偏好」的貝他─德爾塔模型沒有任何關係。
我只能說經濟學家喜歡希臘字母，而貝他剛好在字母表中排得
比較前面）。簡單來說，假如一檔股票的貝他值爲1.0，表示它
的價格波動與整體市場呈現同比例變化。倘若一檔股票的貝他
值爲2.0，這表示當市場上漲或下跌10%時，這支個股的價格的
（平均）漲跌幅度是20%，若一檔股票的價格波動完全與市場
無關，它的貝他值便是0。

　　若「輸家」股票的貝他值很高，因此符合資本資產定價模
型所認定的高風險，且「贏家」股票有低貝他值，代表它們的
風險較低，那麼我們的發現就不算抵觸效率市場假說。不過，
我們已經親自做過確認，並且將結果發表在論文中，事實上，
我們發現到恰恰相反的模式。舉例來說，我們有些試驗是比較
「輸家」與「贏家」投資組合，在三年「形成期」與其後三年
「測試期」的表現，結果「贏家」投資組合的貝他值爲1.37，
「輸家」則只有1.03，所以「贏家」其實還比「輸家」風險更

大些。沒想到用同業的標準方法來評定風險，竟然讓我們的這些異常發現變得更異常！

為了替效率市場假說的「沒有免費的午餐」要素找台階，有些人想出了另一個顯示「輸家」投資組合風險高於「贏家」投資組合的方法。然而任何衡量「價值」的方法都揭示了同樣事實，例如低本益比，或低股價淨值比。所謂淨值，原則上就是當公司被解散清算時，股東所能得到的金額。無論採用哪一種衡量方法，「價值型股票」表現都優於「成長股」，而且讓效率市場假說擁護者驚愕莫名的是，從貝他值來衡量，價值型股票的風險也更低。

雖然早有我們這些離經叛道的傢伙、德雷曼等投資組合經理人，以及逝者如班傑明・葛拉漢宣稱價值型股票能打敗市場，但是一直要等到效率市場的最高領袖尤金・法馬，以及他的較年輕同事，也就是後來成為固定合作的研究夥伴肯尼斯・弗倫奇發表類似的發現後，這個事實才獲得正式認證。我們的初步調查結果，加上班茲經調查後歸納出的小公司效應促使法馬與弗倫奇從1992年開始發表一系列論文，指出價值型股票和小公司股票的投資回報率確實高於資本資產定價模型所預期。到了1996年，他們在一篇標題聳動的論文〈追緝CAPM，無論死活〉，正式宣布資本資產定價模型已死。

雖然法馬與弗倫奇準備好宣稱資本資產定價模型已死，他們倒還沒準備好揚棄市場效率，相反的，他們提出了如今眾

所周知的「法馬─弗倫奇三因子模型」。在這個模型中，除了傳統的貝他值，他們還額外加了兩個解釋性因素，以便合理化小公司與價值型股票的異常高報酬。他們的研究顯示，價值型股票的回報率是互有關係的，也就是說一檔價值型股票往往會隨著其他價值型股票一起漲跌，而小型股亦復如此。不過法馬和弗倫奇坦率承認，他們還沒想出任何理論來解釋規模與價值何以是風險因素。資本資產定價模型是一套建立在投資人理性行為的規範性理論，然而我們沒有理論根據來相信規模與價值「應該」能夠用來預測回報，這些因素被派上用場，只因為實證研究顯示它們確實有影響。

直到今天，我們仍找不出證據證明由小公司或價值型企業構成的投資組合，風險會高於大型成長股構成的投資組合。一份由金融經濟學家約瑟夫・蘭考內斯克、安德魯・施萊弗，以及羅伯・維什尼在1994年出版的論文〈反向操作，外推法與風險〉，在我看來完全解決了價值型股票是否風險較高的問題。答案是否定的。這篇論文的作者們對此深信不疑，更別說他們後來還創立了一家採取價值投資策略，經營得相當成功的「LSV資產管理公司」。

雖然他們的論文說服了我，卻沒能說服法馬與弗倫奇。對於價值型股票是否如行為學家所說被錯誤定價，或是如理性主義者所宣稱風險較高，大家持續爭議了多年。這個主題迄今仍是眾說紛紜，甚至連法馬也坦承我們無法證實價值型股票的較高回報率，究竟是因為高風險或是因為過度反應。不過最新

消息指出，法馬和弗倫奇宣布了新的五因子模型。兩個新增的因子中，一個是用來衡量企業的獲利能力（預測股票的高回報），另一個則評估企業投資的積極程度（預測股票的低回報）。獲利能力正是葛拉漢在判斷一家公司是否值得投資時的主要考慮因素之一。因此，從某方面來說，我們敬重的葛拉漢先生等於是得到了法馬與弗倫奇的認證，既然後者也認可價值與獲利能力。再說，我們實在很難說服大家相信，投資高獲利的公司竟然會比投資正在虧錢的公司來得更加冒險。

　　自從夏普與林特納在1960年代初提出資本資產定價模型之後，我們從一個因子的模型，進化到五因子模型，許多業內人士還另外加上第六個因子：動能。在過去六個月到十二個月表現良好的公司，往往會在未來的六個月到十二個月保持優異水準。無論是五因子或六因子，我相信在理性的世界裡唯一重要的就是第一個因子，我們的老朋友貝他值，但是貝它值已死。至於其他因子呢？在經濟人的世界，它們全都是無關因素。

---

① 我要特別說明一個令人混淆的術語：在本章及下一章，當我提到「定價錯誤」這個術語時，我的意思是指股價會按照預期往某個方向移動，無論是上行或下滑，以至於投資者可藉此獲取價差，賺一頓「免費午餐」。這顯示了效率市場假說兩大要素如何在細微之處互相夾纏。我們當然有理由認為，價格「太低」的股票終將會打敗市場，但是我和邦特並未取得「輸家」的股價背離內在價值的決定性證據，僅僅是看到了它們回報率較高的事實。

第24章

股價是錯的？

　　還記得支撐效率市場假說的兩大要素嗎？你無法打敗市場（沒有免費的午餐），以及價格永遠是「正確」的，我和邦特的研究主要是質疑前一項原則。在此同時，另一場關於整體股市合理性的論戰也正在醞釀中，後者鎖定的目標是第二項原則。1981年，耶魯大學教授的羅伯‧席勒發表了一份結果令大家跌破眼鏡的論文。

　　若要了解席勒的發現，不妨先來思考決定股價的因素是什麼。假設某個基金會決定在今天買進一檔股票，並且永久持有，換句話說，他們絕對不會把這支股票賣掉，因此能夠從中得到的只有未來的股息。這支股票的價值應相當於基金會往後領到的所有股息的「現值」，也就是經過貨幣價值逐年下滑的適當調整後，未來這筆金額的總值（假如基金會後來把這支股票賣了，我們會將賣價折為現值。若這支股票持有的時間夠長，折現並不會造成顯著的影響）。由於我們無法確定一支股票未來將如何配息，所以股價其實只是一種預測，是市場對未

來配息總額的現值預期。

理性預測（股價照理說應該如此）的一個重要特質是，預測本身比被預測的事物變化更大。請想像你正要預報新加坡的每日高溫，這個東南亞城市國家的氣候變化不大，典型的高溫在華氏90度（攝氏32度）左右。若天氣真的很熱，高溫大概會是華氏95度；當天氣變「冷」，溫度或許降到華氏85度。各位了解了吧，每天都預測溫度為華氏90度，絕對不會太離譜。若有哪個喝茫的新加坡氣象預報員，竟然在某次預報前所未有的低溫華氏50度，另一次則預報前所未有的高溫華氏110度，他就公然抵觸了所做預測的變化，不能比被預測的事物本身變化還大的常規。

席勒的發現來自於將上述原則運用在股票市場。他蒐集了1871年以來的股價與配息數據，從1871年開始用電腦逐年計算出他所謂的「事後理性」預測，意即一個人買下當時股票投資組合後的未來可得配息預測。他觀察確實配發出去的股息，然後將它們折為當年現值。將股價會長時間上漲的趨勢也列入調整因素之後，席勒發現股息現值就像新加坡的氣候，其實非常穩定。但是股票價格，也可以說是我們對股息現值的預測，卻有著劇烈變化。你可以在圖表12看到上述結果，股息現值是當中那條平緩曲線，而像喝醉的氣象預報員上竄下跳的那條線是實際股價，兩者都已經排除了長期上漲趨勢的影響。

席勒的論文標題是〈股價的激烈波動，無法以隨後之股息變化來解釋？〉。從圖表12來看，答案是肯定的。席勒的研究

結果在金融圈引發了一場風暴，許多論文紛紛出爐，攻擊他的
研究方法與結論，其中有一篇更被批評者歡欣鼓舞地封爲「席
勒殺手」（各位可能還記得艾倫・克萊登寫的這篇論文，發表
於本書第17章談到的芝加哥研討會）。

　　學術界的經濟學家們對於席勒這份研究的正確試驗方式
仍有遁詞，但是我相信所有爭論在幾年之後，也就是1987年10
月19日星期一的前後已塵埃落定。全世界的股價在那個星期一
暴跌，殺戮從香港展開，隨著歐洲股市與美國股市開盤，一路
向西擴散，光是紐約的股價跌幅就超過了20％，繼上個週五跌
逾5％。19日星期一這天並未發生任何重要新聞，無論是財經

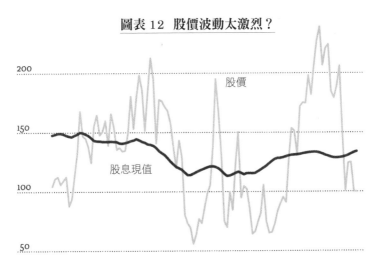

圖表 12　股價波動太激烈？

或其他方面，沒有什麼地方開啓了戰端，沒有政治領導人被暗殺，也沒有任何其他值得注意的事發生（爲了方便讀者們做個比較，日軍轟炸珍珠港隔天美國股市下跌4.4％），世界各地的股價卻出乎意料地齊步暴跌，沒人說得出爲什麼。接下來的幾天，股價仍舊波動劇烈。在美國，囊括五百個大型股的標準普爾500指數在週二強勁回彈5.3％，週三又躍升了9.1％，26日星期一再度重貶8.3％。月底的《華爾街日報》標題應該要下「羅伯‧席勒被證明是對的：金融市場波動太大」，在理性的世界中，價格變化應該只對新聞有反應，但是那個禮拜唯一的新聞是股市發瘋了。

倘若價格變化過大，從某些方面來說它們有可能是「錯」的。既然沒有任何大新聞發生，我們很難主張10月15日星期四的收盤價和下個星期一的收盤價（跌幅逾25％），都是對股票內在價值的理性評估。

席勒著手寫這篇論文的時候，他並未從心理學的角度來思考，而僅僅是指出了難以合理解釋的事實。不意外的，我自然是透過行爲學角度來拜讀他的論文了，而且將他視爲潛在的合謀對象。當他在1982年春季來到康乃爾大學演講，我、邦特與他在校園裡散步了頗長時間，我藉機鼓勵他從現在所說的行爲學角度來思考他自己的論文。我不知道這段對談是否發揮了效果，但是兩年後他寫了篇震撼學界的行爲學論文〈股價與社會脈動〉，完全擁抱社會現象可能影響股價，就如它們影響時尚潮流的異端邪說。女性裙長沒有任何明顯理由地變長或變短，

難道股價就不會因為某些超乎經濟學家傳統識見的因素，以其他類似方式受到影響？席勒這篇論文的目的從某些方面來說比我的更激進，想想看，要說服經濟學家們相信時尚潮流的影響力，而他們當中許多人直到最近才沒再穿有真皮補丁的粗花呢休閒西裝呢！幾年後，席勒在他與喬治・艾克羅夫合寫的著作提到凱恩斯的「動物本能」一詞，藉此描述消費者與投資者態度的反覆無常。

雖然我將席勒的這份研究視為對效率市場假說中「價格是正確的」要素的一記打擊，它其實也挑戰了「沒有免費的午餐」要素。要明白為什麼，請先回想他對價值投資的發現。價值型股票，無論是本益比低或過去表現極差的輸家，往往能夠如預期跑贏大市。你也可以計算出整個股市的本益比，然後看看同樣原則是否能套用於此，也就是說你能否靠著買進相對便宜的股票，並且避開相對較貴的股票，以這套操作方式打敗市場？我盡最大努力想出的回答，同時也是席勒大膽接受的答案是：「沒錯，但是……」

做這種練習的時候，席勒偏好的方式是將股票指數（譬如標準普爾500指數）的市場價格除以過去十年的平均盈餘，他之所以喜歡採用長期盈餘，是因為這可撫平隨著景氣循環發生的暫時性波動。就是他得出的比率。

借助於後見之明，我們很容易從圖表13看出投資人盤算些什麼。請注意，儘管市場有時候會背離歷史趨勢，它最後終

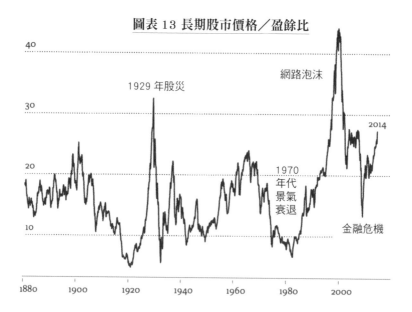

圖表 13 長期股市價格／盈餘比

1929 年股災

網路泡沫

2014

1970
年代
景氣
衰退

金融危機

究會再回歸到平均值。股票在1970年代看起來相當便宜，後來又逐漸上漲，到了1990年代就顯得很貴，但是最後還是發生崩跌。由此看來，席勒的長期價格／盈餘比似乎頗有些預測能力，這就讓我們回到那句「但是」了。這項預測能力其實並不十分精確。

股價的警訊

1996年，席勒與研究夥伴約翰・坎貝爾在聯邦準備理事會進行簡報，警告說股價似乎已飆漲到了危險的程度。這份簡

報促使當時的聯準會主席葛林斯潘發表一次演說，照例以拐彎抹角的方式問道，應該如何得知投資人已經變得「非理性亢奮」。席勒後來借用這一詞做為他的暢銷書書名，這本書湊巧在2000年出版，正逢股市開始狂跌。究竟席勒的警告究竟是對或錯①？既然他的警告發自股市攀升高峰的四年之前，他在變成正確之前可是錯了許多年！欠缺精準性意味著長期價格／盈餘比遠非賺錢的可靠方式。任何在1996年聽進席勒建議，並且大手筆做空的人都會在有機會賺到錢之前就破產告終。

房市也是同樣道理。席勒有許多可敬特質，其中之一就是他對於蒐集數據格外熱心，從催生上述論文的1871年起股價歷

圖表 14 房價與租金

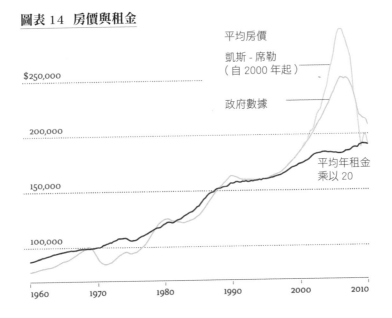

史數據、投資人情緒調查,到房價衡量等不一而足。他與塔夫斯大學不動產經濟學家奇普‧凱斯共同建構了如今已被廣泛使用的「凱斯—席勒房價指數」,在這個指數問世之前,其他房價指數都不是相當可靠,因為任一個月份內銷售的房子相互之間差異過大,導致平均值失準。凱斯與席勒想出了個聰明的主意,他們的指數是建立在同一間房子的重複交易之上,因而得以控制房屋的品質與地點這兩項因素。

1960年以來的美國房價長期增長,顯示於圖表14當中。關於房價交易數據來源,在2000年之前是政府部門所蒐集,之後則已有凱斯—席勒房價指數可用,所以兩種來源兼而有之。所有價格皆已經過通膨調整。我們可以從這張表看到,一直到1990年代中期之前,房價在大部分時候呈現小幅成長,在那之後房價便突然暴漲。此外,房市有很長的一段時間,房價租金比維持在20:1左右,過了那段時間之後,房價開始嚴重背離長期基準。看到這些數據後,席勒警告房市泡沫可能會產生,而他的警告最終也成真了,但是我們永遠無法在當下確定自己究竟身處泡沫,抑或是經濟有了某種轉變,導致高得多的房價租金比成了新常態。

我必須強調,這些預測雖然不夠精準,卻不表示它們毫無用處。當價格嚴重背離歷史水準時,無論是上漲或下跌,這些訊號都有其預測價值。價格距離歷史水準越遠,我們就越應該嚴肅看待這些訊號;當股市出現過熱訊號,投資人便應當謹慎出手。我們也不應該期望靠著精準掌握市場時機來大賺股市

財，偵測泡沫的出現要比判斷泡沫何時破滅容易得多，想靠掌握市場時機來賺錢的投資者，成功率可謂微乎其微。

　　儘管席勒與我走上不同的研究途徑，我們還是成為了朋友兼同謀者。1991年，我們兩人開始籌備由國家經濟研究局每半年舉辦一次的行為金融學研討會。許多具有里程碑意義的行為金融學論文就在那裡發表，且由於研討會的協助促成，行為金融學終於成為金融經濟學研究當中一個欣欣向榮的主流科目。

---

① 鄭重聲明，我當時也認為1990年代末期的科技股價格被過度高估。在一篇1999年刊出的文章中，我預測當下的股市將發生「超大網路股泡沫」，然而就如同席勒，要不是我疏於動筆（別忘了我一直是個懶鬼），其實我會在兩年之前就寫出一樣的警告。好不容易對股市做出了一個正確預測，我決定這輩子再也不做任何預測。

第25章

封閉型基金之戰

　　席勒的研究重創了效率市場假說的「價格是正確的」要素，卻並未被視為一招致命打擊，大家對他的研究方法仍爭議不休。儘管我們很難合理化1987年10月那一週的股災，效率市場擁護者仍不願排除理性的解釋。到了1988年春季，芝加哥大學舉辦一場專門討論那次股災的研討會，其中一個專家小組成員包括了我和尤金・法馬。法馬首先開口，他指出市場如此迅速地達到新的均衡，應該是值得慶賀的一件事。他這句話的意思是一定發生了什麼事，導致股民紛紛下修對股市未來報酬的預估，而股價也立刻隨之調整，就像它們「應該」要有的反應。

　　輪到我說話時，我問在場的諸位專家是否認為所謂黑色星期一當天的股息現值真的跌了20％。只有少數幾個人舉手，而法馬並不在他們之列。我揚起了眉毛，彷彿在說「你？」法馬立刻將手舉得高高的，一臉微笑。他還沒準備好退讓，但是依然不失其幽默感。

　　若要說服法馬和其他效率市場一族，我需要確鑿的證據。

然而就如我們先前所見，由於股票的內在價值無法被精確界定，我們也很難證明股價背離了內在價值。一個決定價格是否「正確」的可能驗證方法，就是引援效率市場假說的一項重要核心原則：單一價格法則。這項法則主張在效率市場中，同樣資產無法同時以兩個不同價格賣出，倘若這種事發生，交易者便馬上有了套利機會，意即在毫無風險的情況下進行一連串交易並保證獲利。假設黃金售價在紐約是每盎司1,000美元，在倫敦則是每盎司1,010美元，於是有些人在紐約買進黃金期貨，然後到倫敦賣出，若這項交易成本不高，就可以在兩地之間的價差收斂之前賺到錢。既然市場上存在著大批隨時在找機會違背單一價格法則的聰明交易人，我們只要找到違背這個法則的實例，便能擊中效率市場假說的核心原則。

找到這類實例竟然出奇的容易。事實上，班傑明·葛拉漢等人已經都寫過了，這個打破法則的嫌疑犯是一種被稱爲「封閉型基金」的共同基金。

一般人較爲熟悉的開放式基金，可讓投資人隨時購買或贖回，而決定交易價格的是該基金的標的物資產價值，也就是所謂的基金「資產淨值」。請想像一檔基金只買進蘋果公司的股票，你所持有的每股基金可買到一股的蘋果股票。假設蘋果公司是每股100美元，而某個投資人打算投資1,000美元，他用1,000美元買入這檔基金，得到該基金的10股。若投資人後來想贖回，他能收到多少贖回金額要看蘋果的現行股價是多少，假如股價漲到每股200美元，當投資人贖回基金時，他將收到

2,000美元（這檔基金收取的手續費較少）。「開放式」一詞表示基金所管理的資產會隨著投資人的偏好而成長或縮水。

　　「封閉型基金」的運作方式就不一樣了。基金經理人會先募集初始金額，譬如1億美元，然後就停止募集，投資人不能再加碼投資金額，也不能夠中途贖回（你可以看出創立這種基金對投資組合經理人的吸引力了，投資人沒辦法贖回自己的錢！），但是基金的股份可以在市場上交易，假如投資人想賣出自己的持股就得按照基金的市價賣出。現在我們再回到剛剛的蘋果基金例子，假設這檔基金是封閉型基金，同樣的，基金的一股可買進蘋果公司的一股，那麼這檔封閉型蘋果基金的市價會是多少呢？你可能假設市價應為資產淨值，也就是蘋果的現行股價，但是如果事實並非如此，那麼單一價格法則就要在這裡被打破了，既然我們有可能以兩種不同價格來買進蘋果公司股票，一個由蘋果股票的市場價格來決定，另一個由蘋果基金的價格來決定。

　　效率市場假說對於封閉型基金的每股市價有著明確預測：市價等同於資產淨值，然而封閉型基金的真正股價表現卻完全不同於預測，請參見圖表15。這張表共有三欄：基金的每股價格、資產淨值，以及溢價或折價，也就是前面兩個價格之間的差異比率。這三欄之所以存在，正是要告訴大家市場價格往往與資產淨值不一樣。基金通常會以折價賣出，折價率為資產淨值的10%到20%之間，不過有些時候基金也會以溢價賣出，擺明了是對單一價格法則的公然抵觸，投資人根本不必拿出計算

機來就能察覺這個異例,因為它清清楚楚地直接列在表格上。
這是怎麼回事呢?

投資人為何改變心意?

在認識查爾斯·李之前,我對封閉型基金其實所知不多。
查爾斯是主修會計的康乃爾大學博士班學生,他的背景顯示他
可能會對行為金融學有興趣,所以我在他就讀博士班第一年時
就設法讓他成為研究助理。當查爾斯來上我的行為經濟學博士
班課程時,我建議他以封閉型基金做為課程計畫主題,而他接

圖表 15 特定封閉型基金的溢價與折價

基金名稱	資產淨值	市價	溢價或折價
Gabelli Utility Trust（GUT）	$6.28	$7.42	+18.2%
BlackRock Hlth Sciences（BME）	38.94	42.48	+9.1
First Tr Spec Fin&Finl（FGB）	7.34	7.62	+3.8
DNP Select Income Fund（DNP）	10.50	10.55	+0.4
First Tr Energy Inc & Gr（FEN）	37.91	35.83	- 5.5
ASA Gold & Prec Met Ltd（ASA）	11.24	10.19	- 9.3
BlackRock Res & Comm Str（BCX）	11.78	9.93	- 15.7
Firsthand Technology Val（SVVC）	29.70	18.59	- 37.4

資料日期:2014 年 12 月 31 日。

受了這個挑戰。

　　在查爾斯完成我這堂課的論文之際，賴瑞·桑默斯剛和三名之前教過的學生完成了首批談論「雜訊交易者」的論文。「雜訊交易者」一詞借用自費雪·布萊克，他在美國金融協會進行主席報告時，將「雜訊」變成金融上的專業術語，是「新消息」的反義詞。唯一能讓理性經濟人對於一項投資改變想法的，只有真真正正的新消息，但是人類可能會對一些稱不上消息的資訊做出反應，好比說看到他們所投資的公司推出了一則讓他們發笑的廣告。換言之，任何照理說無關的因素都是雜訊，而布萊克與桑默斯所謂的雜訊交易者則是根據這些無關因素，而非真正消息來做出投資決定。

　　桑默斯早先曾用比較生動的語言，來闡述雜訊可能會影響資產價格的概念。他獨立完成了一篇聲名狼藉卻並未公開發表的論文，開宗明義地寫道：「市場上有笨蛋出沒，看看你的四周[①]。」布萊德·德隆、安德魯·施萊弗，以及羅伯·沃德曼這三名研究所學生在大學部一年級就因為共用寢室而互相認識，他們加入了桑默斯的研究，一同寫出更嚴謹、更縝密的「笨蛋」論文禮貌版。他們提出的模型採用了封閉型基金做為案例，藉此闡明他們的模型或許能幫助理解的這類資產，然而他們並未做任何實證檢驗。我和查爾斯想到，說不定我們可以在他的學期論文基礎上做新的研究，以填補這個空白。於是我們邀請剛剛才到芝加哥大學任教的安德魯·施萊弗加入我們的這項研究計畫。接著，查爾斯、施萊弗和我開始著手寫封閉型

基金論文，指出圍繞著些基金的共有四個難解之謎。

　　封閉型基金剛問世時，通常是由經紀人來銷售，他們收取的佣金高達售價的7％左右，然而在六個月之內，這些基金通常會以超過10％的折價轉手賣出。所以第一個難解之謎是：為什麼有人要花107美元，買進六個月後很可能只剩90美元的資產？上述模式使得班傑明・葛拉漢將封閉型基金描述成「為股票持有人的惰性與愚蠢所豎立的昂貴紀念碑」。這個說法比「市場上有笨蛋出沒」客氣些，雖然後者是唯一能圓滿回答首個謎題的答案（說得更清楚些，在封閉型基金以折價出售時買入會是個聰明的作法。如果是在初次發行且要收取手續費時買進，這可就有點犯傻了）。

　　第二個難解之謎是，先前提出的溢價與折價為什麼會存在。為什麼基金本身的交易價格，不等同於其持有資產的價格？

　　第三個難解之謎在於折價與溢價的比率，會隨著不同的交易時機與不同的基金有著莫大變化。這是相當重要的一點，因為它排除了許多對折價之所以存在的簡單解釋，包括折價是針對基金收取手續費，或投資組合管理不當而給予投資人的補償。假如這些因素可以當成解釋，那麼折價率為何如此起伏不定？畢竟手續費或投資組合管理都不會經常變動。

　　還有第四個難解之謎。若一檔封閉型基金折價過大，它往往會在受益人的要求之下決定改為開放型基金，而基金價格也隨之趨近於資產淨值。這項事實排除了資產淨值被錯誤計算的

可能。整體來說，以上這四個謎創造了效率市場難題。

這篇論文的首要目標是希望引起大家對這些謎題的注意，不過我們的主要研究貢獻在於深入了解折價會時時變化的原因。我們從被列入研究對象的美國封閉型基金當中，挖掘出一個重要事實：散戶投資者，有別於機構投資者，是這些基金的主要持有人。我們假定散戶投資者在封閉型基金市場上，行為就如雜訊交易者，比退休基金或捐贈基金這類專業投資者更加反覆無常，因此他們更容易受到樂觀或悲觀情緒的左右，亦即我們所謂的「投資人情緒」。我們推測，當散戶投資者意氣昂揚的時候，封閉型基金的折價會縮小，而當他們沮喪或恐懼時，折價就會變大。這態度很接近席勒對社會脈動的看法，投資人情緒顯然是「動物本能」的範例之一。

問題是，投資人情緒該如何測量？為了找出解答，我們利用了散戶投資者比機構投資者更可能持有小公司股票的這項事實。機構之所以避開小公司的股票，是因為這種股票的交易量並不足以提供大型投資者所需要的流動性。共同基金這類機構也不會買封閉型基金或其他共同基金的股票，因為他們的客戶對於支付兩套手續費頗為感冒。所以，倘若散戶的投資人情緒確實波動較大，我們推測這將會反映在封閉型基金的折價，以及小公司相對於大企業的績效表現之上（雖然小公司的股票平均來說表現更佳，但是小公司與大公司之間的差異程度是不斷在變化，而且大公司的績效在某些時期比小公司更勝一籌）。結果我們的研究印證了上述推測，封閉型基金的平均折價，關

聯到小公司與大公司股票之間的回報差異，折價越大，這兩種
股票之間的回報差異就越大。這項發現可說相當於發現野人
「大腳」或其他傳說中生物的足跡。

　　如同我先前所說，我們絕對不是第一個以封閉型基金為研
究主題的人。經濟學家雷克斯・湯普森寫過相關論文，他發現
買下折價最多的封閉型基金是贏得豐厚報酬的有效策略（班傑
明・葛拉漢也鼓吹這套投資策略）。熱銷程度歷久不衰的投資
經典《漫步華爾街》，其作者是人盡皆知的效率市場大師墨爾
基，他本人也提倡這套投資策略。然而我們的論文卻惹毛了某
些人，默頓・米勒尤其光火，這位任教於芝加哥大學的諾貝爾
獎金融經濟學家，曾經是施萊弗的資深同事。

　　我一直到今天還搞不清楚，我們的論文究竟是哪個地方惹
火米勒了，但是我懷疑原因是雖然其他人以前也寫過封閉型基
金，我們卻是頭一批繼葛拉漢之後發現了這些異常，卻沒有禮
貌性地致歉和找藉口。相反的，我們表現出自得其樂的樣子，
尤有甚者，我們竟然用一個惱人的異例，即小公司效應，來解
釋另一個異例，即封閉型基金持續存在的折價現象，對理性
經濟人而言，這等於是一邊妄稱耶和華的名，一邊在安息日工
作。

　　米勒立刻進入攻擊模式。我們將論文投稿至《金融期
刊》，而該期刊的編輯雷內・史圖茲則將它寄給了審稿人。在
此同時，我們聽說米勒正在遊說史圖茲教授退回我們的論文，
然而史圖茲不但接受我們的論文，還告訴米勒說倘若他不同意

我們的研究發現就應該依循正常途徑，寫一篇批評這篇論文的文章，然後投稿至該期刊。

米勒接受了史圖茲的建議，找來芝加哥大學同僚陳乃虎、研究所學生簡雷蒙來協助他的研究，然後寫了篇論文批評我們。米勒是個機智的人，寫出來的評論也充滿他一向的耀武揚威風格，文章開場白是：「查爾斯·李、安德魯·施萊弗，以及理查·塞勒（1991）宣稱解決了不只一個，而是兩個長期存在的難解之謎——封閉型基金的折價和小公司效應。根據李等人的說法，這兩個謎題都同樣受到散戶投資人情緒的驅動。一石擊中兩隻神出鬼沒的鳥，若李等人真能成功，技法不可不謂高妙，然而他們是做不到的。」

我不想用這場論辯的內容來讓讀者打呵欠，因為其中絕大多數是技術性細節。我們遵循傳統，寫了篇「回應」刊登在同一期的《金融期刊》，並且引述了新數據來支持我們的論證。但是米勒認為這種回應違反了這類論戰的慣常協定，他堅持要對我們的回應再做回應，這表示根據傳統，我們身為原作者還可以發動最終一輪攻擊。

自然的，在最後的兩篇評論中，雙方都各自宣稱勝利。我不知道究竟誰贏了，但是我知道我們這篇論文引發了前所未有的四階段來回混戰，吸引了不少人注意，這都要感謝米勒教授，數百名金融經濟學家因此讀了我們的這篇論文。米勒教授的攻擊其實最後幫了我們一個大忙，否則也不會有那麼多《金融期刊》的讀者注意到這篇寫封閉型基金的論文。不過，最能

夠吸引注意力的，莫過於打一場好架了。

----

① 我唯一能找到的論文影本是費雪‧布萊克傳眞給桑默斯的那份，
　 上頭還有他的手寫評語。在「笨蛋」這個開場白旁邊，布萊克寫
　 道：「我會稱他們爲『雜訊交易者』，他們誤把雜訊當成資訊，並
　 根據雜訊來交易。」

第 26 章

果蠅、冰山，以及負股價

　　我們與默頓・米勒的辯論模糊了關於封閉型基金最重要的一點——它明顯違反單一價格法則。這就好像我們發現了獨角獸，卻為如何稱呼這隻野獸的毛皮顏色而吵上半天。幾年後，當我轉往芝加哥大學任職，我與同事歐文・拉蒙特重新檢視單一價格法則。

　　拉蒙特在當時還稱不上是行為經濟學家。他只是個態度開放的研究者，喜歡攪動一池春水，有著銳利眼光能看出值得推敲的問題所在。我和席勒為國家經濟研究局籌辦行為金融學研討會的時候，特別喜歡找拉蒙特來扮演與談人的角色，他在這些會議總能提出有力的反駁，說不定是擊中要害得分最高的紀錄保持人。曾有一次，他受邀討論某篇論文，該論文的作者測量了選擇權交易員在一整個交易日的焦慮程度，雖然作者採用的感應技術蠻酷的，可是許多與會者納悶這項測量能讓我們從中學到什麼，結果拉蒙特以這段摘要做為他的開場白：「本文作者全然不接受交易員是木頭人的假設。」

　　拉蒙特看出的有趣問題，涉及到3Com這家明顯違反單一

價格法則的公司。3Com的主要服務項目是使用乙太網路技術的電腦之間的連結溝通，但是他們在一次併購中買下了Palm公司，即生產Palm Pilot這款在當時頗為出色掌上電腦的公司。1999年夏季，正值所有值得尊敬的矽谷科技公司股價似乎每隔一、兩個月就翻倍的時候，3Com卻備受冷落，股價文風不動。3Com的管理階層於是採取了一項旨在抬升股價的行動計畫，內容包括出脫該公司對Palm的部分持股。2000年3月2日，3Com將所持Palm股票當中的小部分賣給一般股民，這次的交易稱為權益分割，3Com公司將持有的4%Palm股票公開發行，另將1%賣給財團，剩下的95%則保留在母公司手中。

這次的股票分拆上市，照理說應該會使得效率市場擁護者感到憂心。Palm隸屬於3Com旗下或獨立上市時，究竟有什麼差別？倘若價格是「正確」的，將公司一分為二應該沒有提升價值的作用，除非母公司3Com在管理Palm方面表現失能，阻礙了Palm的發展。不過，當然了，3Com的管理階層並沒有說他們之所以出脫部分Palm持股，是為了讓這家子公司擺脫他們的不當管理，相反的，他們暗示Palm只要成為獨立上市公司，價值就會像被施了魔法一般，比在隸屬於母公司時高出許多。可想而知，他們冀望獨立之後的Palm能夠被市場看成是eBay、AOL和Amazon一類的酷炫科技公司。然而效率市場擁護者應該要質疑這次的股票分拆上市，在一個全由理性經濟人組成的市場，3Com公司的價值應該等同於Palm公司的價值，再加上3Com的其餘價值，所以將Palm股票分拆上市不會對該集團的

整體價值有任何影響。

　　不過，理性經濟人顯然不是在1990年代末驅動科技公司股價的主力，雖然令人不解，可是Palm股票分拆上市的計畫似乎奏效了。1999年12月13日宣布這項計畫時，3Com公司的股價是每股40美元，到了2000年3月1日，Palm公司首次公開發行股票當天，3Com公司的股價飄破每股100美元。砸了這麼多錢將Palm變成獨立上市公司，這樣的回報還算令人欣慰，不過這還不是真正古怪的部分。

　　股權分割之所以管用，是因為最初只有5％的Palm公司價值被賣給外部投資人，3Com公司仍持有剩餘的股票。那麼，經過幾個月後，每位3Com公司的股東會得到1.5股的Palm公司股票，單一價格法則就在這裡扮演了角色，一旦Palm的初始發行股票被賣出並且開始進行交易，3Com的股東基本上便有了兩項各自分開的投資。每一股3Com公司的股票內含1.5股Palm的股票，外加3Com剩餘部分的權益，或金融術語所謂的3Com公司「自有價值」。在一個理性的世界，3Com公司的每股價格，應該等同於自有價值加上1.5倍的Palm股價。

　　負責承銷Palm初次公開發行股票的投資銀行，必須要先決定股票的售價。隨著市場對這次的新股公開發行越來越熱中，他們也不斷上調股價，最終來到每股38美元。不過當Palm的股票開始在市場轉手交易後，當天股價以略為超過95美元的高價坐收。哇！投資人對於獨立門戶之後的Palm公司前景，似乎是一片看好呢。

　　所以3Com的股價是怎麼回事？我們來做點數學計算吧。
現在每一股3Com公司的股票包含了1.5股的Palm股票。將95美
元乘以1.5，你會得到143美元，而且3Com公司的其他部門業務
也都有獲利，所以你會以為3Com的股價至少得漲到143美元，
說不定還得再高出不少。然而，當天3Com的股價事實上大幅
走跌，以每股82美元坐收，表示市場對3Com公司的自有價值
估值竟然是每股-61美元，也就是公司市值-230億美元！你沒眼
花，就是這個數字。股票市場認定3Com旗下其他仍在獲利的
事業價值是-230億美元，請見圖表16。

圖表 16　3Com 和 Palm 股價示意圖

在一個理性的世界，3Com 公司的每股價格應該等同於
自有價值加上 1.5 倍的 Palm 股價。

| 3COM | = | PALM | x **1.5** | + | S |

3Com 的
每股成本　　Palm 每股價格的 1.5 倍　　3Com 的
　　　　　　　　　　　　　　　　　　自有價值

但是當天收盤時，價格完全不合理。假如要算出 S 的值，
你會發現 3Com 的自有價值變成了負值。

| $82 | = | $95 | x **1.5** | + | -$61 |

3Com 的
每股成本　　Palm 每股價格的 1.5 倍　　3Com 的
　　　　　　　　　　　　　　　　　　自有價值

　　有個比單一價格法則更基本的首要金融原則是，股價絕對
不可為負值。你盡可丟掉手上的股票，而且股東對於公司所負
債務，並沒有無限清償責任，所以股價最低只能跌至零元。沒
有任何公司的市值會變成負100美元，更遑論負230億美元，然
而股票市場正是如此表明了。

　　讓我們再換個方式來想。假設某個理性經濟人有興趣投資
Palm股票，他可以用95美元買一股Palm，也可以用82美元買下
一股內含1.5股Palm，另加3Com公司剩餘權益的3Com股票。這
個決定看起來並不難吧！當你可以用更少的錢買進更多持股，
而且還奉送另一家公司的權益時，為什麼要直接買下Palm股
票？

　　這可是對單一價格法則的嚴重背離，而且嚴重到連大眾媒
體都廣為報導，但是3Com公司的自有價值仍舊有好幾個月的
時間維持在負值。

　　怎會發生這種事呢？單一價格法則出現且維持背離有兩
項必要組成元素：首先是市場上必須有部分投資人不知為何，
渴望擁有純粹且毫無雜質的Palm股票，而不是摻了額外權益和
另一家盈利公司股份的股票。換句話說，市場上得先有雜訊交
易者，或桑默斯所謂的「笨蛋」。我們也得注意到儘管有些買
Palm股票的人知道它價格過高，可是他們希望用更高價格轉手
賣給笨蛋。不過就算是這樣，我們還是需要幾個笨蛋來讓這一
套成功運作。

　　另一個必要元素，則是出現了妨礙「聰明錢」將價格推回

合理位置的事件。「有概念」的投資人只會買3Com公司的股票，而非Palm公司，然而真正的理性經濟人會採取更進一步的作法。在上述情境中，聰明錢買進被低估的3Com公司股票，並且融券放空適當數量的Palm股票。交易完成後，投資人先賣出他得到的Palm股票，然後用這筆錢補繳融資自備款差額，所得獲利相當於3Com公司自身應有的股價。這種交易是虧不了錢的，但是為什麼並非每個人都這樣做，即便這套操作手法已經廣為人知？問題在於Palm公司首次公開發行的股票數量太少，無法滿足所有打算融券賣出的投資者，亦即融券放空的需求，超過了可借出股票的供應量，這也表示聰明錢無法將Palm與3Com的相對股價，推進至3Com股價至少是Palm股價1.5倍的理性平衡[1]。

Palm／3Com的故事並非特例[2]。早在1923年，年輕的班傑明・葛拉漢就注意到杜邦持有大量的通用汽車股票，怪的是杜邦的市值幾乎相當於它的通用汽車持股。儘管杜邦是一家盈利相當可觀的企業，該公司的自有價值卻幾近於零，於是葛拉漢做了聰明的交易，他買進杜邦，並且放空通用汽車，在杜邦股價上漲時賺了一大筆。

不過，聰明的投資人並非總是一帆風順。合併後的荷蘭皇家殼牌集團在許多年的時間裡同時存在兩種不同的股價。荷蘭皇家的股票在紐約與荷蘭交易，殼牌則在倫敦交易，根據促成這家公司於1907創立的的合併協議，該公司60％的盈利歸荷蘭皇家股東所有，剩下的40％則歸殼牌的股東所有，按照單一價

格法則，這兩種股票的價格比率，應該是60比40或1.5倍。然而這兩種股票的價格真的一直維持在這個比率嗎？並沒有。有時候荷蘭皇家的股價比預期低了30％，有時候則高出15％。雜訊交易者似乎對於乘以1.5的數學計算特別有障礙。

　　從這個例子來看，聰明的交易是買進該股票較便宜的版本，然後做空較昂貴的版本。不像Palm與3Com的例子，荷蘭皇家與殼牌的股票在市場上流通量大，而且也便於融券，所以究竟是什麼原因妨礙了聰明錢確保這兩支股票，以1.5的適當股價倍數成交？答案是：沒有任何原因！重要的是，這個例子也不像Palm，後者在幾個月後就確定結束交易，荷蘭皇家與殼牌的股價價差維持了數十年[③]。這其中是有風險的。一些聰明的交易者，譬如對沖基金長期資本管理確實執行了聰明的交易，買進便宜的殼牌股票，並且做空昂貴的荷蘭皇家股票，但是他們的結局並不美好。1998年8月，亞洲金融風暴與俄羅斯債務違約導致長期資本管理公司，以及其他的對沖基金開始賠損累累，因而必須減持一些部位，包括荷蘭皇家殼牌股票。可想而知，長期資本管理公司並非唯一察覺到荷蘭皇家殼牌股票定價異例的投資者，而且其他對沖基金也在俄羅斯與亞洲虧了不少錢。在長期資本管理公司企圖減持荷蘭皇家殼牌股票部位之際，其他對沖基金也正有此打算，但是市場趨勢擴散後反倒對他們更不利，也就是說昂貴的版本變得更加昂貴。不到幾個禮拜，長期資本管理公司就因為這項和其他的「套利」交易，在力挽狂瀾之前就先滅頂了。

行為金融學能打敗市場？

　　長期資本管理公司的失敗例子，體現了安德魯・施萊弗和經常與他合著的作者羅伯・維什尼所謂「套利的極限」。事實上，他們早在1997年就發表了關於這個主題的論文，也就是這些事件發生的前一年，並且機警地描述了十分類似長期資本管理公司所經歷的假設性情境。當價格變化趨勢開始對基金經理人不利，而投資者也開始要求贖回基金，價格會被推向對前者更不利的方向，甚至引發急遽的惡性循環。所以這些事件的教訓就是：價格可能變得混亂無序，而聰明錢不會永遠都能搞定一切。

　　我和拉蒙特寫了篇關於Palm與3Com股價差異的學術論文，並取了個大膽的標題名稱：「市場懂得做加減法嗎？」然後在芝加哥大學舉辦的金融研討會上發表。研討會即將結束之前，尤金・法馬質疑這個例子與封閉型基金這類案例的背後究竟有什麼重要意義。他認為這些都是相對較無關緊要的金融資產，所以就算相關研究結果不符合效率市場假說，涉及的金額規模也小到根本不足掛齒。

　　我個人的看法是，這些特殊案例之於金融界，相當於果蠅之於遺傳學家。就生態圈整體而言，果蠅並不是特別重要的物種，但是他們的快速繁殖能力讓科學家在一些問題的研究上變得比較容易，上述例子就像金融學的果蠅，我們可以在這些罕見的情境中評判股票的內在價值。沒人能鐵口直斷3Com或

Palm的股價應該是多少,但是我們能夠篤定地說,這次股票分拆上市之後,3Com的股價至少應該是Palm股價的1.5倍。我認為像這樣的例子,只不過是市場錯誤定價的冰山一角,然而法馬卻以為我們已經看到了整座冰山。

這些例子蘊含了什麼意義?倘若我們可以看到單一價格法則在這些例子中,明明白白地遭到了抵觸,那麼顯然一定還有更大的價格差異可能發生在整體市場的層面。還記得1990年代末,對於網路股是否已經泡沫化的爭論嗎?無論在當時或現在,我們都沒辦法證明科技股的定價是否變得太高。假如市場連Palm與3Com這麼簡單的例子都無法給予合理定價,以科技產業為主的那斯達克指數當然有可能會定價過高了。在Palm／3Com套利交易中,迷人的Palm成為昂貴的股票,而欲振乏力的母公司3Com成為便宜的股票,這似乎並不僅僅是個巧合,同樣的強烈對比也發生在價格飛漲的迷人科技股,以及其他步伐遲滯的產業之間。

我如何為效率市場假說下定論呢?值得強調的是,市場效率假說在解釋世界如何運行方面,是非常有用的規範性基準。在一個由理性經濟人組成的世界,我相信效率市場假說是真實可行的。此外,沒有了理性模型做為研究起點,行為金融學也不可能得到發展,畢竟沒有理性架構,就不會出現我們能夠從中偵測不當行為的異例存在。更進一步來說,資產價格這個主題尚未有可以做為實證研究之理論基礎的基準行為理論。我們總是需要一個出發點來組織對於任何題目的想法,而效率市場

假說仍舊是最好的起點。

　　效率市場假說做為資產市場的描述性模型，我的看法是優劣各半。在效率市場假說的兩大要素當中，且容我借用政治候選人政見的民調說法，我會認為「沒有免費的午餐」要素「大致是真實的」。異例當然存在：市場有時候反應過度，有時候則反應不足。絕大多數採取積極策略的經理人都沒能打敗市場。荷蘭皇家殼牌與長期資本管理公司的案例顯示，就算投資者能夠確知定價出現錯誤，這些錯誤也不會因此就被糾正過來，有時候甚至還錯得更厲害。這項現實應該能嚇到那些自認聰明、打算從明顯定價錯誤中大撈特撈的人。要從中賺到錢確實是有可能，但是做起來並不容易④。當然了，對效率市場假說信條買單，並且投資於低成本指數型基金的投資人，不該因為做出了這樣的投資選擇而受到責備。

　　對於效率市場假說中的「價格是正確的」要素，我的評價就低得多了。對許多重要問題來說，這項要素的重要性更勝於前一個。它錯得有多嚴重呢？費雪・布萊克在一篇談雜訊的論文中提到：「我們或許會將效率市場定義為價格是價值的兩倍以內，也就是價格大於價值的一半，並小於價值的兩倍。當然了，兩倍只是個任意數字。考慮到造成價值產生不確定性的來源，以及驅使價格回歸價值的市場力道，從直觀上來看上述定義似乎頗為合理。根據這項定義，我認為幾乎所有市場，在幾乎所有時候都是有效率的。『幾乎所有』指的是至少90%。」

　　我不確定「90% 的時間」是否能夠充分定義「幾乎所

有」，更重要的是「兩倍」在我看來預留空間未免太大，稱不上有市場效率。試想在房地產泡沫時期興建的房屋，迄今價格仍只有價值處於高峰時的一半，買下這些房子的人可能不會同意房市在泡沫時期是有效率運行的評估。再者，布萊克在1996年就過世了，先於科技股與房地產泡沫的發生，若他當時仍在世，可能會將他的定義修改成「三倍以內」。那斯達克指數從2000年的高峰到2002年的谷底，跌掉了三分之二的市值，如此大幅度的滑落，導因幾乎可歸咎於最初的過度狂熱（當然不能怪罪網路股最後讓投資人失望了）。

　　我的結論是：價格經常是錯的，而且有時候還錯得很離譜。除此之外，當價格背離基本價值甚遠，資源的錯誤配置也會變得更嚴重。例如在美國，當住宅價格發生國家性上漲時，有些區域不但漲得特別快，甚至飆到了破歷史紀錄的房價租金比。若屋主與貸方都是理性經濟人就會注意到這些警訊，了解房價的下滑已經變得越來越有可能。然而席勒的調查研究顯示，這些區域正是對未來房價上漲預期最為樂觀的地方，他們沒想到回歸平均值這回事，反而表現得像是已經在上漲的必定會繼續上漲。

　　此外，理性的貸方會在這樣的情況下，提高房屋抵押貸款的申請門檻，然而事實卻恰恰相反。貸方對頭期款要求頗低，或根本不要求預付頭期款，而且也疏於查核借方的信用，這些「騙子貸款」撐起房市榮景，政策制定者卻完全不採取任何介入行動。

對市場效率的研究當中，最重要的就是學到這一課。假如
政策制定者把價格恆為正確當成一種信念，就絕對不會看到任
何採取預防性行動的需求，然而一旦我們承認泡沫是可能發生
的，且私部門似乎正在搧風點火，政策制定者就有好理由透過
某種方式來逆轉趨勢。

　　為了讓國家經濟從金融危機中復甦，世界各地的中央銀
行無不採取極端措施力挽狂瀾。最會抱怨這些極端復甦措施的
人，也是那些反對以四兩撥千斤的步驟來降低另一場災難發生
可能性的人。這只能說是太不理性了。

---

① 假如你有充裕時間，找出股票來融券獲利是可行的。事實上，芝
加哥大學有個金融系的博士生當時就這麼幹了。他決心從3Com和
Palm搾出錢來，於是先在每個提供手續費優惠的證券經紀商那兒
開了帳戶，然後把所有時間花在設法借出Palm的股票來放空。他
一借到Palm的股票便立刻賣出，然後用這項收入買進足夠的3Com
股票來對沖風險。幾個月後他完成這次股票交易，發了一筆小財，
然後他用賺來的錢買了部跑車，將它暱稱為「Palm行動」。這個
故事告訴我們，要從這個異例賺到幾萬美元確實有可能，但幾千萬
美元就別想了。

② 類似的情況發生在2014年中，雅虎公司持有的阿里巴巴股票總值
超過了雅虎本身的總市值（參見2014年Eric Jackson在《富比士》
的報導，以及2014年Nicholas Carlson在《Business Insider》的報
導）。

③ 我曾在1990年代向一名大型退休基金的執行長描述這個異例,他
說我一定是弄錯了,因爲聰明錢必然會買進任何更便宜的股票。我
說:「眞的嗎?我相信貴基金擁有股價總值數百萬美元的較昂貴版
本。」我提議兩人打賭,我要是說對了,他得請我一頓高檔晚餐,
他明智地拒絕接受這個賭,他的基金有部分是追蹤標準普爾500指
數,因此在當時包括了溢價賣出的殼牌股票。

④ 我就全招了吧:本人從1998年起開始擔任「富勒與塞勒資產管理
公司」的合夥人。我們公司投資美國股票,從投資人行爲偏誤可能
導致的定價錯誤中尋找機會,公司迄今仍在營運,這代表若不是我
們擅於利用行爲金融學來打敗市場,就是我們純粹運氣好,抑或兩
者皆是。

第7部

歡迎來到芝加哥

（1995年迄今）

　　我到芝加哥大學面試布斯商學院的教職時，和幾名金融系的教職員約了午餐聚會。在離開商學院前往教職員俱樂部用餐的路上，我看到大樓外的人行道躺著一張20美元鈔票，於是我不假思索地撿起那張鈔票，結果每個人都笑了。大家覺得好笑是因為我們了解這種情境的諷刺之處，有個流傳已久的笑話說，芝加哥學派經濟學家不會浪費力氣撿路上的20美元鈔票，因為如果是真鈔，應該早就已經被別人撿走了。天下沒有免費的午餐，或白白送人的20美元鈔票，然而在我這種異端人士眼中看來，這張鈔票怎麼看都是值得彎腰一撿的真鈔。

　　我的面試在學校裡引起了一番爭議。可想而知，默頓·米勒對此頗有微詞，即便我並不是來應徵金融系的教職，我打算加入的是主要由心理學家組成的行為科學研究團隊，這對我個人而言是個加分，我將有機會與學科訓練底子深厚的行為科學家們共事，而這種訓練是我老早就覺得頂尖商學院所必須具備的。如此一來，我就可以在原本所知不多的心理學領域精進學習了。

　　商學院的教職員對於是否聘用我做了什麼內部討論，我本人毫無知悉。不過一名雜誌記者在我抵達芝加哥後，訪問了尤金·法馬與米勒·默頓，想知道他們為何讓我這種經濟學界叛徒加入該校。法馬向來和我關係不錯，他打趣地回答說這是為了就近看管我，但是這名記者對米勒就逼問得緊了些，甚至直言詢問他為何沒出手阻撓我的任命，這個問題顯然太沒禮貌了，米勒大可送給對方一句「干你屁事」，但是他的回應卻是：「因為每個世代都必須經歷各自的錯誤。」歡迎來到芝加哥！

第 *27* 章

融合法律觀點的行為經濟學

　　1994年至1995年的學年間，我為了與當時在麻省理工學院行銷系任教的法蘭絲・露克萊共處些時間，於是在麻省理工學院的史隆管理學院擔任客座教授。那一年，我們倆都接受了芝加哥大學商學院研究所的教職（當時尚未改名為布斯商學院），接著我們便結婚了[①]。不過，當我還在麻省理工學院時，我接到了一通歐利・艾森菲特打來的電話。艾森菲特是本書先前提過，同意讓我和埃爾達・夏菲爾用他的紅酒通訊來研究心理帳戶的那位經濟學家，他問我能否在他籌備的法律研討會上仔細談談行為經濟學的應用，他說：「這次的研討會需要來點怪咖經濟學。」我告訴艾森菲特雖然這個主題非常有意思，但是我對法律完全一竅不通，我會設法找個具備相關知識的合作對象，然後再回覆他。

　　有一個再理想不過的人選，是我們首屆夏令營的參加者克莉絲汀・喬斯。那時候她正準備取得麻省理工學院經濟系的經濟學博士學位和哈佛大學的法律學位，而且她是個格外勤奮的人。喬斯聞言後表現出極大興趣，和我一起思考該談論哪些

主題，沒多久我們便想出了足夠的素材，於是我回覆艾森菲特並且接受了他的邀約。基本上，我們打算談的是現行的法學與經濟學領域該如何做出調整，以因應行為經濟學的最新研究發現。

傳統的法學與經濟學研究皆完全建立在以理性經濟人為主體的模型上。許多相關文章花了大量篇幅，得到放任市場自行運作才能產生最佳結果的結論，同樣的，也有許多相關論辯仰賴某種形式的看不見的手勢。

我們的想法是，將行為經濟學的一些基本元素放進這類論證中，看看這些論證可以被如何調整。在那個時候，我接受了相當有啟發性的建議，將這些基本元素稱為「三個有限」：有限理性、有限意志力，以及有限自利。在法學與經濟學領域，這些人類特質此前一直被認為是毫無局限的。

最後我沒能出席那次研討會，喬斯被迫獨撐全場。由於我們的合作進行得相當順利，於是開始想著將這些主題延伸成一篇學術論文，既然她得到了哈佛法學院的教職，我當時也進了芝加哥大學，我們打算在各自的新工作崗位進入狀況之後，就開始進行這項論文計畫。

幸運女神一定是挑上我了，因為我到芝加哥大學之後，第一個認識的商學院之外的學者便是法學院教授凱斯·桑思汀。桑思汀與康納曼合作過，對行為經濟學十分熱中，他在法律的學術圈子裡可說是大明星，雖然名義上主攻憲法，其實寫過各種層面的法律相關文章與書籍著作，可謂備受各界仰慕。我和

他共進過幾次午餐，兩人一見如故，他的熱忱頗具感染力，如同百科全書式的知識儲備也令人驚訝不已。後來我向喬斯提議，我們應該邀請凱斯加入我們的行為法律與經濟學論文計畫，其實推銷這項提議毋需多費唇舌，讓桑思汀加入我們的研究團隊，就像隊上有足球天王梅西一起參加鬥牛賽。我們很快便開始快馬加鞭進行這項計畫，我用快馬加鞭來形容是因為桑思汀動作超快。

　　我們三人只花幾個月的時間就寫出了標題為〈法學與經濟學之行為學視角〉的論文初稿，那是我寫過篇幅最長的論文。在法學院教授們看來，論文的篇幅是越長越好，而且註釋再多也不嫌累贅，這篇論文最後公開發表時長達七十六頁，共有二百二十個註釋。要不是我一直在抱怨，這篇論文恐怕還會變得更長。

　　論文準備好投稿之際，我得知法學圈子的投稿流程與經濟學圈子大不相同。在經濟學界，同一篇稿子不能同時投寄多個期刊，得等一家期刊表明拒絕刊登後才能轉投另一個期刊，但是法學界准許作者們一稿多投，於是我們照辦了，頭一個同意刊登的是《史丹佛法律評論》，另一家期刊沒多久也表達了他們的刊登意願。這下子我們有了討價還價實力，於是我提議既然編輯都很有興趣拿到這篇文章，而且這篇文章勢必會引發爭議，何不說服編輯向法學與經濟學圈子的代表性學者邀稿，請對方針對我們的論文做出評論，然後將論文與評論在同一期刊出，讓我們有機會針對這些評論做出回應？我想到的是當年與

默頓‧米勒及其研究團隊的筆戰，吸引了許多人關注那篇談封閉型基金的論文。我的如意算盤是這次說不定也會產生類似效果。

法律學者理查‧波斯納顯然是提出批判性評論的理想人選。波斯納被許多人視為現代法學與經濟學的奠基人，而他本人也針對這個主題寫過權威論述，並且修訂過多次。借助波斯納之力所創建的知識領域，將正規的經濟學理性思維引入法律學識。打從一開始，法學和經濟學主要建立在芝加哥學派經濟學的基礎上，所以他對於我們提出另類觀點的研究之道，一定早就做出了相當的心血投資。

我們知道波斯納對我們的研究方法一定頗多批判，也知道他會很快寫出評論，儘管他同時擔任兼職的法學院教授，以及芝加哥第七巡迴上訴法院（比最高法院低一階）的聯邦法官，他的研究產量多得宛如傳奇。誠如經濟學家羅伯‧索羅的生動形容：「波斯納寫起文章來，就跟其他人呼吸空氣一樣。」針對我們的冗長論文寫一篇評論，照理說應該不會占用他太多時間。

波斯納對這篇論文可能會有什麼看法，雖然我們已經有了大致把握，但是他究竟對論文中的哪些部分最有意見，倒是在我們三人要在芝加哥大學法學院發表論文的前一天才揭曉謎題。那天早上我們收到一封他的來信，裡頭寫著他對這篇論文的批判，這幾頁密密麻麻的長信不只攻擊火力十足且還挺激動的。波斯納說他先寫出了自己的想法，以便他在我們發表論文

時能保持沉默，因為他知道其他人也會急著提出反對意見，也許他認為這是個確保自己不會當場發飆的允諾策略吧。

　　進入這次的爭論焦點之前，我得先為各位讀者說明一下當時背景。理查‧波斯納那一代的學者展開法學與經濟學革新運動之時，許多法學學者對於他們的研究結論其實不敢苟同，然而後者欠缺足夠的經濟學訓練來與之抗衡。一些受過正式經濟學訓練的法律系教授，運用了以理性經濟人模型為基礎的傳統研究方法。試圖挑戰這類論文的法學學者一旦走進對抗理性經濟人的擂台，就會有種被霸凌的感覺，面對任何批評質疑，對方都只是紆尊降貴地拋出一句：「你就是不明白啊！」結果，我們的研討會便出現強力捍衛傳統信仰的一方，譬如波斯納這類人組成的陣營，另一方則（默默地）支持落水狗對抗霸凌者。

　　桑思汀與喬斯都覺得我應該出面發表這篇論文，因為我的論戰交鋒經驗較豐富，或至少他們是這麼認為。豈料到了現場時，他們雖然人就在我附近，但是每當我頻頻轉頭望著他們時，只看到他們躲在桌子後面。

　　我的開場白先提醒在座的人，標準法學與經濟學假設人們有正確的信念，並且會按照理性進行選擇，但是如果實情並非如此呢？法學與經濟學應該如何做出相應的改變？我們的論文提供了一個例證，以芝加哥警局實施的一項新政策為根據。以往違規停車罰單會被夾在汽車前擋風玻璃的雨刷下，新政策將違停罰單改成亮橘色，而且是黏在駕駛旁邊的側窗，使得其他

經過的駕駛都能一眼看見這張罰單。從行為科學的角度來看，這項新政策可說相當聰明，幾乎不費什麼成本便提高了可能受罰意識，進而遏阻了違法停車的情況（我們後來將之稱為「推力」）。雖然這個例子既不深刻也欠缺爭議性，但是可別忘了，法學與經濟學向來假定人們有正確的信念，包括犯法可能會被抓的自覺，而人們在決定是否要違法犯紀之前，譬如違規停車或搶銀行，會先計算過預期的收益與損失。假如光是改變罰單的顏色與張貼位置就可能扭轉民眾對於被逮機率的預期，執法單位根本毋需實際提高活逮的機率，那麼這種作法應該也能套用在一些更嚴重的罪行上。這番話聽起來根本是異端邪說。

法官大人波斯納保持沉默了五分鐘，然後就克制不住自己了。他突然插口問道，我們是不是忽略了演化論？這篇論文提及的許多奇怪行為，譬如在最後通牒賽局中拒絕接受較小的一份或忽略沉沒成本，生物學演化論不已經提出了解釋？難道演化論不能也用來解釋其他「認知怪癖」（他堅持使用這個暗藏貶意的詞）？他的想法是，若人類已經演化到能夠注意沉沒成本，或在最後通牒賽局對抗不公的程度，從某方面來說這樣的行為是有益於我們自身，因此也是合乎理性的。問題解決了。

我向他保證本人並非創造論者，而且也相信演化論是個科學事實。我還表示，我們談到的許多人類行為層面，毫無疑問的確實有其演化根源，但是認同演化理論的真實性並不意味我就得將它當成經濟分析的主心骨。我們知道一般人趨向於規

避損失，可是毋需知道它是否有個演化論上的解釋（特維斯基常開玩笑說，過去未曾表現出稟賦效應的物種，現在都絕種了）。行為經濟學的真正重點在於凸顯出那些不符合標準理性模型的行為，除非我們能改進這些模型，讓它們顯示出常人會在意沉沒成本，否則這些模型就無法做出較準確的預測。聽到這裡時，波斯納已經氣得七竅生煙，「你們根本完全違反科學！」他絕望地對我大吼。不過我早就下定決心要保持冷靜，因此只是對他笑笑：「那好吧。」然後繼續接著往下講。更具爭議性的內容都還沒提到呢，我可千萬不能陷入吼叫比賽，尤其不能跟一個聯邦法官比大聲！

爭論得最兇的部分是「寇斯定理」。該定理的名稱來自其發明人，在芝加哥法學院任教多年的羅納德・寇斯。寇斯定理可簡單說明為：在不存在交易成本的情況下，也就是當與人之間的交易順暢無礙時，資源會流向設定價值最高之處（除了零交易成本，寇斯定理的另一個重要附帶條件是：相較於當事人的整體財富，涉及的利害關係金額是相對「微薄」的。為了方便這次的討論，我將刻意忽略上述附帶條件）。

這是個很容易解釋的邏輯，我會依循寇斯的思路，用簡單的數字來說明。假設俄樂莎與朱莉亞是大學室友，朱莉亞好靜、讀書勤勉，俄樂莎愛熱鬧，喜歡一邊讀書一邊大聲聽音樂，讓朱莉亞感到十分困擾。她向有權解決這類爭端的舍監荷莉抱怨這件事，於是荷莉可從兩種作法中擇一：容許俄樂莎高興把音樂放得多大聲都行，或給予朱莉亞規定特定時間必須保

持安靜的權利。寇斯定理的預測出乎眾人意料之外：荷莉所做的決定，其實對於俄樂莎要怎麼放音樂是毫無影響的，真正會造成影響的是，俄樂莎熱愛音樂的程度是否凌駕朱莉亞討厭這些音樂的程度。

　　這個結果雖然出人意表，卻也合情合理。假設俄樂莎願意付5美元買下一晚上大聲放音樂權利，而朱莉亞願意付3美元買下一夜清靜。倘若舍監決定讓朱莉亞擁有保持安靜的權利，那麼根據寇斯定理，俄樂莎會給朱莉亞3～5美元，也就是朱莉亞會接受的任何金額來買下播放音樂的權利，這樣會比俄樂莎既無法播放音樂，也無法用金錢交易來得更皆大歡喜。但是，假如舍監決定讓俄樂莎得到播放音樂的權利，朱莉亞願意支付的金額顯然不足以讓俄樂莎停止，因為她願意為安靜支付的金額，低於俄樂莎願意為享受音樂而支付的金額，所以無論舍監做何決定，朱莉亞若想安安讀書就得另尋他處。

　　上述例子對法學界之所以重要，原因在於法官通常是決定誰擁有特定權利的人。寇斯定理指出，倘若交易成本夠低，那麼法官的決定並不會影響到經濟活動本身，而只能判定由誰來支付代價。一篇納入上述結果的論文〈社會成本的問題〉，是從過去迄今最常被引述的經濟學文章。

　　到此為止，我所提出的論據主要建立在這個假設之上：達成有效經濟協議的雙方所付出的成本，不是相當微小，就是根本不存在。寇斯本人對這一點倒十分坦白，他說：「這當然是非常不符合實際的假設。」儘管寇斯定理的許多運用忽視了寇

斯的警告，我們仍希望讓大家明白上述推論結果是錯的，即便交易成本基本上為零。為證明我們的論點，我們引用了本書第16章的馬克杯實驗結果，並簡化成346頁的圖表17。

還記得在這些實驗的第一階段，受測者可以將代幣兌換成現金，而每個人手上持有的代幣可兌換的現金價值不同吧，這表示如果他們在實驗最後，手中仍保有代幣，他們就可以用它來兌換現金。寇斯定理預測，受測學生被告知的代幣價值越高，最後就會越傾向保有自己手中的代幣，所謂資源會流向設定價值最高之處，指的就是這種情況。事實也一如預測發生了。市場運作得相當完善，完全符合理論所預期，這也表示交易成本必定未以任何有影響力的方式造成對交易的阻礙。

寇斯定理的運用當然不限於被賦予個人估值的代幣，假如我們將代幣換成實際商品，譬如馬克杯，同樣的結果照理說應該也會發生。因此我們給了每個受測學生一只馬克杯，而寇斯定理預測最喜歡這個杯子的學生，在實驗的最後將持有這個杯子，既然杯子是隨機發放的，大約一半數量的杯子會被交易轉手。然而我們發現交易量少了許多：資源流向設定價值最高之處的流動比率低於預期。造成這種結果的原因是稟賦效應：手上有杯子的人，對杯子的估值是沒有杯子的人估值的兩倍，商品如何分配，並未影響到最後誰會持有杯子。換句話說，寇斯定理在理論上說得通，所以代幣兌換現金的實驗結果符合其預測。然而它在實際生活中，亦即交易標的改成馬克杯這類真實世界物品時，就不是那麼管用了。我們竟敢在法律與經濟研討

會上質疑寇斯定理！這可真是嚴重的謀逆大罪。

　　當時的芝加哥大學有個十分糟糕，幸好現今已不復存在的特質，就是對於不時大聲叨唸芝加哥學派傳統論述的學者保持著過度容忍的態度。經濟學家約翰·洛特就是一個例子，他在芝加哥大學連續擔任了幾年的客座教授，最出名的事蹟是寫出《槍支對犯罪的抑制性作用》這本書。顧名思義，這本書的論點就是假如每一名美國人都隨時持有武器就不會有人膽敢做奸犯科，這項主張遭到許多其他研究人員的強烈抨擊[②]。洛特經常受邀出席研討會，他本人也相當積極主動，強悍風格猶如一隻比特犬。

　　這次的研討會洛特也到場了，而且面露不悅神情，我期望他身上沒帶著槍。他的妻子格特魯德（也是一名經濟學家）亦坐在聽眾席之中，針對馬克杯研究提出了一個問題：交易成本能否用來解釋馬克杯的較低成交量？我回答：代幣實驗已經排除了這種解釋的可行性。畢竟，代幣的交易成本與馬克杯完全相同，而且代幣的交易結果確實如理論所預測。她看起來對我的回答感到滿意，洛特卻跳進來「助陣」並質疑：「難道稟賦效應本身不能視為一種交易成本嗎？」他的問題聽得我目瞪口呆，交易成本應該是為進行交易所付出的代價，而不是進行交易的欲望，如果我們隨心所欲地將偏好重新貼上「成本」標籤，好讓實際行為看似符合標準理論，那麼這套理論將會變得無法驗證且毫無價值。我沒直接和洛特理論，而是把頭轉向波斯納，問他是否承認我並非這間會議室裡最不科學的人，波斯

圖表 17　馬克杯實驗結果

A: 學生們根據他們對康乃爾大學馬克杯的估值依序排列。

估值最高

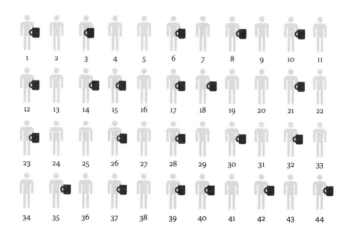

估值最低

B: 與代幣實驗相同，我們隨機分發杯子給其中幾名學生。

C: 若寇斯定理正確無誤，以下是我們預期的結果

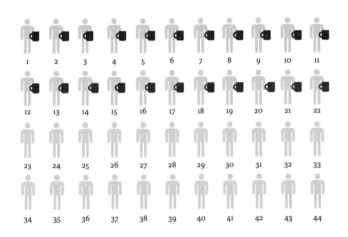

D: 然而，實際情況卻是如此：

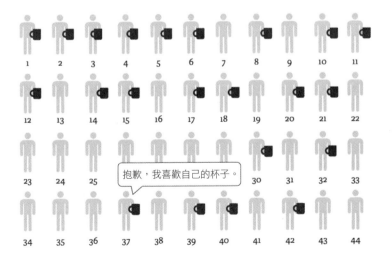

抱歉，我喜歡自己的杯子。

納面露微笑，點頭同意，其他看到波斯納的人也都笑了，但是波斯納不在洛特的視線範圍內，所以我看到洛特生氣地問周邊的人發生了什麼事。我趁這時候很快地進行下一個主題。

對行為經濟學最強烈的抵抗，往往來自於那些投注了大量精力於建構理性經濟主體模型的學者，這項事實讓我想到了一些有趣的可能性，就是他們的反對是否更加證實了沉沒成本謬誤？當然了，我不能直接跟批評者說他們緊抱著心愛的理論不放，其實是因為他們過於在意沉沒成本，但是我可以稍微介紹論文中提到的一些新實驗數據，這項數據來自於某個版本的最後通牒賽局。

在一般版本的最後通牒賽局中，實驗人員把錢交給受測者，由後者將這筆錢分成兩份，我們所創造的版本是讓實驗人員從受測者身上賺錢。我們請受測學生帶5美元來班上，以做為實驗之用（參與實驗是自願的），接著每個學生填寫一份表格，表明他會如何玩這個10美元版本的最後通牒賽局，必須要寫出若身為提議者與回應者會做出怎樣的決定。此外他們也被告知，實驗人員將隨機分配他們的角色為提議者，抑或是回應者，並且隨機將他們配對。他們不會知道配對對象的名字，但是對方是擔任過另一個角色的學生[3]。

若沉沒成本不重要，那麼這個遊戲的結果理應和由實驗人員提供錢的版本並無二致。5美元的沉沒成本是無關因素，但是經濟學家可能會認為，若學生是自己拿出錢來玩就會更認真看待這項實驗，因此行為也會更理性。然而我們發現事實恰恰

相反,雖然這次提議者的行爲相當接近前幾個版本,也就是由實驗人員提供金錢的最後通牒賽局,大多數提議者決定將拿到的10美元,分出至少40%給回應者。但是,我們眞正感興趣的回應者行爲卻截然不同,使得實驗結果更加偏離標準理論的預測。

這一次,回應者並未做出同意接受任何分配金額的理性自利選擇(在我們的賽局版本中,分配金額的下限是50美分)。當賽局中涉及的金錢被回應者視爲是他們自己的錢(而非「莊家的錢」),他們就變得格外在意自己是否受到公平對待。在我與康納曼和柯內許幾年前共同做過的實驗中,回應者能夠接受的最低分配金額平均爲1.94美元。然而在這些新實驗中,麻省理工學院企管研究所學生能夠接受的最低金額躍升爲3.21美元,芝加哥大學企管研究所學生爲3.73美元,芝加哥大學法學院學生則爲3.35美元。這三群受測學生當中,皆有許多回應者堅持拿回5美元,一分錢也不能少。讓實驗更貼近「眞實」,反倒使得回應者更加背離符合自我利益的收入最大化原則!我們原本就期望這樣的實驗結果能讓研討會上的聽衆大驚失色。

這項實驗與寇斯定理的行爲學分析頗有關聯,拒絕接受「不公平」分配的意願,是寇斯定理的預測爲何經常失準的原因之一。多年前我在羅徹斯特時,對此便已有親身體驗。我們在羅徹斯特住所的後院有棵柳樹,每逢晚秋柳葉便開始凋零飄落,甚至在下雪過後也仍繼續落葉,使得把落葉的工作變得格外費勁。由於這棵樹十分靠近鄰居的地,我的鄰居討厭死了這

棵樹,問我能否把它移植到別處去。

我對這棵樹有著矛盾看法。一方面,它看起來賞心悅目,而且還能提供遮蔭,這兩個因素差不多彌補了清除落葉的麻煩;另一方面,我也得顧念敦親睦鄰之必要。於是我打聽移樹的費用,發現索價高達1,000美元,差不多是我當時一個月的收入,我不願意花那麼多錢來移樹,但是我知道寇斯定理。事實上,那時候我正在教一堂以寇斯定理為核心內容的課,因此主動找上鄰居告訴他說既然為那棵樹感到困擾的不是我,而是他,那麼我願意讓他自掏腰包找人移走這棵樹。沒想到他覺得這是他這輩子聽過最離譜的建議,於是當著我的面摔上門,而且再也不提這檔事了。

當人們接受到他們認為不公平的提議,可能會氣到寧願付出代價也要懲罰對方,這是最後通牒遊戲帶給我們的基本教訓,誠如柳樹的例子所顯示,同樣情況也會發生在我們經常運用寇斯定理的處境。一場訴訟過後,打官司的雙方往往彼此怨懟,敗訴的一方尤其如此,若寇斯定理有效,那麼敗訴者對於他所失去的財物看重程度更勝於對方時,他應該要有意願向對方提出協商條件,但是當人們在氣頭上,他們最不想做的一件事就是與對方交談。法學教授沃德・法恩斯沃思訪問過二十幾個民事訴訟案件的律師,這些案件都涉及到申請禁制令,並且已經由法官做出同意與否的判決,其中沒有任何一個案件的原告與被告在法庭做出判決後嘗試互相交涉協商。

除了寇斯定理,這篇論文另一個引起公憤的部分是我們留

到最後才論及的家長式主義。芝加哥學派的自由主義信念的核心原則為「消費者主權」，即一般人會做出明智選擇，而且是比任何其他人代為決定都要更好的選擇。但是，我們提出有限理性與有限自我控制這兩項要素，削弱了上述原則的可信度，倘若有人犯了錯，那麼至少在原則上，別人應該可以協助他們做出更好的選擇。

我們知道上述說法對於這群芝加哥大學法學院與經濟學聽眾來說，簡直是大逆不道，有刻意搧風點火之嫌，因此談論這個主題時使用桑思汀發明的名詞「反反家長式主義」，盡量以最溫和的方式來進行論述。這個雙重否定名詞暗示著我們尚未準備好針對家長式主義做出肯定論證，僅僅是指出，主張他人絕對無法幫任何人做出更好決定的這種說法在我們的研究中顯然站不住腳。這個主題在我們的論文中僅占了短短兩頁，接在後面的是篇幅較長的「在官僚中應用行為學之研究」。這是我和桑思汀首次呼籲倘若協助民眾是政府官員的責任，我們就得認知到官員也是凡人，皆受限於自己的偏見。這個觀點我們後來又提到了許多次，可是無論我們反覆強調多少次，還是一直被指控忽略了這個重點。

研討會結束後，我們返回教職員俱樂部。克莉絲汀喝了杯紅酒，我則點雙倍威士忌，桑思汀喝掉三杯健怡可樂，這是他最喜愛，對他來說也最有效的萬用靈藥。雖然我們沒能感化任何身分重要的與會者，至少我們倖存下來了，更棒的是我們已經能夠確定這篇論文確實激起了一些漣漪。

後記

　　要具體說出這篇論文造成了哪些影響是絕對不可能的事，不過我們確實知道這篇論文經常被引用，雖然無法從中判定我們是否成功鼓勵了任何人投入行為法學與經濟學的研究。我只能說，現今已有大量行為法學與經濟學研究成果出爐，數量多得足以讓艾亞爾・薩米與多倫・泰契曼編輯出多達八百頁的《牛津行為經濟學與法學手冊》。加州大學洛杉磯分校的法學教授羅素・柯洛金是該領域的重要貢獻者之一，他已經準備好宣布勝利：「讓法律規範與制度的經濟分析，從嚴格的理性選擇假設中擺脫桎梏，我們可說是贏得了這場戰爭。」我怕自己得意忘形，還不敢聲稱「任務完成」，但我們可以篤定地說「任務已啟動」。

---

① 如今法蘭絲已經轉換跑道，從行銷領域跨行攝影。就我非常不公正客觀的角度來看，她的攝影作品值得各位欣賞，不信的話到她的官網瞧瞧吧：franceleclerc.com。

② 史丹佛大學法學教授約翰・多諾修與其同事的最新研究發現指出，所謂的「攜槍權」法律事實上反而提高了犯罪率（參見多諾修於2014年發表的論文）。

③ 這個實驗之所以能賺到錢，是因為學生得提供賭金，而且許多提議者提供的分配金額，遭到了回應者拒絕，這表示賽局雙方最後都

一無所得。不過我們還是會設法把錢退還給學生，方法通常是讓他們玩本書先前提過的選美比賽，然後把剩下的錢送給比賽贏家。

第28章

挑選辦公室的行爲經濟學

　　在平常的時候，芝加哥大學布斯商學院向來是各式研究的搖籃，你幾乎可以聽到科學發現邊境被合力向外推時，發出的嘎吱聲響。不過，2002年春季的幾個月期間倒是例外，那段時間的研究工作，或至少擁有終身教職的學者們的研究工作必須暫時中止，因爲需要重新挑選辦公室。

　　這項任務看似頗爲簡單。商學院原本位於校內主要方院的一個迷人卻狹窄簡陋的角落，即將遷移至兩個街區外的新家。新建築由舉世聞名的建築師拉菲爾・維諾理設計，落成後將是擁有絕美中庭的炫目現代大樓。它的位址就在著名「羅比之家」的對街，而該住宅是法蘭克・洛伊・萊特興建的第一棟房子，維諾理刻意讓新大樓的一角面朝萊特這棟經典作品，藉此向萊特致上敬意。宏偉的新大樓採光充足，幾乎每個人都期待著搬進新辦公室，大家只要決定誰得到哪間辦公室就行了，除此之外還會有什麼問題呢？

　　分配辦公室的方法有很多種，院長們決定採用一個頗不尋常的流程。首先，他們提供一張辦公室平面圖，教職員們被

告知開放挑選的時段,然後可以選擇任何尚未被占走的空辦公室,因爲挑選時可以看到其他人已經指定的位置。這個流程聽起來沒啥問題,只除了挑選的順序究竟該如何決定。年資高低似乎是明顯的選擇,可是芝加哥大學是個不看年資只講論文實力的地方,所以用年資來決定看樣子是不可能了。他們也考慮過抽籤,不過這個提議並未被認眞看待,畢竟辦公室位置太重要了,不能全憑運氣來決定。

於是院長們決定根據「功績」來安排辦公室挑選順位,而判定功績高低的差事則交給副院長約翰・惠辛格。他一直以來的工作就是與新進教職員協商雇用合約,並且處理對於教授課程、薪資、同事、學生、研究經費等事務提出不滿的現任教職員。惠辛格廣受教職員愛戴,被認爲做人有誠信,雖然有時候未免太過直率,但基本上是正派之人(他也是個死忠籃球迷,是NBA虛擬夢幻隊遊戲的常勝軍。這次事件的幾年後,他成爲身高226公分的籃球明星姚明的經紀人)。

其他幾名院長都意識到,他們最好擺明態度讓惠辛格全權處理這件事,讓他獨力承擔所有抱怨。經過一番長考,他終於宣布了挑選辦公室的優先次序(和啄食順序)將如何決定。首先,他會先進行分門別類(他們套用統計學術語,稱之爲組界),惠辛格自行決定總共有多少個組界,以及哪些教職員屬於哪一個組界。同一個組界的成員之間得抽籤決定挑選辦公室的先後次序,校方一直未公布總共究竟有多少組界,而且迄今數量依舊成謎。這爲整個決定過程創造了模糊空間。

　　到了選辦公室的這一天，教職員們每個人有十五分鐘的時間可考慮挑選哪一間，現場還有一名參與這次建造計畫的建築師提供協助。當時整棟建築仍只是個鷹架搭起的大鋼籠，我們不可能親眼看到辦公室的模樣，只能參考建築圖和比例模型。校方還提出了兩項規定：選定的辦公室不得互相交換，而且經過一名資深教職員詢問後，院長們特意禁止向同事買下較優先被挑選的座位。這樣的規定和校方禁止拍賣被優先挑選的座位之事實，顯示即使在芝加哥大學布斯商學院，一個甚至有許多學者贊成嬰兒與人體器官市場開放的地方，某些事物依舊太過神聖，不得任意在市場上論斤秤兩，譬如教職員辦公室。

　　不過看樣子，大部分教職員早就預期到如此含混的挑選過程，而且幾乎所有資深同仁都滿心認同，他們必然是擁有優先選擇權的人，因此接下來的幾個禮拜都在平靜中度過。

　　終於，所有教職員都收到了一封電子郵件，宣布幾週內將進行新辦公室的挑選作業，也說明了挑選的時段，譬如週三的早上十點十五分至三十分。雖然那封信並未透露啄食順序，但是大家的朦懂狀態大概只維持了半個鐘頭，在金融與經濟圈子特別活躍的資深教職員艾尼爾・凱夏普主動坦承是自己讓所有人都發現了辦公室的挑選順位。他發了封電子郵件，要求收件者回覆時要註明自己的挑選時段，結果沒過幾小時，大夥兒很快就摸清了挑選辦公室的先後順序。

　　除了個人功績，年資並非完全不在考量範圍。終身正教授優先於未享有終身任期的副教授，副教授則優先於助理教授，

後者又優先於兼任的同事，諸如此類。沒有終身任期的教職員間，挑選順位顯然是隨機決定的，菜鳥教職員們只能繼續努力工作，設法取得終身任期，看自己能不能有機會搬進資深教職員辦公室。在此同時，資深教職員之間卻鬧得不可開交。

惠辛格從來沒告訴我（或據我所知也沒有告訴其他人）資深教職員的挑選順位是如何決定的。以下純屬我的個人推測（後來我將本書這一章的草稿給惠辛格過目，請他表示點意見。他既沒承認，也未否認文中重建的過程細節，不過他承認我有掌握到基本事實）。我認爲正教授們被分成三個組界，第一個組界（A組）大約有十來個人，都是眾望所歸的明星級教授，和／或各領域德高望重的老前輩，會計、經濟等各系所都至少有一名這樣的教職員入選，由於金融系陣容最大，入選者也較多。到目前爲止都沒什麼問題，尤金・法馬就算得到最優先挑選辦公室的特權，眾人也是心悅誠服，畢竟他是我們這群挑選者當中名望最高的學者。

B組成員是其餘有終身任期的教職員，C組則是不再積極投入研究的教職員。惠辛格展現優雅風度，將自己的順位安排在終身任期教職員當中的最後一個，我相信惠辛格特地將這些人放進第一個組界必然有他的考量，其中一個目的是獎賞那些爲本校做出卓越貢獻的人，另一個目的則是將明星級教授打散到各處。最受歡迎的辦公室是那些位於角落的空間。既然這棟五層樓高的大樓規模足以占據整個街區，而教職員辦公室則占滿上面三層樓，這表示角落之間相距甚遠。

　　最不開心的是B組成員，他們認爲自己應該有資格被列入A組，在自己的組內籤運又太差。這個類別有數個成員，不過我把當中最惱火的幾個人命名爲「阿奇」（本章所提的人物僅指名不道姓，有些人物雖用假名，卻是眞實存在）。有個名爲「克萊」的另一名成員原本被列在A組，卻運氣不佳淪爲第二批挑選辦公室的人，同時阿奇的順位在第二批人當中幾乎吊車尾，甚至排在兩名年輕許多的同事之後。

　　到了這時候，「憤怒」已經遠不足以形容阿奇的感受了，他氣得跳腳，如果各位能夠想像的話，他眞的是跳來跳去，發瘋似地大吵大鬧。阿奇認定這整個過程根本是惡意造假，儘管證據指出相反事實也無法扭轉他的看法。獲得第一優先挑選權利的是道格・戴蒙，一位備受尊崇且討人喜歡的同仁，但是他並非學術圈外家喻戶曉的人物，尤金・法馬則是第三順位。我還記得自己當時想著，那次的挑選過程中，道格恐怕是唯一感到開心的人，可是其他人都沒像阿奇那麼不痛快。

　　挑選順位被大家摸清之後的隔天，艾尼爾・凱夏普繼續他的研究工作，並打定主意一定要測試這次的選位最後可能會產生什麼結果。某個挑選順位在很前面的人說不定會有興趣知道後來身邊會出現哪些「街坊鄰居」，於是我們透過電子郵件進行了一次「模擬」挑選，傳了一份表格給道格、克萊、法馬等人，請收件者回覆他們有意挑選的辦公室。

　　雖然校方傳了樓層示意圖給大家，但是同仁們要求提供更多訊息，尤其是每間辦公室的大小，以及是否裝了恆溫器。大

約三分之一的辦公室裝了恆溫器，若占有這些辦公室就能自行調節控制溫度，至少理論上是如此。我向惠辛格提議，乾脆在其他辦公室加裝「心理安慰用」恆溫器，圖個皆大歡喜，而且根據我的個人經驗，只要辦公室是自己挑選的，裡面的恆溫器就算只有安慰作用，也會跟實際作用同樣有效。模擬測試花了幾天時間完成，一些回覆者甚至大肆抱怨：「某某人死到哪裡去了，這傢伙都不看信的嗎？」大家對這次的模擬十分投入，因此又重複進行了一次，看結果是否會有改變。這可是相當重要的一步呢！

最後，正式挑選辦公室的這天到來了，我們從早上八點半開始挑選。一開始沒什麼問題發生，只除了如果某人挑的辦公室是順位排在後面的人曾在模擬測試選中的，你可以感受到「那是我的辦公室，王八蛋！」這股憤恨之情，看樣子就算講明了只是模擬測試，對自己已經選定的辦公室的稟賦效應依舊會發生。接下來，發生了件怪事。下午一點十五分，輪到金融系教授路易吉‧辛加列斯挑選，他看中了五樓的一間辦公室，因為其他幾名金融系同事聚集在那兒，路易吉天生就疑神疑鬼（他認為這是義大利家庭教養的結果），對他挑選的辦公室究竟有多大面積提出了質疑。

在場的建築師試著打發他，可是路易吉不為所動，最後她只好拿出正格的樓層圖，竟發現路易吉才是對的。他選中的辦公室比示意圖小了20平方呎（其實每間辦公室都頗大，多數面積在180至230平方呎之間，約5至6.5坪之間）。路易吉立刻改

選附近另一間面積更大的辦公室,並且在回到自己的辦公室後分享這項發現,為保有競爭優勢,他自然沒在挑選之前向任何人提過這項懷疑。話很快就傳開了,已經做好選擇的人紛紛走進負責這次挑選流程的辦公室,要求重新丈量自己的辦公室面積,結果他們陸續發現幾個辦公室面積估算錯誤,許多人因而要求更換辦公室。整件事一團亂!此刻出城參加研討會的惠辛格終於返抵學校,挑選作業也在下午三點左右停擺,等候辦公室面積重新丈量。

又過了幾天,校方公布重新量過的辦公室面積,這回連一些能夠優先挑選辦公室的同仁也不開心了,他們當中有些人的辦公室「縮水」,因此想換成其他後面挑選的人所選定的辦公室。這時候,惠辛格透過電子郵件出手擺平這件事,他宣布接下來的一個禮拜大家可自由更換辦公室,但是不可更換成任何其他人已經選定的,即便那個人的挑選順序在本人之後。結果這封信點燃了更多怒火。這段期間惠辛格到教職員休息室午休時,都戴著喜劇演員格魯喬‧馬克思造型眼鏡,彷彿要隱姓埋名似的,他這付打扮贏得滿堂喝采,但是餘怒未消的那些人就沒笑得那麼開懷了。

事後剖析

一年後,我們搬進了新大樓,大致來說一切都挺順心。事後回想起來,這整齣鬧劇最匪夷所思的地方是,儘管九處角落

位置確實是風水寶地，可是其他的辦公室其實都大同小異，比起舊大樓的辦公室強了許多，雖然有幾間比其他的稍微大些，有幾間則窗外景致稍微好些，但是許多現在明顯感受到的差異，在挑選辦公室當下並不為人所察覺。舉例來說，五樓的辦公室最初十分搶手，或許是「越高越好」這種錯誤捷思造成的吧，可是五樓與四樓的景觀其實不相上下，而且大樓內的三個電梯當中只有一個會到達五樓，因此它也成了最擠、最忙碌的一個。面北的辦公室景觀最佳，可看到芝加哥市天際線，可是它們並非大家的優先選擇。

若說面北的迷人景致與中性光線是市場上深具價值的購買標的，那麼面積就是被過度追捧的商品了。辦公室的面積究竟是190平方呎，抑或210平方呎，根本就看不出差別。絕大多數來訪的外賓完全沒發現我們的辦公室面積不同，但是如果你在表格開端列出面積測量結果，這項因素勢必會被過度看重。只要出現數字，大家就會把它當回事。

我的事後諸葛之見是認為，公然為教職員排列等級所引燃的怒火，其實可以藉由讓流程更透明化來加以緩和。舉例來說，他們或許可以公開總共有多少組界，這至少可以讓克萊放心，得知自己並非被刻意扔進挑選順序較後的群組。

我也認為，建築師拉菲爾·維諾理與他的團隊要負一些責任。雖然他們已經盡責地花了幾百個鐘頭向學生、教職員，以及行政人員說明這棟大樓的使用方式，也完成了一棟兼具美感與高度實用性的建築，卻沒人告訴那位在現場的建築師該如何

分配辦公室。若他知道，說不定他會乾脆排除位於角落的辦公室。他還可以做一個小改變，雖然時機已經晚，就是讓道格・戴蒙的辦公室面積再稍微小一點。道格的辦公室在五樓，位於一個面朝東北的角落，而且還是所有辦公室當中面積最大的，這簡直是在運氣欠佳者的傷口上撒鹽。當時我建議，假如可能的話，建築師應該將他的辦公室部分空間挪給某個鄰居，藉此降低那間辦公室的優選價值，但是他只是一名建築師，而且「選擇建築師」這個名詞在當時還沒發明出來呢。

第*29*章
美式足球選秀的祕密

　　在頂尖研究型大學擔任教授的這份差事有著許多與眾不同之處，其中我最珍視的就是思想的自由，我可以花時間思考幾乎任何自己覺得頗有意思的事，而且還能稱之為工作。各位已經讀過，我寫了一篇論文探討紅酒愛好者的心理帳戶，在接下來的兩章要深入另外兩個表面上看似瑣碎無聊的領域：國家美式足球聯盟的球員選秀，以及電視競賽節目參加者的決策行為。這兩個主題的共同點就是提供獨特的機會，讓我們研究在利害關係較高的情境下，人們會如何做出決策，進而讓我們能夠回應那些老是拿高風險可以消除行為偏誤來說事的批評者。

　　這類批評的其中一個版本來自於蓋瑞‧貝克，被用於我們對國家美式足球聯盟的研究。他是許多芝加哥學派價格理論信徒當中，聲名最為顯赫的學者①，我就把他的批評稱為貝克猜想吧。貝克相信在競爭性的勞動市場中，有能力像理性經濟人那般執行工作的人才能夠獲得關鍵性的職位。他是在被詢問對於行為經濟學的看法時，提出了這個猜想：「勞動分工就算不是全面消除，也會大幅降低任何（有限理性引發的）效應……

即便九成的人沒有能力爲計算概率進行複雜的分析,結果依舊不會受到影響。另外一成的人最後會得到這些必須計算概率的工作。」我們將在本章測試貝克猜想,看它是否適用於業主、總經理,以及國家美式足球聯盟的教練?我先破個梗吧!答案是否定的。

我的國家美式足球聯盟研究是和過去的學生凱德・梅西共同完成,他在華頓商學院任教。和我認識韋納・德・邦特的過程差不多,我是在芝加哥大學任教第一年,當梅西仍在企業管理研究所就讀時認識了他,他對於驅策人類的背後動機,以及使研究計畫變得有趣的種種要素有著極佳的直覺性理解,因而給了我深刻的印象。我鼓勵他繼續攻讀博士,後來他也同意了,這對於我們兩人以及那些有幸選修他的課的學生來說,都是值得慶幸的一大好事。

我們的足球論文在名義上,談的是國家美式足球聯盟選秀這個特殊制度。在國家美式足球聯盟中,球隊可以像老百姓選咖啡一樣的挑球員,不過各位讀者不必擔心,你毋需夠關心美式足球才能了解本章內容與背後含意,畢竟本章要探討的是每個組織都得面對的問題──如何挑選雇員。

國家美式足球聯盟的選秀是這樣運作的:每年到了春季末,各球隊便開始挑選可能聘用的球員。幾乎所有候選人都曾經待過大學校隊,使得專業球探與球隊總經理有機會觀察他們的表現。各隊伍會輪流挑選球員,挑選順序則是由球隊在前一年的比賽紀錄來決定,紀錄最差的隊伍可以優先挑選,而去年

奪冠的隊伍則最後挑選。選秀總共舉辦七輪，表示每個隊伍都
會有七個人選。在某些情況下球隊也可以有額外人選，理由與
本章內容沒什麼關係，我就不做說明了。在合約的初期階段，
通常是四或五年間，球員只能為選中他的球隊效勞，在合約期
滿或球員被球隊釋出之後就成了自由球員，可以按照自己的意
願與任何球隊簽約。

　　上述選秀制度的一個重要特色，也就迥異於芝加哥大學布
斯商學辦公室挑選流程的地方是，球隊被允許自行交易他們選
中的球員。舉例來說，挑選次序為第四順位的球隊，或許會同
意放棄他們選中的球員，換得兩名或更多順位排在更後面的球
員。由於交易的數量夠多（在我們的樣本中超過四百件），我
們可以從中推斷球隊對於優先挑選的權利究竟有多看重。球隊
也可以把今年選中的球員交易給其他球隊，換取來年之後的選
秀權，因此我們可從中觀察這些球隊的時間偏好。

　　正式展開這項研究計畫之前，我和梅西便有個強烈的直
覺：這樣的選秀制度之下必定會產生顯著不當行為，尤其是球
隊可能會過度重視選秀順位是否排在前面。這種感覺來自於我
們觀察了過去一些極端案例，最有名的案例之一是傳奇球星麥
克‧迪卡，這位響噹噹的人物後來成為紐澳良聖徒隊的教練。

　　在1999年的選秀大會上，迪卡認定聖徒隊要奪得冠軍頭銜
就必須將跑衛瑞奇‧威廉斯招入麾下。當時聖徒隊的選秀順位
是第十二，迪卡擔心威廉會被其他球隊捷足先登，於是公開宣
稱只要能得到威廉，他願意交易出所有的選秀權（這實在稱不

上是聰明的談判策略）。輪到華盛頓紅人隊進行第五順位選秀
時，瑞奇·威廉斯還沒被選中。聖徒隊在此時完成了迪卡想要
的交易，只不過代價高昂。為了讓選秀權從第十二順位提前至
第五順位，聖徒隊放棄了他們在這次選秀大會的所有其他選秀
權，外加隔年的第一與第三輪選秀權。後來事實證明，放棄後
面幾輪新秀的代價太慘重了，因為當年聖徒隊的戰績淪為倒數
第二，然而他們已經放棄2000年的第二順位選秀權。顯然招募
威廉斯不足以讓整支隊伍改頭換面，迪卡也因此被炒魷魚。威
廉斯為聖徒隊效勞了四年，表現頗為優異，可是稱不上有扭轉
乾坤的能力，若當年沒把選秀權交易出去，該隊原本可擁有的
生力軍說不定還更有助於提升戰績。我和梅西想知道：為什麼
會有人做出這種交易？

聖徒隊的交易只是一個極端例子，我們認為應該可以找到
其他一般性的案例，譬如過度重視優先挑選的權利。決策心理
學有五項發現，可支持我們對優先挑選權過度昂貴的假設：

一、人們過度自信。他們對於自己判別兩個球員實力差異
的能力，評價高於實際上的判別能力。

二、人們會做出過於極端的預測。以這個例子來說，本
業就是評估新秀潛力的球探很容易一廂情願地宣稱某個球員未
來必將成為超級巨星，雖然從定義上來說超級巨星並非滿街都
是。

三、贏家的詛咒。當許多投標人為同一個標的競爭時，贏
得拍賣的往往是最看重標的物的那個人。選秀也是同樣道理，

尤其當競爭標的是那些在首輪就被優先選中且備受吹捧的球員。贏家的詛咒指的是這些球員雖然優秀，表現往往不如招募他們的球隊所預期。大多數球隊都認為瑞奇·威廉斯是傑出的候選人，但是他們不像迪卡如此鍾情於威廉斯。

四、錯誤共識效應。基本上，一般人傾向於認為其他人與他們偏好相同。舉例來說，當iPhone手機剛剛問世時，我請班上學生匿名回答兩個問題：你本人有沒有iPhone？你認為班上有多少比率的同學擁有iPhone？結果擁有iPhone的學生認為絕大多數同學也擁有iPhone；沒有的人認為有iPhone的只是少數。選秀亦然，當球隊愛上某個球員，該隊會認為其他對手也在覬覦同樣目標，他們設法插隊到前面，趕在另一個球隊偷了他們的男人之前先下手為強。

五、現時偏好。球隊老闆、教練、總經理都想要現在就拔得頭籌。選秀大會上最優先被挑選的球員總是有可能立刻將輸家變贏家，贏家變超級盃冠軍，雖然從威廉斯的例子來看這通常是痴心妄想。球隊想要現在就獲勝！

我們的基本假設是，優先挑選權被過度看重，這表示選秀市場並不符合效率市場假設。值得慶幸的是，我們有辦法取得所需的數據來精密測試這項假設。

分析的第一步是評估選秀權的市場價值。既然選秀權經常被交易，我們可以透過歷史交易數據來評估選秀權的相對交易價值。假如你跟迪卡一樣，選秀權是第十二順位，但是你想得到第五順位，正常來說你得花多少代價來交換呢？我們的分

析結果請見圖表18。圖表中的小圓點是我們用來預測曲線的特定交易,可從這張圖表看出兩件事,其一是它的曲線很陡:第一順位選秀權的價值,大約是第三十三順位的五倍;所謂第三十三順位,指的是第二輪的第一順位。原則上來說,擁有第一順位選秀權的球隊,可透過連串交易來換取第二輪的前五順位選秀權。

這張圖表還有另一個值得注意的地方,就是預測曲線和數據相當吻合。圖表中的一個圓點代表著一次個別交易,這些圓點的位置相當靠近預測曲線,在實證研究上,大家幾乎沒有見過如此井然有序的數據。怎麼會這樣呢?後來我們發現,數

圖表 18 國家美式足球聯盟選秀權順位相對於
第一順位的平均價值

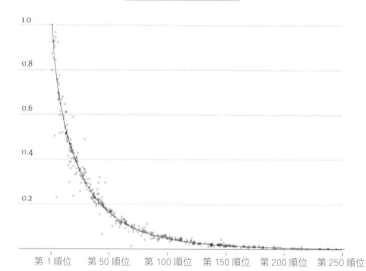

據排列如此整齊是因為每個人都仰賴「估值表」，一份列出選秀權相對價值的表格。工程師訓練出身的麥克‧麥考伊持有達拉斯牛仔隊少數股份，是最初製作這張表的人。當時的教練吉米‧強森請他幫忙想出如何為潛在交易估計價值，麥考伊放眼歷史交易數據，進而建立了這套表格。雖然估值表一開始是只有牛仔隊知道的專屬資訊，可是它最後流傳到整個聯盟，現在大家都在用這張表了。圖表19顯示這張表給了第一順位選秀權相當高的估值。

圖表 19　估值表

順位	估值	順位	估值	順位	估值	順位	估值
1	3,000	9	1,350	17	950	25	720
2	2,600	10	1,300	18	900	26	700
3	2,200	11	1,250	19	875	27	680
4	1,800	12	1,200	20	850	28	660
5	1,700	13	1,150	21	800	29	640
6	1,600	14	1,100	22	780	30	620
7	1,500	15	1,050	23	760	31	600
8	1,400	16	1,000	24	740	32	590

　　我和凱德找到了麥考伊，針對選秀權估值的前因後果與他有一次愉快的對話。麥考伊強調，他無意具體指出每個順位的選秀權應該要有多少價值，純粹只是根據先前的交易，列出各球隊所估算的價值。我們和麥考伊的分析有著不同目的，因為我們想問的是這張估值表上列出的價格，是否從效率市場假設的角度來說是「正確」的。一個理性的球隊會願意放棄那麼多選秀權，以換取一個較優先順位的選秀權嗎？

　　要證實球隊過度重視選秀權的優先順位，還得再做兩件事。第一件事比較簡單：決定每個球員的身價有多少。值得慶幸的是，我們能夠取得球員薪酬的數據。在我們深入談薪資之前，各位有必要先了解國家美式足球聯盟勞動市場的另一項特別之處，就是他們的薪資設有上限，也就是球隊提供球員的薪水有最高金額限制。這與許多其他運動如職棒大聯盟或歐洲足球聯賽都相當不同，以後者來說，只要荷包滿滿的老闆願意，他們愛花多少錢買下明星球員都行。

　　薪資上限正是我們的研究可行的關鍵，表示每個球隊都必須在相同的預算之下聘用球員，為了成為常勝軍，球隊必須把錢花在刀口上。假如某個俄羅斯大亨有意花數億美元買下一個足球巨星，這番決定總能被合理化為大亨從該球員身上得到效益，就跟收購昂貴的藝術作品一樣，但是在國家美式足球聯盟，花大錢買下昂貴球員或為了威廉斯這樣的明星放棄許多選秀權，涉及到球隊必須付出的機會成本，例如這筆錢原本可聘用到的其他球員或買到的選秀權。預算限制意味著打造獲勝隊

伍的唯一方法，是找出價值高於成本的球員。

國家美式足球聯盟對於菜鳥的薪資，也有相關規定。第一年球員的薪酬按照選秀順序羅列如圖表20。我們所使用的數字是球隊的官方「給付上限」，包球員的薪資和分期支付的簽約金。圖表20與圖表18有許多相似特點，首先是曲線都相當陡。選秀順位高的球員，薪酬大幅勝過順位低的球員，而且圖表中的數據也十分規律，因為聯盟基本上主導了球員能在初始合約中拿到多少薪資。

順位高的球員由於兩種狀況而變得很貴。首先，球隊必須放棄許多選秀權來換取（直接花錢買更高順位的球員，或因為

圖表 20　依照選秀順位排列的平均薪酬

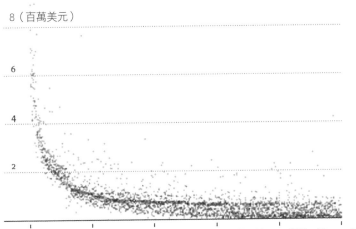

8（百萬美元）

拒絕以高順位來交易低順位而付出機會成本）。其次，高順位
的新秀薪資必然不低。因此一個明顯的問題是：他們真的值那
麼多錢嗎？

　　這個問題的另一個問法是：在什麼條件下，這些優先選秀
權的價格才會顯得合乎理性，而這樣的條件符合真實情況嗎？
根據估值表，平均來說在第一順位被挑選的球員，價值是第
三十三順位球員的五倍，但是這項事實本身沒有任何意義，既
然球員的價值差異可能遠超過五比一的比率。有些每年入選全
明星賽最有價值球員的成員能讓整個球隊改頭換面，有些球員
雖是球團花了大把鈔票簽下的，貢獻卻少得可憐。事實上，高
調買來的空包彈更會影響到球隊表現，因為球團無法忽視他們
的沉沒成本，若他們花了大筆錢簽下某個選秀順位名列前茅的
球員，就會有一定要讓他上場比賽的壓力，無論他當時的表現
如何。

　　由此可見，解決問題的關鍵在於球隊經理鑑別明星與空包
彈的能力。下面是一個簡單的思想實驗。假設你把所有已經被
賦予位置（接球員、四分衛）的球員，按照他們被挑選的順位
排列，然後挑出兩個順位相連的球員，譬如第三與第四順位的
跑鋒。具體測量起來，前一順位球員表現優於後一順位的機率
有多少？倘若球隊能做出完美的預測，前一順位更加優越的機
率是100%。假如球隊的預測能力不佳，前一順位更傑出的機
率就只剩一半，跟擲銅板一樣。各位不妨猜猜球隊的預測能力
究竟如何。

事實上，從整個選秀來看，前一順位球員優於後一順位的機率只有52％。第一輪的選秀機率高些，有56％[②]。在各位接著閱讀本章，或者下回要聘雇某個人，而且你很肯定對方是完美人選時，請記著這些數據。

這些數據已經強烈地暗示我們的研究分析會有怎樣的結果，可是我仍然有必要針對更完整的評測，為各位讀者們提供一個概述。我們匯集了每個在本研究進行時被球團選中的球員，追蹤他們在初始合約期間的表現。接著，我們為球員在每一年的表現評定其經濟價值。換句話說，我們評估了該球員當年為球隊貢獻的價值，作法是比較雇用表現相等（包括位置與品質），而合約已經走到第六、第七，或第八年的其他球員要花多少錢。後者的薪酬是按照市場價格來給，因為他們的初始合約均已到期且成為自由球員了。球員貢獻給球隊的價值，是他在初始合約期間內每年價值的總和（初始合約到期後，球隊就得按照市價給薪，否則他可以跳槽到其他隊伍）。

在下頁圖表21，我們為每個球員標繪了「表現價值」，以選秀順位來分類，並同時放入圖表20的薪酬曲線。請注意，表現價值曲線是向下傾斜的，這意謂球隊確實有一定程度評估球員的能力。選秀順位較優先的球員，表現的確更出色，但他們究竟比其他球員勝出多少？將表現價值減去薪酬就是球隊得到的「剩餘價值」，亦即相較於付給球員的薪酬，球隊得到（或損失）多少表現價值。各位可以將它想像成初始合約期限內，球隊從球員身上得到的盈利。

　　這張圖表的最下方曲線是剩餘價值。請注意，這條曲線在第一輪的選秀呈現向上傾斜，也就是說優先順位的選秀權，實際上價值不若順位較後面的選秀權。別忘了，估值表告訴我們的是：優先順位選秀權的價值遠超過後面的順位！圖表22一併呈現這兩條曲線，以第一順位選秀權為基準值1，縱軸顯示了各順位相較於第一順位選秀權的價值。

　　若這個市場是有效率的，圖表22中的兩條曲線理應完全相同，球隊也應該可以透過選秀權價值曲線，正確預測出該球員能夠為球隊創造的剩餘價值，譬如第一順位選秀權創造最多的剩餘價值，第二順位選秀權創造第二多的剩餘價值等。實際情

圖表 21　全國美式足球聯盟選秀權之「剩餘價值」

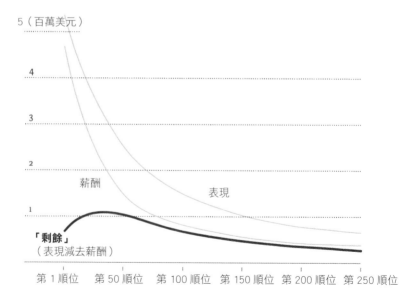

況卻非如此。交易市場曲線（以及估值表）告訴我們，你可以用第一順位選秀權交換第二輪的前五名選秀權，但是我們發現這些第二輪的選秀權當中，每一個為球隊創造的剩餘價值都超過第一順位的選秀權！在本人研究市場效率的這麼些年，這大概是我見過最公然違反效率市場假說的案例。

關於選秀權市場，我們還有另一個有趣的發現。有時候球隊會把今年的選秀權交易出去，換取來年的選秀權，這類交易的兌換率是多少？不必留心審視也可以發現這類交易有個簡單的經驗法則：今年度某輪的一個選秀權，可以交換隔年前一輪的一個選秀權。放棄今年第三輪的一個選秀權，球隊可以換到

圖表 22　估值表與球員剩餘價值的比較

若全國美式足球聯盟球員市場確實是有效率的，那麼這三張表都應該長得一模一樣。

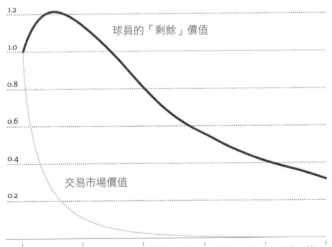

明年第二輪的一個選秀權（詳細分析亦證實這類交易差不多遵循上述法則）。這個經驗法則表面上聽似不合理，可是我們發現這暗示著球隊以每年136％的幅度折扣未來價值，這豈不正是現時偏好的充分展現！就連放高利貸的都沒這麼狠。可想而知，聰明的球隊早已察覺這個現象，因此十分樂意用當年選秀權來換取來年輪次較優先的選秀權[3]。

　　經過研究之後，我們給球隊兩個簡單的建議。首先是賣高買低，把順位較優先的選秀權賣掉，換成順位較後面的選秀權，特別是第二輪的選秀權。其次是發揮銀行功能，把今年度的選秀權貸給其他球隊，到了明年連本帶利討回選秀權。

　　進一步討論這些研究發現有何重大意義之前，我有必要先排除許多讀者，尤其是那些具有經濟學家思維的讀者可能會想到的一些解釋。有沒有可能是印著球員名字的運動衫賣得太好，足以彌補簽下高價新秀，該球員卻未能發光發熱所導致的損失？答案是否定的，因為球隊會均分球衣與其他國家美式足球聯盟官方商品的銷售額。

　　有沒有可能是簽下矚目新秀，便可創造足夠的門票收入，即便該球員沒能如預期成為巨星？答案也是否定的。首先，絕大部分國家美式足球聯盟球隊的季票都一票難求，根本不需要這種宣傳。更重要的是，沒人想看差勁的球員比賽，無論他多麼有名。為了充分驗證這項陳述的可能性，我們針對進攻線球員重新進行分析。進攻線球員大多是籍籍無名的巨漢，保護四分衛擺脫敵隊的成堆防守球員。儘管最死忠的球迷能叫出支持

隊伍的進攻線球員名字，我們的分析結論依舊不變，所以「明星光環」並非足以解釋這項異例的因素。

有沒有可能即便機會渺茫，若真能選中超級明星，這場豪賭就值得了？這種解釋也不對，我們做了簡單的分析來說明這一點。分析主要顯示擁有優先順位選秀權的球隊應該賣高買低，也就是用一個順位高的選秀權換取多個順位較後面的選秀權。為了測試這項策略的有效性，我們評估了每個可能是以估值表為依循標準的二換一交易。舉例來說，估值表顯示拿到第一順位選秀權的球隊，可以用它來交換第七和第八順位、第四和第十二順位，或第二和第五十順位，諸如此類。針對這些假設性的交易，我們用兩項球員表現衡量指標來判定球隊表現：先發場數，以及入選全明星賽最有價值球員的次數，結果發現賣高買低的策略大幅增加了先發場數，同時打出全明星賽水準的球季數也維持在不變水準。

聯盟的決策者們怎會完全搞錯了呢？市場力量為何沒能將選秀權的價格，推向可以為球隊帶來剩餘價值的方向？要了解金融市場，套利是個相當重要的觀念，然而上述問題的答案正是套利有其局限的一個好例子。假設球隊閱讀，也了解了我們的論文內容，他們可以怎麼做？若他們是實力堅強的球隊，戰績通常名列前茅，他們利用市場無效率的空間就不大了，除非他們願意把當年的選秀權交易出去，以換得隔年順位更高的選秀權。既然順位高的選秀權不可能做空交易，聰明的球隊並無從中套利的機會，更遑論外部投資人了，充其量只能買下戰績

差勁的球隊，然後花些時間透過賣高買低的交易來改進選秀策略。

　　我們這份論文的初稿尚未出爐之前，一支國家美式足球聯盟的球隊就表示對我們的研究感興趣。在此之前，我們已經與三支球隊有過非正式的合作（當然是一次一個球隊）。我們的初次互動的對象是華盛頓隊老闆丹尼爾‧斯奈德，他被邀請至布斯商學院的創業社進行演說，而活動主辦人之一請我主持觀眾討論會，我同意了，因為這麼一來我就有機會趁著午餐時間與斯奈德一對一交談。

　　斯奈德是白手起家的成功人士。他沒讀完大學就輟學創業，開了一家專門包機，出售廉價春節假期旅遊行程給大學生的公司。後來他轉戰直接郵寄廣告業務，出於好運或遠見，他在2000年市場巔峰期間賣掉了公司，並用這筆進帳外加鉅額貸款買下他從小就最喜歡的紅人隊（不意外的，許多人認為這隊名有侮辱意味，可是斯奈德堅持保留）。我和他碰面時，他才剛當上紅人隊的老闆。

　　我向斯奈德提到我和梅西的研究計畫，他一聽到就說要派「他的人」立刻去拜訪我們，雖然當時球季正打到一半，他說：「我們想在各方面成為頂尖。」顯然斯奈德想要什麼都是勢在必得。到了星期一，他的營運長打電話來，說要盡快和我與梅西晤談，我們在當週五碰面，他另外帶了兩名同伴。這是一次互蒙其利的討論，我們為這項研究分析提供基本說明，他們則協助我們確認一些制度上的細節。

　　球季結束後，我們又與斯奈德的部屬做了進一步的討論，這時候我們相當確定他們已經對我們的兩項建議知之甚詳：賣高買低，以及將當年的選秀權換成隔年順位更高的選秀權。那年我和梅西興致勃勃地觀賞了電視播出的選秀，最後卻大失所望。紅人隊做的決定跟我們的建議完全相反！他們買下順位更高的選秀權，並且用明年順位較高的選秀權，換取今年順位較低的選秀權。我們問聯絡窗口這究竟是怎麼回事，只得到一個簡短的回答：「斯奈德先生希望現在就獲勝。」

　　這使得斯奈德未來的決定變得很容易預測。2012年，紅人隊拿到第六順位的選秀權，代表他們是2011年戰績倒數第六的球隊。他們亟欲得到一名出色的四分衛，而那年有兩個評價甚高的新秀：安德魯・洛克與羅伯・葛瑞芬三世（後來被簡稱為RG3）。印第安納波利斯小馬隊得到第一順位選秀權，他們宣布要網羅洛克，紅人隊則想要RG3。聖路易公羊隊得到第二順位選秀權，可是他們已經有了滿意的年輕四分衛，於是紅人隊和公羊隊做了交易，將選秀權從第六順位提前至第二順位，條件是除了放棄第六順位選秀權，還必須將2013年的第一輪、第二輪選秀權，以及2014年的第一輪選秀權都奉送給公羊隊。為了將選秀權順位往前挪四個位置，如此高昂的代價令人瞠目結舌。

　　最後結果如何呢？RG3在第一年的全力表現確實讓這筆交易顯得相當高明，我們這些蛋頭學者則一臉蠢相。他是個高效能的球員，觀看他比賽很是刺激，而且球隊也連戰皆捷，倘若

RG3真成了超級巨星,看樣子這筆交易有可能值回票價。但是到了季末,他因為受傷而暫停出賽,當他再度回到場上時,或許是因為過早復出,舊傷惡化而不得不進行手術,隔年的比賽沒能再度展現先前的巔峰狀態,紅人隊也經歷了一個悲慘的球季。到了2014年,紅人隊已經奉送給公羊隊的第一輪選秀權,成為第二順位,放棄這個選秀權成了昂貴的代價(還記得紅人隊最初交易得來的,就是第二順位的選秀權吧)。2014年對於RG3來說,又是個令人失望的球季。從事後諸葛的角度來看,在第三輪才被挑中的球員羅素・威爾森顯然是比RG3更值得,也更不容易受傷的選擇。威爾森在國家美式足球聯盟服役三年期間,帶領球隊挑戰兩次超級盃,並且贏得其中一次的冠軍。

當然了,我們不能用後見之明來評斷一項交易,而且RG3受傷也只能說紅人隊運氣不佳。這就是重點所在,當你為了一個球員而放棄許多優先順位選秀權,等於是把所有的雞蛋放進他的籃子裡,然而足球員就跟雞蛋一樣容易受損傷[4]。

我們與紅人隊的互動為期不長,但是很快就發現另一支隊伍(身分必須保密)有意與我們談談選秀策略。與該隊往來的過程中,我們得知球隊的領導階層往往對選秀策略意見不同。習於分析式思考的人會引用我們的研究分析,並且主張賣高買低,以當年選秀權換取來年順位較高的選秀權。其他的人,例如球團老闆或某個教練,則經常迷上某個球員,堅持一定要交易到他們心儀的對象。就算在少數情況下,球隊確實在第一輪賣高買低,換得第一輪順位較後的選秀權,外加第二輪的一個

選秀權，這個額外得到的選秀權也往往保留不住，因為它感覺
像「莊家的錢」，經常很快就被交易出去換取「有把握的」。

　　球隊未能以利益最大化的方式來選秀，正充分說明委託–
代理人問題，更正確的名稱應該是笨蛋委託人問題。當經濟學
家提到球隊換取順位更高的選秀權時會說：「這只是個代理人
問題。」他們指的是總教練或其他教練為了保住工作，必須現
在就贏得球賽以免被炒魷魚。當然了，教練們擔心丟掉工作是
完全合理的，畢竟他們確實經常被開除，但是把錯誤決策推諉
到傳統代理人問題上，我認為這並非對真實情況的正確描述。
在許多情況下，而且不限於體育活動領域，老闆都至少要和雇
員負起同樣責任，總教練之所以交易順位更高的選秀權，是因
為老闆希望現在就看到比賽獲勝。我們在本書第20章討論過類
似例子，關於某個執行長希望部屬接下二十三項風險較高的計
畫，最後卻只有其中三項得到執行，因為部屬們擔心計畫倘若
不成功，執行長就會將他們革職。這時得靠執行長本人來解決
這個問題。
　　同樣道理也可套用於教練們的決定。在美式足球界，每
場比賽都有其陣式，教練必須做出幾十個明確的策略決定。歐
洲足球在本質上較為流動性，只有幾個固定戰術，譬如角球戰
術，國家美式足球聯盟的一些策略決定確實是可以，也已經被
分析過，其中一個是第四次進攻時是否要繼續衝完剩餘碼數。
一個球隊有四次進攻機會，每次必須推進10碼以上，否則攻守

就要交換，若球隊在前三次進攻都無法推進超過10碼，他們可以選擇繼續衝完這10碼，設法踢球進門得分，或乾脆把球踢給敵隊，讓對方從較遠的位置反攻。加州大學柏克萊分校經濟學家大衛・羅默研究了這個問題，發現球隊太少選擇衝完剩餘碼數。

足球分析專家布萊安・柏克引用更多數據，複製並延伸了羅默的分析。《紐約時報》在2013年透過他的模型，設計出能夠運算出任何第四次進攻情況中最佳策略的軟體，無論是棄踢、衝完剩餘碼數，或踢球進門，球迷可即時追蹤「紐約時報第四次進攻運算」，看看如果根據數學，球隊應該怎麼做最有利。這項研究外加一個免費手機應用程式，是否對足球教練產生了任何影響？基本上毫無影響。自從羅默提出他的論文，選擇衝完剩餘碼數的頻率反而還微幅下滑了，這表示球隊變得更不聰明（同樣的，我們的論文發表後，球隊的選秀策略並無明顯改變）！

曾擔任體育分析專家的奈特・席佛後來以政治預測聞名，並且出版聲名大噪的著作《精準預測》。他估計不明智的第四次進攻決策讓球隊每季平均喪失半次贏球機會，《紐約時報》分析專家的估計則接近每年喪失三分之二次贏球機會。看起來損失不大，可是每一季只有十六場比賽，倘若球隊能在每場比賽做出兩、三個聰明決定，該隊就可每隔一年多贏一場比賽。若他們需要協助，還可以直接上網查呢[5]。

當然了，教練也是人類。他們傾向於維持原有的做事方

法，因爲這樣的決定比較不會被老闆事後批評。凱恩斯曾指出，遵循傳統智慧能讓你免於被炒魷魚。聰明的老闆（閱讀經濟學期刊，或雇用某人代勞此事）會敦促部屬遵循能夠在最大程度提升獲勝機率的策略，並且告訴他們沒人會因此而丟掉工作，但是這樣的老闆並不多。擁有一支價值數十億美元的足球隊並不代表你已名列經濟學家蓋瑞‧貝克所說懂得運算概率的那10%，也不表示你能夠雇用到那些懂得運算概率的人，或者讓他們做出符合最高利益的決定。

貝克猜想，亦即那10%懂得計算概率的人，最後都會擔任需要這項技能的工作；它究竟有多少眞實性？在某個程度上，我們或許會期望這個猜想是正確的。所有國家美式足球聯盟的球員都是實力堅強的好手，每個文字編輯都擅長拼字與文法，所有選擇權交易員都至少能用計算機算出布萊克—史諾斯期權定價公式，依此類推。一個競爭的勞動市場，確實能順利地將所有人擺到適合的職位上。諷刺的是，隨著我們在晉升的階梯往上爬之際，這個邏輯也變得越來越沒有說服力，所有經濟學家都至少在擅長的領域學有專精，但是他們當中許多人被派任爲系主任之後，卻表現得相當不稱職，這就是有名的彼得原理：每個員工最後都會升遷到他們能力無法勝任的職務。

足球教練、系主任，或執行長的工作是多面項的。對足球教練來說，能夠在漫長的球季持續管理且鼓舞一群年輕多金的巨漢，或許比判定第四次進攻是否應衝完剩餘碼數，其實要來得更加重要。同樣道理也可套用在許多資深主管和執行長身

上，他們當中有許多人是出了名的不善學習，即便是善於學習，無疑地也把統計課學到的東西幾乎忘光了。

　　一個給貝克猜想找台階下的方法，就是主張執行長、教練，以及其他因爲具備廣泛技能（或許不包括分析推理）而被聘用的主管，大可雇用符合貝克所說10％懂得運算概率的電腦天才來幫他們搞定數字。但我有個預感，決定的重要性越是增加，他們就越不可能仰賴他人代勞的量化分析。當他們面對的是冠軍之戰，或公司的前途時，主管往往傾向於相信自己的直覺。

　　現在，我和梅西已展開與第三支球隊的合作，球團老闆十分渴望進入貝克的菁英俱樂部，但是我們對職業球隊的運作方式越了解，越明白讓組織內的每個人都接受能夠最大幅度提升盈利與獲勝場次的策略是一件多麼困難的事，特別是當這些策略違反傳統智慧時。顯然這得有來自最高層的鼎力支持，可是老闆也必須說服所有雇員，讓他們相信投入這些反傳統的聰明嘗試必然會得到回報，即使（尤其！）他們最後依舊失敗了。很少球隊能做到這個勝利方程式，第四次進攻放棄推進、選秀日的決策都是明證。爲了明白球隊或任何其他組織如何制定決策，以及如何改善這些決策，我們必須先充分意識到——它們的擁有者與管理者都是人類。

---

① 令人難過的是，蓋瑞·貝克在2014年，亦即本書仍在撰寫之時辭

世了。他是我這輩子遇過最富想像力的經濟學家之一，無法得知他對本書的看法實屬遺憾，即使他的評語我無法認同，也一定能讓我從中學到不少。「他是一位儒雅的學者」這句老詞用來描述蓋瑞，可說再貼切不過。

② 這些數據用「先發場次」來判定哪一個選手更優異。我們採用這個簡單的衡量標準，是因為它可套用於任何位置的球員，不過即使採用更精細的衡量標準，譬如接球員或跑鋒推進的碼數，結果也不會相差太多。

③ 真正聰明的隊伍，會用今年第二輪的一個選秀權，交換明年第一輪的一個選秀權，然後再把那第一輪的選秀權，換成隔年的多個第二輪選秀權。接著，他們說不定還能將其中一個第二輪選秀權，換成下一年的一個第一輪選秀權，依此類推。

④ 後記：紅人隊在2014年季末對上聖路易公羊隊，也就是紅人隊為了搶得夢幻球員而賣出多個選秀權的對象。對戰一開始，公羊隊教練派出所有他們利用紅人隊奉送的選秀權得來的球員擔任裁判擲銅板時，負責猜正反面以決定攻守次序的隊長。公羊隊以24：0贏得這場比賽，RG3則因為表現太差而坐了冷板凳。就讓我們再看看，斯奈德先生是否能從中學會培養耐心吧。

⑤ 給全國美式足球球迷的註腳：我認為席佛的估計或許太過保守，他忽略了一項事實，就是假如你知道第四次進攻要衝完剩餘碼數，你會在第三次進攻時就改變作法。若球隊正進行第三次進攻，還剩五碼要推進，他們幾乎一定會設法傳球。但是如果他們知道第四次進攻要衝完剩餘碼數，而現在只剩兩碼要推進，就可以在第三次進攻多嘗試跑陣。如此一來也可在他們決定傳球時提高成功機率，既然他們的行動變得比較難以預測。

第 *30* 章

如何在競賽節目中脫穎而出？

　　無論是高風險的金融市場或美式足球選秀，我們所做的種
種研究都足以推翻實驗室內觀察到的行為異例，無法在所謂的
真實世界加以複製驗證的這項批評，但是現在宣布勝利仍為時
尚早，迷思是很難打破的。再者，這些研究發現有個局限：大
抵上來說，它們涉及的是市場價格，而非特定的個人行為。確
實，選秀合約價格出現了不合理行情，可是我們不可能直接將
這現象歸咎於特定的行為因素。從過度自信到贏家的詛咒，有
太多行為現象可預測選秀順位優先者的價值被過於高估，因此
我們不可能鐵口直斷哪個部分的不當行為造成了市場定價的失
準。儘管我們可以在展望理論的基礎上，針對計程車駕駛與個
別投資人的行為提出還算有說服力的解釋，卻仍無法排除符合
預期效用最大化，或涉及偏頗信念的其他解釋。經濟學家相當
擅長為行為想出理性解釋，無論該行為顯得多麼愚蠢。

　　建構展望理論時，康納曼與特維斯基所採用的特定提問方
式，目的就在於消弭所有可能產生的含混之處。當受測者被詢
問：「你會選擇確定拿到300美元，抑或有五成機會贏得1,000

美元，卻也有五成機會損失400美元？」受測者已確知贏的機率是50％，而且這個問題單純到沒有其他混淆因素會影響受測者的回答。康納曼與特維斯基「解決」涉及高利害關係問題的方式，則是提出假設性問題，讓受測者想像自己正在進行重大選擇，畢竟任何研究團隊都沒有足夠預算能讓受測者玩真的，即便是為了提高利害關係而跑到貧國做試驗的研究人員，也很少讓涉及利益超過當地人的數月收入，即使這筆錢為數可觀，可是重大程度依舊比不上購屋、求職、結婚等。針對高利害關係的研究項目，一時之間還真找不到能夠取代康納曼—特維斯基式假設性提問的方式，直到2005年我在荷蘭發現了解決之道。

　　這個發現的機緣來自於鹿特丹伊拉斯莫斯大學頒給我榮譽學位。除此之外，這趟行程的亮點是會晤三位經濟學家：金融學終身教授提瑞‧波斯特、新任助理教授馬丁‧凡‧登‧艾森，以及研究所學生希鐸‧鮑特森。他們做了一個研究，是觀察荷蘭電視競賽節目上的決策行為，我覺得這項研究太有趣了。他們的初步發現證實高利害關係之下，賭場贏利效應確實存在，這也令我感到相當振奮（還記得本書第10章介紹過的賭場贏利效應吧？當中提到常人在自認為占上風時，會更願意承擔風險）。在他們的研究中，節目參賽者所做的決定涉及數十萬美元，說不定可堵住行為研究發現不適用於高利害關係情境的說法。他們問我是否願意加入這項研究，我答應了[①]。

　　倘若我被要求為展望理論與心理帳戶的測試設計一個遊

戲，我不可能想出比這個更棒的遊戲了。推出這個節目的是安德摩製作公司，雖然該節目的最初版本「追逐百萬大獎」在荷蘭播映，可是它很快便風行全球，英文版名為《一擲千金》。我們採用了荷蘭、德國，以及美國版本的數據來進行研究。

　　這個節目在各地的競賽規均大同小異，且容我說明原始的荷蘭版本：製作單位讓參賽者看一塊板子，請參見圖表23，上頭有二十六種金額，從最低的0.01歐元，到最高的500萬歐元。對，你沒眼花，正是500萬歐元，換算成美元超過600萬。平均每個參賽者贏得22萬5千歐元。節目中有二十六個行李箱，每個行李箱裝著個別卡片中所標示的金額。參賽者要在不能打開

圖表 23　《一擲千金》計分版

		目前	
€ **13,000**		「交易提議」	

€ 0.01	€ 50	€ 10,000	€ 400,000
€ 0.20	€ 100	€ 25,000	€ 500,000
€ 0.50	€ 500	€ 50,000	€ 1,000,000
€ 1	€ 1,000	€ 75,000	€ 2,500,000
€ 5	€ 2,500	€ 100,000	€ 5,000,000
€ 10	€ 5,000	€ 200,000	
€ 20	€ 7,500	€ 300,000	

未打開行李之金額　　　已被移除之金額

行李箱的情況下，隨意選擇其中一個行李箱，也可以將那個行李箱保留到遊戲最後，無論裡頭有多少獎金都得接受。

選好第一個行李箱之後，參賽者要在無從得知該行李箱有多少金額的情況下，另外打開其他六個行李箱，看看每個行李箱裡有多少獎金。每打開一個，那只行李箱所裝的金額就會從板子上移除，如下圖所示。接著參賽者可選擇接受主持人的「交易提議」，即板子最上方所顯示的金額，也可以繼續玩遊戲，打開更多行李箱。在英語版本的節目中，參賽者決定接受交易提議，或繼續玩遊戲時，必須喊出「交易」或「不交易」。若參賽者選擇繼續（不交易），他就得在每一輪打開更多行李箱。遊戲最多有九輪，而剩餘輪次尚未打開的行李箱數目分別為五、四、三、二、一、一、一、一。

交易提議的金額大小取決於板子上剩下的獎金，以及遊戲進行到什麼階段。為了鼓勵參賽者繼續玩，同時讓節目更有看頭，遊戲剛開始的交易提議金額往往遠低於參賽者預期的獎金金額，而他們的預期通常是所有剩餘獎金金額總數的平均值。在還沒有任何行李箱被打開之前，參賽者的預期獎金將近40萬歐元。遊戲的第一輪，交易提議約為預期獎金的10%。到了遊戲較後面階段，交易提議會達到，甚至超過參賽者的預期。進行至第六輪的時候，交易提議平均為預期獎金的四分之三，此刻參賽者就面臨風險頗高的困難決定了。交易提議的金額會隨著遊戲進行，逐漸提高它在預期獎金的占比，因而鼓勵了參賽者繼續投入，但是參賽者也冒著選錯行李箱的風險。萬一被打

開的是高金額的行李箱，參賽者便會降低對獎金金額的預期，主持人的交易提議也會隨之往下調整。

　　我們這份論文的主要目標，是要透過這些涉及高利害關係的決定來比較標準預期效用理論和展望理論（展望理論無疑是勝利的一方），並進一步探討「路徑依賴」所扮演的角色。遊戲之前的進行過程是否影響了最後決定？經濟學理論認為這種事不應當發生，參賽者當下面臨的選擇才是唯一要緊的事，之前的運氣好壞於否和過程根本是無關因素。

　　有個看似尋常無奇的觀察發現，在我們評估那些相互衝突的理論時發揮了重要價值。節目參賽者表現出「適度風險規避」傾向，他們並不會極度厭惡風險。許多參賽者拒絕了價值為預期獎金七成的交易提議，願意讓自己繼續承受風險，即使數十萬歐元可能就此蒸發。這項發現牽涉到股票風險溢酬之謎的相關研究。有些經濟學家指出，股票風險溢酬只能用投資人的高度風險規避來解釋，但是我們對上述競賽節目的研究結果，說明了這項假設站不住腳。在荷蘭版的節目中，沒有任何參賽者在第四輪之前就放棄退出，儘管他們可能因此失去數十萬歐元獎金。倘若參賽者的風險趨避程度足以解釋股票風險溢酬之謎，那麼他們根本玩不到第四輪就會收手了。

　　更耐人尋味的是路徑依賴所扮演的角色。本書之前曾提過，觀察同事打撲克牌時表現出的傾向，促使我與韋納・強森共同合作了一篇論文。研究發現，有兩種情境會降低常人的風險規避傾向，甚至變得主動尋求風險。第一種情境是當他們手

風正順，玩的是「莊家的錢」；另一種情境則是當他們落居下風，卻有機會扳回一城。「一擲千金」的參賽者表現出同樣的傾向，而且是當他們面對損失鉅額獎金的高風險的時候。想知道一個人在自認為「落後」時會有什麼反應，我們只須看看法蘭克的不幸例子。他是該節目荷蘭版的參賽者，第一輪比賽挑出的六個行李箱竟然多半是幸運選擇，其中只有一個獎金額度較高，於是他預期自己能贏得超過38萬歐元的獎金，但是進行到第二輪，他的運氣急轉直下，竟選中四個有大獎的行李箱，其預期值驟降至6萬4千歐元，而主持人的交易提議僅只8千歐元。此時法蘭克的情緒反應差不多就像某個剛賠損一大筆錢的人，他決定繼續碰運氣，而命運之神也再度垂青，讓他進行到了第六關。這時候剩下的獎金為0.5歐元、10歐元、20歐元、1萬歐元，以及50萬歐元，平均為10萬2,006歐元，主持人提議給他7萬5千歐元，高達預期值的74%。若你是法蘭克，你會怎麼做呢？

　　請注意，上述獎金金額分布落差甚大。若他接下來打開的行李箱包含了有50萬歐元的那一只，最後得到的獎金就不可能超過1萬歐元了，但是法蘭克決心拿到原本預期可得的大獎，拒絕了主持人的交易提議。遺憾的是，他接下來果然挑到50萬歐元的行李箱，於是預期值再度滑落至2,508歐元。沮喪的法蘭克堅持拒絕交易到最後，直到獎金選擇只剩10歐元與1萬歐元。主持人為法蘭克感到難過，提議給他6千歐元，這可是預期值的120%，法蘭克依舊頑抗，最後他只帶走10歐元獎金。

　　蘇珊的例子則是另一種極端。她參加該節目的德國版本，獎金沒那麼高，所有參賽者的平均得獎金額「只有」20,602歐元，最高獎金為25萬歐元。蘇珊在第一輪運氣還不錯，最後一輪獎金選擇剩10萬歐元和15萬歐元，是第三與第二高的獎額。主持人提議給她12,500歐元，恰好是預期值，但是她拒絕了，無疑是認為反正這25,000歐元屬於「莊家的錢」，沒拿到也不算虧。幸運的蘇珊最後抱走15萬歐元大獎。

　　法蘭克與蘇珊的決定為我們論文中的正式研究發現提供了最佳示範，而這些發現強烈支持路徑依賴理論。參賽者的反應不僅是針對當下，參與遊戲過程中經歷的獲得與損失也會造成影響。我最初在康乃爾大學同事身上觀察到，然後與韋納・強森用幾十美元進行試驗的行為，同樣出現在利害關係高達數10萬歐元的情境之中。

　　透過競賽節目取得的數據來研究行為，得考慮一般人在公開場合與私下行為表現不同。不過希鐸、馬丁，以及當時還是研究生的丹尼・凡・多德針對常人在公開場合與私下時所做決定的差異進行了一項實驗。

　　實驗第一階段的目標是讓學生站在觀眾面前，複製競賽節目結果，盡可能模仿節目現場，安排了主持人、觀眾席，以及歡聲雷動的粉絲。當然了，鉅額獎金是複製不來的，他們提供的獎金縮水了一千倍或一萬倍。在小獎額與高獎額的版本中，最大獎分別為500歐元和5千歐元。他們從這些實驗中發現了一件有趣的事，就是參賽者的選擇與電視版本大同小異。正如

預期，學生在涉及金額較低時，整體來說風險規避現象稍有下降，可是差別並不是很明顯。此外，依賴路徑的模式也再度出現，無論是大贏家或大輸家都變得更愛冒險。

　　他們的研究接著比較這些實驗，以及其他讓學生在實驗室用電腦進行私下決定的實驗。在後者的設計中，受測學生面對的選項與有現場觀眾的版本相同，而且也能得到貨真價實的獎金。現在，我們來做個思想實驗吧：學生在哪一種情境下會願意承受更高風險，是私下自行選擇時，或站在觀眾面前時？

　　研究結果出乎我的意料之外，我以為站在觀眾面前會誘使學生投入更高風險，事實卻恰恰相反，學生在群眾面前反而變得更規避風險。至於其他方面，兩者的結果頗為相似，這讓我安了心，畢竟我才剛剛開始學著研究競賽節目呢。

　　另一個會招來「若是把利害關係提高呢」質疑的領域，是所謂「涉及他人」行為，譬如在最後通牒賽局和獨裁者賽局。研究者雖然也可以將金額提高至數個月的收入，但是有些人仍懷疑倘若受測者面對的是「真正一大筆錢」是否會有不同反應。我們的「一擲千金」論文發表後，馬丁聯絡上我說他正與丹尼‧凡‧多德進行一項研究計畫，安德摩製作公司又推出了新的競賽節目，有待我們從行為學角度來分析，這個節目的名稱就叫「金球」。

　　吸引我們注意的是每一集節目的最後階段。節目一開始有四名參賽者，但其中兩名後來會被淘汰，剩下兩名爭奪金額頗

高的大獎。在遊戲最後階段,他們玩了場賽局理論中最有名的
遊戲:囚徒困境。還記得它的基本設定吧:兩人必須各自決定
他們要合作或是出賣對方。理性自利策略是雙方都選擇出賣對
方,假如他們能夠合作,最後結局就會好得多。迥異於標準理
論,囚徒困境實驗中若涉及的利害關係較低,那麼大約四成至
五成的人會選擇合作。假如我們把利害關係提高呢?從競賽節
目「金球」得到的數據有助於我們找到答案。

在節目中,兩名進入決賽的參賽者已經累積不少獎金,
必須決定這筆獎金該如何分配。他們可以選擇「平分」或「偷
走」。若兩人都選擇平分,就可以各得一半獎金;若其中一人
選擇「平分」,而另一人選擇「偷走」,那麼選擇「偷走」的
人就可抱走所有獎金,另一個人則半毛錢都拿不到;假如兩個
人都選擇「偷走」,結果將是兩人都得不到任何獎金。由於涉
及的金額夠高,就算是最頑固的經濟學家,也不得不承認這些
是有效的研究案例,獎金的平均金額超過2萬美元,曾有一組
參賽者將獎金推升至17萬5千美元。

這個節目在英國播出了三年,製作人好心地將幾乎所有節
目錄影都提供給我們,

最後我們從中挑出287對參賽者來進行研究。我們想知道
的第一個問題是,合作率是否會隨著利害關係提高而下降。答
案顯示於圖表24,可以說是,也可以說不是。

此圖顯示參賽者面對不同利害關係時的合作機率,金額由
小至大。就如許多人所預期,合作率會隨著金額增加而降低,

可是若要因此大肆慶祝傳統經濟模型的勝利，仍然為時尚早。因為合作率雖然下滑，下滑程度就和實驗室內的研究結果，或涉及金額較小的時候差不了多少，大約在四成至五成之間，換句話說，沒有證據顯示低利害關係情境下的高合作率，無法代表利害關係提高後的行為反應。

合作率隨著金額上升而下滑，只是因為當金額異常低於該節目標準時，合作率出奇的高。我和論文共同作者為這種情況的發生原因想出了一個「大花生米」假說，這個假說的概念是一筆金額的大小，要看它被放在什麼樣的背景中。還記得我寫在黑板上的清單中有一條例子是常人買小東西時，會為了省10

圖表 24　參賽者合作機率

涉及金額	參賽者的合作率
$100	72%
$250	65%
$500	58%
$1,000	54%
$1,500	59%
$2,000	59%
$2,500	52%
$5,000	50%
$10,000	51%
$15,000	47%
$20,000	46%
$25,000	49%
$50,000	43%
$100,000	48%

當遊戲涉及「真正一大筆錢」，參賽者仍有半數機率選擇合作。

美元而開車到遠處其他賣場，可是購買大件商品時就不會這麼做了，在採購新電視機的情境下，10美元跟「花生米」差不了多少，根本不足以掛心。同樣現象也發生在競賽節目中，「金球」的平均獎金約為2萬美元，當參賽者最後只有500美元可分配，會覺得用不著為這些花生米費心，既然只剩花生米了，何不乾脆當個好人，尤其國家電視觀眾都正看著他們呢？當然了，若是在實驗室裡，500美元可算是一筆大數目。

　　同樣的，「大花生米」現象也出現在我們的「一擲千金」研究數據中。還記得法蘭克在遊戲最後一輪可選擇直接接受6,000歐元，或選擇五成機率得到1萬歐元，另五成機率得到10歐元，他則選擇了繼續賭運氣。我們懷疑是遊戲最初近40萬歐元的預期值，以及後來主持人曾提議給他7萬5千歐元，使得他認為後來的獎金金額只能算是花生米，乾脆繼續賭到底。

　　我們還探究了「金球」參賽者行為中的另一層面：能否預測誰會決定平分，而誰會選擇偷走？分析了許多人口統計變項之後，唯一有意義的發現是年輕男性明顯較不願意平分。所以說，千萬別信任三十歲以下的男性。

　　我們也分析每個參賽者在做出決定前所說的話。可想而知，這些話都帶有同樣調調：「我不是那種會選擇偷走的人，希望你也不是這種爛人。」這就是賽局理論專家所謂的「說說而已」，由於說謊不受處罰，每個人都承諾自己會做好事。不過有個信號倒是一片雜訊中可靠的辨別方式，假如某個人爽快承諾平分，他最終如此做的機率會高出三十個百分點（譬如

「我百分之一百二十保證會平分。」）這反映了一般人的通常傾向，比起公然鬼扯，刻意略過會讓大家比較願意說謊。若我要賣你一部二手車，我不會覺得有義務提到這部車很耗油，可是假如你挑明了問我：「這部車會很耗油嗎？」我可能還是會被逼著擠出「對，這部車有個小問題」這類說詞。要聽到實情，提出明確問題是有幫助的。

負責記錄每集節目賽況的是我們的學生，我本人只看了十來集，對參賽者如何玩遊戲有個大致掌握，直到某一集在網路上瘋傳，我才發現「金球」說不定也創造了電視競賽節目史最精彩的時刻，雖然這個類別競爭者不多。這集的參賽者是尼克與伊伯拉辛，而尼克堪稱為大明星，似乎以參加競賽節目為副業，曾在超過三十個節目中露過面，而且斬獲頗豐，他在這一集節目中傾力發揮了創意。

描述他的比賽策略之前，我得先說明一個技術性重點。「金球」的遊戲玩法有個地方不同於標準的囚徒困境：若你選擇平分，可是對方選擇偷走，你的結局不會比當初同樣選擇偷走更差，在兩種情況下，你都是分文未得。在傳統例子中，若一名囚犯保持沉默，而另一名囚犯供出實情，保持沉默的一方會受到嚴厲懲罰[②]，而尼克在設計比賽策略時，充分地利用了這個小差別。

討論階段一開始，尼克就拋出一句令人大感意外的話：「伊伯拉辛，我希望你相信我，我保證一定會選擇偷走，不過事後會把獎金分給你。」伊伯拉辛與主持人當下無法理解這項

提議的背後邏輯，就如同伊伯拉辛所指出，直接選擇平分不是更簡單嗎？兩人都可以選擇「平分」這顆球嘛。尼克反駁，說他一定會選擇偷走，主持人從沒見識過這種回應，插嘴說節目不為任何這類保證背書，唯一確保雙方能對分獎金的方法就是兩個人都選擇平分。結果這次討論用掉的時間遠超過平時，為了符合嚴格的節目時長規定，過程在播出前被刪減了大半。各位不妨想想若你是伊伯拉辛，你會怎麼做呢？

可憐的伊伯拉辛顯然承受了極大壓力，搞不清尼克究竟有何企圖，他氣呼呼地問尼克：「你的腦子放在哪裡呀？」尼克露出微笑，指指自己的頭。最後主持人出面結束尼克的惡作劇，要求雙方做出選擇。伊伯拉辛對尼克的話顯得十分懷疑，可是突然間改變了他原本要選擇的球，他似乎打算選擇平分，或許是覺得自己別無選擇了，但是這也可能是他的最後一個假動作。

結果揭曉。伊伯拉辛確實選了「平分」球，尼克呢？他打開自己的球，上頭也寫著「平分」。

國家公共廣播電台節目「廣播實驗室」特別為「金球」做了一整集節目。主持人問伊伯拉辛，他原來是打算做哪一個選擇，他回答說本來想選擇偷走，卻在最後一刻改變了主意。主持人提醒他，當初他可在節目上發表了一番感人肺腑的話，說父親要他做個守信重諾的男人，「這你怎麼說呢？」主持人對於他嘴巴說要平分，事實上卻打算選擇偷走大感錯愕。「喔，那個呀……」伊伯拉辛回答：「事實上，我從沒見過家父，只

是覺得這個故事應該會奏效。」

　　人類眞是有趣的動物。

---

① 我雖然同意，卻也提醒了他們幾件事。我說合作至少會出現兩個
問題。首先，我是出了名的慢郎中（不是指懶惰的那部分）。其
次，我擔心出現「馬太效應」。這是社會學家羅伯・默頓發明的
詞，指的是過多光環歸諸於涉入其中的人當中最知名的一個。芝加
哥大學統計學家史帝芬・史蒂格勒從馬太效應衍生出另一個版本，
稱之爲「史蒂格勒定律」（刻意的反諷）：「沒有任何科學新發
現，是以最初的發現者爲名。」這個笑話的梗就是史蒂格勒定律不
過是把默頓的命題換句話說而已。最後，提瑞和其他研究團隊成員
仍決定邀我參與，附帶條件是倘若我自認爲毫無貢獻，我就可以退
出。

② 在博奕理論中，這被稱爲「不穩固」的囚徒困境（參見Rapoport發
表於1988年之論文）。

第8部

援軍已至

（2004年迄今）

到了1990年代中期，行為經濟學家設定了兩個優先目標：第一個目標是實證上的，找出且異例的紀錄，無論是個人或公司行為，抑或市場價格。第二個目標是發展理論，除非它建構出正式的數學模型，可將心理學的新發現套用於其中，否則經濟學家不會認真看待這個領域。如今行為經濟學領域的生力軍不但有才華洋溢的新秀，還不乏已經享有名望的理論家，譬如2014年諾貝爾獎桂冠得主尚・提霍勒加入建構行為模型的陣容。上述這兩個陣線都有著持續不輟的進展。潛伏檯面下的第三個目標是：我們能否藉由行為經濟學讓世界變得更加美好？能否同時擺脫走共產主義路線，想以官僚取代自由市場的嫌疑？或至少偷偷信奉社會主義，放手一搏的時機到了。

第*31*章

退休儲蓄：明天存更多？

　　由於行為經濟學界往往將注意力放在解決自我控制的問題，因此我們從退休儲蓄這個議題開始著手，可說再恰當不過，但是用以設計優質儲蓄方案的標準經濟理論卻依舊付之闕如。首先，標準理論已預先假設人們的儲蓄充足（並且會明智投資），如果大家已經完美執行儲蓄計畫，你還能怎麼幫助他們？再者，即使經濟學家想從這方面下手，他也只有一個政策工具可以使用，那就是稅後儲蓄報酬率。由米爾頓‧傅利曼或佛朗哥‧莫迪利亞尼等人研發出來的標準儲蓄理論，已認定其他政策因素並不重要，因為其他決定家計的因素，例如年齡、收入、壽命等，並非由政府所控制。政府無法改變你的年齡，但是可以改變你的存款稅後報酬率，例如推出退休儲蓄的免稅計畫，不過使用這項財務工具有個基本問題，就是經濟理論不會告訴我們儲蓄者對這項改變的回應程度。實際上，我們甚至無法確定讓存款免稅，是否會增加或減少民眾的退休準備金。

　　乍看之下，以免稅手段增加儲蓄的報酬率，應該可以增加存款總額，因為報酬率是隨儲蓄總金額呈正比，但是如果我們

進一步審視，便會發現報酬率增加表示儲戶只要用比較少的金額，就可以達到退休金儲蓄目標。若報酬率持續增加，有意存老本的投資人就可以用比較少的儲蓄來達成目標[1]。所以，經濟理論只提供一種政策工具，即稅後報酬率，但是我們並不知道該提升或降低稅率才能使民眾多存點錢。換而言之，這個工具沒太大用處。當然，實證測試可以告訴我們改變稅率會帶來什麼效果，但是這個議題也是到最近才有明確結論。史丹佛大學經濟學家道格拉斯・伯恩海姆在2002年對相關文獻提出了非常詳盡的檢討，並且指出：「關於徵稅及儲蓄等議題，經濟學家在對卷帙浩繁之文獻進行檢討的同時，不得不謙卑承認：即便要弄懂最基本的實證問題，也會遭遇相當的困難。」

評估改變稅法的效果所遭遇到的問題之一，是符合低稅率資格的投資人也必須同時滿足其他條件，例如將存款放到專戶，若退休前從專戶提款將衍生罰金。專戶可以透過下列兩項方式刺激儲蓄：首先，提前提款將產生罰金的規定，會給投資人留下資金繼續投資的誘因。其次，心理上已認定為「退休金存款專戶」的帳戶，會比一般儲蓄存款帳戶更容易讓人產生不去動裡面資金的念頭。事實上，美國推出避稅的退休金存款計畫後，這些計畫究竟是否增加了存款，或只是讓資金從課稅帳戶轉移到免稅帳戶，經濟學界有非常激烈的討論。我認為只有在最近才出現了非常明確的測試，我稍後會在本章後面闡明。

行為經濟學能夠對此議題，以及其他經濟政策議題提出更有力的見解，是因為它能涵蓋的面向更多。我在1994年撰寫

名為〈心理學和儲蓄政策〉的簡短報告，提出了三項擷取自行
為學思想的政策提案。前兩個提案針對當時熱門的儲蓄工具，
名為「個人退休帳戶」，簡稱為IRA（當「所得限額資格」趨
嚴，且由雇主申請設立的退休金制度，例如401（k）退休福利
計畫，IRA帳戶便漸趨式微）。在我撰寫該報告的那段時期，
個人可以每年將2千美元（夫妻則為4千美元）的金額存到這個
可規避課稅的帳戶。由於投入金額可以抵稅，那些邊際稅率為
30％，而且將最高金額2,000美元存入IRA帳戶的納稅人，便可
以減稅600美元。

　　IRA制度的問題在於，納稅人必須在提交納稅申報單以前
先在IRA帳戶內存錢。對很多納稅人來說，IRA的設計有個問
題：只有在他們完成報稅動作且繳交政府要求的稅費之後，才
有餘錢投入IRA帳戶。美國的納稅人在納稅後才可能有餘錢，
因為高達90％的納稅人可拿到大約每戶3千美元的退稅金額，
而這筆錢需要等上一陣子才會入帳。

　　我的第一個提議是，容許納稅人將按照去年所得所計算出
的當年度退稅金額，直接轉入IRA帳戶。根據我的計畫，納稅
人只須在報稅前設立IRA帳戶，就能直接要求國稅局將部分的
退稅金額匯入IRA帳戶，並且未來每年都比照辦理。

　　第二項提議的設計則是強化第一項。我建議政府調整財政
部計算預付稅款（以預扣納稅人薪資）的公式。這項公式可以
略做修改，讓納稅人到了年底可以拿到更高的退稅金額，除非
他們主動降低預扣稅款的稅率，端看個人選擇要不要降低。證

據顯示,當一般人獲得意外之財時(這似乎是納稅人領到退稅時的感覺,儘管可以領到多少退稅金額,其實已經是可以預期的數字),和一般性收入相比,他們傾向逾存下大部分的意外之財,尤其當這筆意外之財為數可觀時更是如此。所以,我的想法是,如果我們讓納稅人拿到更高的退稅,不論我們是否創造出更容易讓退稅直接匯入IRA帳戶的方式,都能刺激儲蓄成長,但是最理想的政策是雙管齊下,同時推行這兩項方案。

　　我認為增加預扣稅率可能會帶來另一項有益的副作用:大家比較會照規定來繳稅。我的想法是:很多納稅人認為退稅是利得,而補繳稅款是損失,一旦面對損失,他們在納稅時可能會「創意百出」。別忘了當人們有機會翻本時,他們傾向於在面對損失時押注冒險,最近瑞典針對四百萬筆退稅的研究已經證明了我的直覺正確。研究作者發現,如果納稅人被認定要開支票補稅,納稅人會大舉增加「就業收入所得的其他費用」做為列舉扣除額的減項。根據作者研究指出,該項目的金額較小(低於2萬瑞典克朗,或是折合美元為2,600美元),且多數為虛報。若納稅人的報稅資料受到審查(此狀況非常罕見),高達90%申報的項目會遭到否決。

　　我的第三個提議,包括簡單改變民眾加入由雇主提供之退休金計畫的方式,例如美國的401(k)退休福利計畫。基本上,我拋出的問題是:為什麼不改變預設的方式?在一般規則中,員工若有意願加入此計畫必須先填寫一大堆表格,選擇存款利率,決定要如何投資自己的錢,何不預設全體員工加入儲

蓄計畫，但是給他們退出的選擇權，並且告知他們該計畫的預設存款利率與預設投資產品？

　　經濟學家對最後一項提議做了斬釘截鐵的預測：這項提議不會帶來效益。這些預設項目根本是無關緊要的因素。轉成401（k）退休金福利計畫可以累積出龐大資金，從幾百甚至幾千美元不等，尤其如果（其實這很常見）雇主的供款能夠匹配個人供款。沒有經濟學家會讓填寫幾張表格所帶來的一點點不方便而妨礙如此高的金額入帳，要這樣做，就像是買了一張中獎的樂透彩券卻因為得在便利商店多花五分鐘的時間而不去兌獎。但是對一般人來說，填寫表格確實可能會讓人裹足不前，而自行選擇投資策略也可能會令他們膽怯，預設所有員工加入供款儲蓄計畫，確實能產生極大誘因促使他們改變儲蓄工具。

　　我之後意識到自己並不是第一個想到改變退休金計畫預設選項的人，有幾家企業曾經嘗試過，其中最有名的是速食連鎖巨人麥當勞。不過，當時此計畫的名稱不太好聽，在業界被普遍稱為「否定選擇」，而民眾對於名為「否定選擇」的退休金計畫實在是興趣缺缺。

　　發表這篇論文的幾年後，美國共同基金鉅子富達投資集團邀請我向客戶談談退休計畫。當然了，富達對這個主題之所以感興趣，其實是別有用意。因為美國各地企業早就從傳統的退休計畫，也就是讓雇員自行做所有決定，快速轉換成新的確定提撥制，為了因應上述趨勢，富達與其他諸多大型金融服務機構開始推出一系列新業務，為企業雇員提供各項退休計畫，並

且納入自家共同基金做為計畫中的投資選項。增加退休金帳戶的餘額，無論對企業雇員或對富達公司來說都是一件美事。

假如我能想出讓更多資金流入退休金帳戶的辦法，觀眾席上坐著的就會是數百家大企業的代表了，而這些大企業也非常願意放手一試。當然，我會呼籲各界將設定改為自動加入，不過如果還能夠想到其他新辦法其實也不錯。

與薛洛姆・班拿滋腦力激盪後（當時班拿滋是我的固定合作夥伴），我採取的策略是列出最重要的行為理由，解釋為什麼人們會無法存到足夠的錢退休，因此我設計了可以克服每項障礙的方式。如今當我想針對某些問題發想行為干預模式，我就會採用這套方法。最終，我列出了三項因素。

第一項障礙是惰性。研究顯示，加入退休金計畫的人認為他們應該存更多錢，也打算盡快採取行動，卻一再拖延，也懶得改變原本的儲蓄率。實際上，多數的計畫參與者很少變更存款選項，除非他們換了工作，而且被迫填寫一大堆表格。要解決惰性問題，自動化加入可發揮神奇功效。倘若我們可以讓民眾在一開始就選擇儲蓄率較高的退休金計畫，並且設定他們自動加入該計畫，那麼惰性就會從阻力成為助力。

第二個障礙是損失規避心態。我們都了解人們痛恨損失，尤其討厭看到自己的薪水數字下降。根據我們的公平性研究，也了解到在這個領域中，損失規避是以名目數字來估計，也就是並未經過通膨調整，所以如果可以想出某種避免讓員工感覺自己的薪水數字被削減的方式，他們就不會對增加儲蓄心生抗

拒了。

　　第三個障礙和自我控制有關。對此我們有個重大發現：當我們想到的是未來而非當下時，就會更有自制力，即使是接受美國心理學家華特・米歇爾的棉花糖實驗的孩子（在明天下午兩點拿到兩支棉花糖，或是在明天下午兩點十五分拿到三支棉花糖之間的決定）也不例外。不過我們都知道，同樣的選擇若是把時間改成今天下午兩點拿到兩支棉花糖，沒有人會願意等到兩點十五分，因為人們都傾向選擇當下。

　　我最後在富達會議所提的報告，標題名為「明天存更多」。背後的概念是給大家「現在」就決定「未來」要存更多的這個選擇權，明確地說，所謂「未來」就是指他們下次加薪的時候。他們可以持續參與這個計畫，直到選擇退出或是達到某個最高限額，將儲蓄率的增加和薪資成長綁在一起，就可以避免產生風險規避心態。讓他們做出未來生效的決定，其現時偏好的傾向就會降低，除非個人選擇主動退出，否則在退休金計畫自動運作的情況下，惰性反而會成為助力。就我對行為經濟學理論的了解，這樣的計畫應該會發揮效果，我天真自信地認為，參加這次會議的數百家公司中，總會有一家很快跟我聯絡，並且嘗試這個了不起的新點子，我也會開心地貢獻自己的想法，只要他們讓我和班拿滋評估後續發展，我將無償提供顧問服務，幫助有意嘗試這個想法的公司。

　　唉，我錯了。沒有任何公司跟我聯絡。自動加入退休計畫的設計也沒有造成更大迴響，即使為它改了個好名字。

　　自動加入退休計畫窒礙難行的原因之一，是企業不確定此舉是否合法。身兼律師和退休金專家的馬克・艾維出面幫忙，他當時是美國財政部官員，主掌美國退休金政策，而該政策由美國財政部和國稅局領導，以頒布一系列判決和公告，在401（k）退休計畫與其他退休儲蓄計畫中，同意且推廣自動加入的方式，所以艾維的確為企業實行這個新計畫鋪了路，不只取一個更好的名字，也給予此計畫合法地位（他可說是獨立作業，儘管我們之後彼此認識，也一起為其他的計畫攜手合作）。

　　但是，要在尚未證明其有效性的情況下推動仍然不容易。這個問題由芝加哥大學的同事，目前任教於哈佛大學甘迺迪政府學院的布莉姬特・梅德琳解決了。有一天，梅德琳飄進我的辦公室，向我展示她獲得的某些有趣結論，即使這些數字是她自己算出來的，可是它們實在太令人難以置信，因此她簡直不敢相信自己的結論。由於某個嘗試採用自動加入退休金計畫的公司詢問梅德琳是否可以請她分析這些資料，於是她和該公司職員丹尼斯・席亞一起分析，以驗證自動加入的設定是否奏效，結果令人非常驚訝，至少對接受傳統經濟學養成訓練的經濟學家梅德琳來說是如此。她原本認為這些預設選項是無關因素，應該不會有任何影響，事實顯示這個選項會帶來影響[2]。

　　這家公司自1999年6月採用自動加入設定，大約一年後這個概念得到了政府支持。梅德琳比較了1998年加入退休金計畫的員工，即自動加入新制推出的前一年，以及1999年新制上路

後加入的員工之間的差異，即使是原本毫無概念的員工，最後也都會了解到加入退休金計畫是個好主意，尤其是加入由雇主部分負擔的計畫，因此自動加入最大的影響是表現在民眾加入的速度。自動加入制度推出之前，只有49％的員工在第一年取得資格時加入計畫，雇主推出自動加入制度之後，比率上揚到86％，只有14％的員工選擇退出。原本看似不相關的因素，竟顯著地改變了行為。

梅德琳和席亞巧妙地將研究結果報告稱為「建議的力量」，而且他們的分析顯示了預設選項可能有其缺陷。任何採用自動加入制度的企業都必須先選定預設的存款利率，以及預設的投資組合。他們的公司以3％做為預設存款利率，而這筆錢流入了貨幣市場基金，此舉風險較小，但是報酬率也相對較低，表示儲蓄的積累速度會非常緩慢。政府是影響這兩個選項的背後原因。以貨幣市場基金做為預設投資選項時，企業的選擇相當有限，原因是當時美國勞工部只核准了一個選項，在那之後，勞工部核准了一系列稱為「合格預設投資選擇」，而且現在多數退休金計畫選擇的投資標的是股票和債券基金，並且在員工趨近屆齡退休時逐漸減少股票的比重。

選擇3％做為預設儲蓄率水準，也受到政府無心插柳的影響。在官方裁決中，例如由艾維提出的計畫，通常會包含某些特定事實的假設。1998年6月的裁決出現了下列文字[3]：「假設某企業自動讓員工加入退休金儲蓄計畫，且儲蓄率為3％……」從那時候起，多數採取自動加入制度的企業都將儲

蓄率設為3％，這個數字成了無心插柳的預設值。

　　這兩個預設選項，即投資貨幣市場基金和3％的儲蓄率，都不是由企業聽取建議後刻意設立的，上述選項之所以會出線，是為了降低企業被告的風險，但是員工似乎傾向於將上述預設選項視為企業聽取建議後所做的決策。多數企業最後都將儲蓄率定在3％的水準，並且投資於貨幣市場基金。

　　比較這些自動加入與之後參與員工的選項，梅德琳和席亞得到的結論是：在有選擇的狀況下，如果有其他投資工具，某些員工會選擇更高的存款率，尤其很多員工原本選擇6％的儲蓄率，也就是企業部分負擔的提撥率上限。自動加入制度推出後，選擇6％的人變少，而選擇3％的人則增加，這可說是自動加入制度的缺點，也是採用自動加入制度的企業應該推動「明天存更多」的好理由。

　　梅德琳的報告也提高了各界對自動加入效率的認識，卻依舊無人嘗試「明天存更多」計畫。後來，我意外接到班拿滋的電話。因為金融服務顧問聽布萊安‧塔博聽過我們的「明天存更多」計畫，也著手執行了該計畫，其實幾年前我們曾經與塔博聊到計畫執行上的問題，後來我將這件事忘得一乾二淨。塔博聯絡上班拿滋，表示自己有資料願意跟我們分享。開香檳盛大慶祝吧！我們終於拿到了可以分析的個案。

　　塔博任職的公司一開始出現一個問題，如果低薪員工不加入退休金計畫，企業就無法符合勞工部對於高薪員工福利比重的限制，倘若如此，任一員工貢獻的最高儲蓄金額就會減少。

塔博的客戶亟欲勸哄低薪員工增加退休金儲蓄，因此他們雇用塔博去跟每位員工做一對一的財務規畫對談，塔博帶了一台筆記型電腦，並且安裝可以算出每位員工應該有多少儲蓄金額的軟體。我想該公司是希望他可以說服員工，但是他們不只需要被說服，還需要一整套計畫。

　　這家公司的員工目前沒有存下很多錢，也並未累積豐厚的退休金。當塔博的財務軟體跑出他們的最佳存款率（經濟學家可能會選擇的水準），該程式通常也會建議企業所能允許的最高存款率，即15％。如果塔博建議某個目前存款率為5％的員工將存款率拉高到15％，對方可能會笑出來，因為多數人連收支打平都有困難，驟然拉高退休金儲蓄率，相當於大幅縮減能夠帶回家的可支配所得，這根本是不可能做到的事。

　　班拿滋與塔博努力規畫出一套折衷策略。塔博不直接告知員工這套程式跑出來的儲蓄率，而是建議員工應該較目前的儲蓄率再增加5個百分點，如果他們不願意接受這個建議，塔博就會讓他們參考「明天存更多」計畫。

　　我們給塔博這個備案對塔博和員工都有好處。幾乎四分之三的員工拒絕了塔博增加儲蓄率達5個百分點的建議，針對這些不情願的存款人，塔博建議他們下次加薪的時候讓儲蓄率增加3個百分點，並且在之後的四次加薪時也讓儲蓄率增加同樣的幅度，之後就可以停止增加儲蓄率。讓他驚訝的是，聽過上述儲蓄計畫的員工當中，高達78％的人願意採納他的建議，而某些尚未加入此計畫的員工則有意在未來數月加入。

　　過了三年半之後，歷經了四次一年一度的加薪，加入「明天存更多」的員工之存款率成長了近四倍，從原先少得可憐的3.5％，拉高到13.6％。在此同時，採納塔博建議並將存款率提高5％的員工，在第一年的存款金額也顯著成長，但是惰性讓他們停滯在那個水準。塔博在之後告訴我，上述情況發生後，他意識到自己應該一開始就對每個人介紹「明天存更多」計畫，請見圖表25。

　　有了這些研究結果，我們計畫對其他企業推銷這個想法，只要企業同意給我們資料分析，我和班拿滋都會盡可能提供協助，而此舉帶來了更多研究的執行計畫。我們從中學到了重要的一課，並且證實了我們的假設：員工參與率多半取決於儲蓄計畫是否淺顯易懂，以及加入計畫的過程是否簡易。塔博的方式非常理想，他讓每位員工了解自己的儲蓄狀況多麼糟糕，並且為他們指引一條明路，給他們簡單的計畫，至關重要的是，幫助他們填寫並交還必要的表格。遺憾的是，這種一對一親自示範的執行方式非常昂貴，某些企業試圖推出團體教育講座，這可能會有用，前提是要當場立刻加入，否則團體課的效果有限。如果只在計畫管理者的網站提供選項，也很難吸引某些懶惰又愛拖延的員工（也就是大部分人）加入為他們打造的計畫。於是，一個實際的解決方式是讓「明天存更多」這類計畫成為預設選項（當然也給參與者退出的選項），任何仍將初始預設存款率設定在3％的企業，應該將員工的儲蓄率拉高到上限，使其退休時可以拿到一筆優渥的退休金。在沒有其他收入

來源的情況下，我認為存下所得10％的金額會是勉強達到上述目標的最低利率，而15％會更保險。

如今自動加入制度和「明天存更多」終於變得風行。很多企業採用類似「明天存更多」的計畫，稱之為「自動升級」，該計畫讓存款率和加薪率兩者互相脫鉤，造成很多負責薪資的部門無法（或是不願意）透過電腦程式結合兩者。根據艾翁‧休伊特以大企業為對象的研究顯示，在2011年以前，56％的企業主採用自動加入制度，而51％則提供「自動升級」或是「明天存更多」。這些參與率數字提高的部分原因在於美國在2006年通過了《退休金保護法案》，給了企業小小的誘因去採用這

圖表 25 明天存更多？

參與者	起初	第一次 加薪後	第二次 加薪	第三次 加薪	第四次 加薪
拒絕財務 建議	6.6	6.5	6.8	6.6	6.2
採納財顧問 建議，拉高存 款率	4.4	9.1	8.9	8.7	8.8
加入「明天存 更多」計畫	**3.5**	**6.5**	**9.4**	**11.6**	**13.6**
拒絕「明天存 更多」計畫	6.1	6.3	6.2	6.1	5.9

些退休金計畫。

在一篇發表於近期《科學》的論文中，我和班拿滋估計到了2011年大約有410萬美國人會加入「自動升級」計畫。到了2013年，他們每年多存的金額將來到76億美元。英國最近推出國家性的儲蓄計畫，其中就利用了自動加入選項，截至目前為止，被自動加入的員工退出率大約為12%。現在已經有人在討論是否加入「自動升級」的選項。紐西蘭和澳洲也有類似的計畫。

我們常常被問到一個無法回答的問題，就是這種自動儲蓄是否真的能夠增加每戶的資產淨值。某些人認為或許一旦加入後，參與者會減少其他地方的存款或是承擔更多債務。目前有關美國家庭財富的數據不夠完整，既有數據都不適用於回答這個問題。由經濟學界新崛起的明星，哈佛教授拉吉・切提領導的美國與丹麥經濟學家研究團隊，透過丹麥的數據對這個問題提出了明確回答。他們能夠研究丹麥的資料，是因為丹麥政府有鉅細靡遺的家戶財富和所得資料。

丹麥的研究得到了兩項原則性結論。第一是由自動存款計畫存下的大筆款項，可說是「新」的。當某個人換到退休金計畫較為優渥的工作時，他也會從原計畫自動存更多退休金，既不會造成其他項目之存款減少，也不會導致負債增加。在一個由理性經濟人組成的世界，上述結論可謂出人意表，因為理性經濟人認為錢是具有可替代性的，並且也已經存到適切的儲蓄金額。所以若員工被迫或是在一處存下更多金額，勢必會減

少其他地方的儲蓄，抑或從其他地方借貸。至於第二項結論，則是比較自動加入與存入免稅帳戶這兩項因素的相對貢獻。配置來自這些計畫的新增存款來源時，作者只將1%的增幅歸因於減稅，其他99%來由自動功能。他們的結論如下：「總結來說，我們的研究發現產生了新的問題，即稅收補貼是否爲增加退休金存款的最有效政策。自動加入或是鼓勵個人增加退休金存款的預設政策，對於國民存款的影響較大，可是衍生的財政成本卻較低。」

2004年，即塔博首度執行實驗的幾年後，我和班拿滋執筆寫下我們的發現。這是我第一次在芝加哥大學簡報這番研究成果，而舉辦那場會議是爲了紀念在六十二歲英年早逝的舍溫·羅森，他也是我的指導教授。這篇論文的評論員是凱西·莫里根，本校經濟系僅存的少數芝加哥學派死忠成員之一。

我們論文的結果和莫里根信奉的許多理論大相逕庭。我們可以藉由調整看似無關的退休計畫設計讓民眾增加儲蓄，經濟學家則不會加入「明天存更多」，因爲他應該已經存下了足夠的金額，即便他加入，存款率也不會受到影響，因爲他可以調整其他地方的儲蓄，讓自己可以存到原已選定的最適金額。莫里根勉強承認我們似乎的確有能力施展魔法，也擔心我們只是在惡作劇，他認爲我們可能會耍花招，讓民眾存下過多的錢。當然了，假如一般民眾就如莫里根假設的那樣既聰明又理性，他們不會輕易被我們欺騙，然而我並沒有點破這一點，而是做出讓步，表示我們讓民眾存下的金額的確有可能超過經濟學家

估計的最適數字，可是由於美國目前仍處於低利環境，發生超額儲蓄的機率應該不高。為了以防萬一，存款比率達到某個上限時，存款的自動增加就會停止。

　　此外，就算某個家庭無法剛好命中理想的儲蓄目標，存太多總好過存不夠。我不是在越俎代庖，教導民眾應該如何安排自己一生的消費，想必也有不少守財奴過得並不好，只是想指出預測存款報酬率很困難，為退休儲蓄做後續調整卻很簡單。有些人在進入耳順之年時，親身體會到擁有豐厚的存款好處多多，不但可以提早退休，享受豪華度假行程，還可以寵愛自己的孫子。也有人到了六十歲才發現自己的存款不夠，也幾乎沒有時間彌補過去的不足，說不定還得無限期延後退休計畫。

　　凱西・莫里根以一個問題結束討論：「沒錯，看樣子你們是讓民眾存了更多錢。這難道不是一種『家長式領導』嗎？」

　　在芝加哥大學，你可以說某人是馬克思主義者、無政府主義者，甚至是國家美式足球隊「綠灣包裝工」隊的粉絲（前者是地主隊「芝加哥熊隊」的世仇），但是指稱同事有家長式作風可說是最殘酷的指控。我對莫里根的指控感到大惑不解，通常家長式作風會讓我們聯想到壓迫，或是當人們被迫對社會安全補助金做出貢獻，或是禁止買酒和毒品等，但是「明天存更多」是個自願性的計畫。我接著還說，如果這就是家長式領導，這一定是不一樣的家長式領導，我想破腦袋找出正確用字，勉強吐出：「我不知道，或許我們應該稱之為『自由意志主義的家長式領導』。」

　　此刻我心中暗忖，下次碰到哈佛大學法學教授凱斯‧桑思汀時，要跟他好好討論這個新詞。

---

① 經濟理論的確預測到了，若存款不用課稅，存款人累計的總存款金額將上揚。這不是在說儲蓄提撥會增加或減少，而身為社會的一分子，我們兩者都在意。我們打個比方。假設你賣掉舊車並買一輛耗油量是原車一半的新車，如果你是經濟學家，你會更常開車，因為駕駛成本下滑，但是你不太可能去買更多油。

② 梅德琳沒有存疑太久，很快便跟大衛‧萊布森以及一群作者輪流合作，複製並延伸原先的研究發現，現在她和大衛是退休金儲蓄計畫設計領域的傑出專家。

③ 艾維和他的團隊選擇3%，只是因為低存款率比較不會引起反對，因此至少可以用以建立指導原則。2000年，他的研究團隊試圖透過其他的當局裁定將存款率調至更高水準，然而一開始設立的基準已經很難改變。

第32章

推出你的影響力：走向群衆

後來再遇到桑思汀時，我告訴他本人創了個新詞「自由意志主義的家長式領導」。這個詞並不漂亮，可是他必須承認這可比他的「反反家長式領導」來得更有建設性，而且這個概念挑起了他的好奇心。

當時家長式領導的概念基本上一直在行為經濟學家的腦海裡。柯林·坎麥爾、喬治·羅文斯坦，以及馬修·拉賓攜手泰德·歐多諾修與法律教授山姆·艾薩卡洛夫，以相似概念卻同樣令人生畏的標題共同執筆發表一篇報告〈不對稱的家長式領導〉。他們是這樣定義這個概念：「如果某條法規為犯錯的人帶來極大好處，而執行該法規對於完全理性的人僅造成一點點傷害，或其實全然無害，那麼這條法規便是不對稱的家長式領導。」拉賓和歐多諾修之前創造了「謹慎的家長式領導」一詞，這次更大膽提出「最適家長式領導」概念。我們都試圖探究這個衆人逃避數十年之久的問題：如果民衆犯了系統性錯誤如何影響政府的政策？

彼得·戴蒙在2002年當選美國經濟學會理事長，並且負

責舉辦2003年1月的年會。彼得是行為經濟學早期的粉絲與貢
獻者，也藉此機會在以行為學為主題的會議上籌組了幾場座談
會，並且舉辦了關於家長式領導的座談。桑思汀和我寫了一篇
簡短的報告，介紹自由意志主義的家長式領導。報告頁數上限
不過五頁而已，桑思汀覺得這只能算牛刀小試，因此他將原先
的報告發展成一篇超過四十頁的合宜法律評論文章，我們將這
篇篇幅較長的報告稱為〈自由意志主義的家長式領導不是矛盾
修飾法〉

　　法律評論版本報告的初稿印出來後，乍看之下非常冗長，
有一天我問桑思汀是否想過要將它寫成專書。若我說桑思汀喜
歡這個想法，這只是輕描淡寫的形容，事實上，沒有什麼比出
書更讓他更開心的了。

　　這篇文章（及之後成書）的假設是，在這個日趨複雜的世
界中，我們無法預期一般人擁有專業知識，在被迫做決定時，
無論針對任何領域都能做出接近最佳解答的決定，但是就算我
們有時候會犯錯，仍然會喜歡擁有決定權。是否有任何方式可
以幫助人們在事件發生之前和之後，且不需要外部力量迫使人
們做任何事的情況下，能夠輕鬆做出自己視之為明智的決定？
換言之，到底我們能藉著將自己限制在自由意志主義的家長式
領導下達成什麼？

　　我們知道「自由意志主義的家長式領導」會激怒某些人，
不只是芝加哥大學的人不喜歡「家長式領導」這個詞，通常民
眾都不喜歡政府或任何人來告訴自己該做什麼。一般來說，家

長式領導的定義卻恰恰是這個意思，「自由意志主義的家長式領導」是冗長晦澀的詞，聽起來很矛盾，實情並非如此，至少我們的定義並非如此。我們可以藉由家長式領導試著幫助人們達成他們的目標。如果某人詢問你如何抵達最近的地鐵站，你會給他準確的路線，根據我們的定義，你的這番指示的確表現出家長式作風的樣子，而我們用「自由意志主義」做為形容詞表示我們志在幫助他人，而非限制他人選擇的自由①。

雖然我們喜歡「自由意志主義的家長式領導」，也可以捍衛選用該詞的邏輯，但是不認為它適合拿來當做書名，某位考慮採用本書提案的編輯建議「推力」一詞似乎可以涵蓋我們的寫作目標。出版商最終拒絕了我們的提案，不過我們也馬上抓到這位編輯對書名的想法，我們對這項禮物深為感激。

整體而言，我認為出版界對於出版此書的熱心程度，大概是在興趣缺缺到毫無興趣之間，最後我們商請一家聲譽卓著卻死氣沉沉的大學出版社幫我們出版這本書，之後我們了解到該出版社並不具備行銷能力，這本書若要接觸到廣大讀者群就得靠口耳相傳來加持（平裝書版權後來賣給美國和英國出版商，本書才得以在書店上架）。

我們的初衷絕不是宣稱「推力」可以解決所有問題。某些禁令和命令無可避免，社會必然需要規則和法條才能存在，我們要求讓孩子們上學（字裡行間的確是貨真價實的家長式領導），並且禁止人們彼此攻擊；交通規則也規定行車方向，各

國可自行決定駕駛應該左駕還是右駕，不過當英國人走訪美國時就不可以右駕；即使是徹頭徹尾的自由主義者也同意，你不應該因為討厭鄰居就把他殺死。因此在這些方面，我們的目標是受局限的，我們想看看在不必發號施令的情況下，推力能帶給他人多大程度的益處。

　　我們的假設非常簡單，因為常人畢竟只是人類，而非理性經濟人（這是我們在《推力》一書所創造的詞彙），人會犯下可預測的錯誤，如果我們能夠預期這些錯誤，就可以制定策略以減少錯誤發生。舉例來說，有些開車的行為，尤其是長途開車，可能會讓駕駛感到疲勞想睡，進而增加了跨越中線的風險，並且釀成車禍。為了避免意外發生，有些地方不但在分隔島畫線，還讓分隔島突起，讓車子在碰到分隔島時可以感受到震盪，將睡意睡意濃濃的駕駛弄醒（或許他們之後會暫時休息一下，或喝杯咖啡）。最好還設立減速丘跟反光標示，讓駕駛更容易在黑暗中看見導航。

　　用突起的分隔線做為比喻，更能凸顯一個批評本書的人似乎無法理解的概念：我們無意告訴別人該怎麼做，而是要幫助他們完成自己的目標。能夠堅持到第五頁，看見「推力」兩字的讀者會發現我們的目標是試圖「影響決策，如此人們在經過自己的判斷後，可以做出更好的選擇。」由於我們多次被指控自以為知道怎樣做對別人最好，因此在原版著作採用斜體字，或許我們應該改成粗體字或乾脆把字體放大。是的，我們確實認為多數人想要舒服地退休，可是我們要讓他們自己選擇，只

是想幫忙減少他們自己眼中的錯誤。

在《推力》一書中,有關減少錯誤最出名的例子來自阿姆斯特丹的史基浦機場。某個天才想到一個方法,可以讓男性在使用機場廁所的小便斗時,更注意自己射出的方向。小便斗裡有個家蠅的蝕刻圖像,根據機場管理者回報這些家蠅圖案減少了約80%的「飛濺」(真委婉的措辭)。我不知道關於蒼蠅圖案有效性是否有相關的詳細實證分析,這類圖案(包含各種主題)後來出現在世界各地的機場。在世界盃足球賽舉辦期間,畫了顆足球的球門圖案特別受歡迎。

對我來說,小便斗的蒼蠅已經成為推力的完美典範。推力是吸引我們注意力和影響行為環境的某些小功能。推力是對人類而非對理性經濟人有效,因為理性經濟人已經在做正確的事情。理論上,在我們做選擇時,推力只是一些不相關的因素。蒼蠅圖案例子進一步讓我清楚了解到,儘管桑思汀和我能夠識別好的推力,可是我們仍缺少一個有助於設計有效推力的組織原則。

重讀唐‧諾曼的經典著作《設計的心理學》時,我突然對上述的組織原則有了靈感。那本書有我所見過的最好的封面之一:茶壺的注水口和壺把位於同一側。你可以想像一下。重讀諾曼的書後,我發現可以運用他的許多原則來解決我們正在研究的問題。我最近買了我的第一支iPhone手機,它的裝置非常容易使用,而且不需要說明書。若我們能夠設計出「以用戶為中心」,可打造選擇多元化環境的政策呢?我們一度採用了

「選擇架構」一詞來描述我們想達成的事。耐人尋味的是，原先只是打算用這個詞彙來組織我們的想法，它卻幫助我們創造出用以檢視選擇架構原則的檢查表，其中有許多想法借用自人性化設計的相關文獻。設計良好的公共政策與設計任何消費性產品之間，其實有著許多相同之處。

　　既然有了一套自己的新工具，現在我們要做的重大選擇就是決定該將理論應用在哪些政策上。我們寫過的研究主題當中，有些相對容易，但是其他的仍需要我們近一步挖掘相關文獻，看看能否從中找出有用或是有趣的內容。有時候會走進死胡同。我們曾經起草了一篇關於卡崔娜颶風的研究，最後棄之不用，原因是我們只有一個勉強稱得上有趣的想法，而且這個點子也不是我們發現的。《紐約時報》專欄作家約翰·蒂爾尼曾經提出一個建議，可以鼓勵民眾在暴風雨來襲之前撤離到地勢較高的地方。蒂爾尼的想法是發給那些選擇留下、不願避難的人一些永不褪色的墨水，建議他們用這些墨水將自己的社會安全號碼寫在身上，如此在暴風雨過後，就會比較容易鑑定罹難者的身分。我們可沒想出過這麼好的點子。

　　在其他例子中，這項研究讓我們改變了對某些議題的看法。這方面的一個好例子是器官捐贈。當我們列出研究主題時，器官捐贈是首選之一，因為我們知道韋納·強森和丹尼爾·戈滋坦在這個領域所執筆的報告中發現預設捐贈（選擇性退出）為這個領域帶來了莫大影響。多數國家採取某種「選擇加入政策」，器官捐贈者必須採取一些積極舉措，譬如填寫表

格，才能讓自己的名字加入同意捐贈者名單。然而一些歐洲國家如西班牙，採取所謂「假定同意」的「選擇性退出政策」。你被假設同意捐贈器官，除非你明確選擇退出，並且將自己的名字放進「非捐助者」名單中。

強森和戈滋坦的論文研究結果顯示了預設選項的強大功能。在捐贈器官為預設選項的國家，幾乎沒有任何人選擇退出，但是在採用「選擇加入政策」的國家往往不到一半的民眾選擇加入！我們認為此一差別是簡單的政策處方所致：打開假定同意選項。然後我們進一步深究，發現事實證明多數假定同意的國家並不會嚴格實施該政策，反而醫護人員必須先詢問家屬是否反對死者捐贈器官。這個問題往往是在極大情緒壓力下提出，因為許多器官捐贈者可能是因為意外而突然死亡。更糟的是，家屬可能並不知道捐贈者的遺願，因為大多數人往往什麼都沒做。未曾填寫表格選擇退出器官捐贈計畫，並非本人意願的最佳指標。

我們得出的結論是，假定同意其實不是最好的政策。相反地，我們喜歡的是最近在伊利諾州（也適用於美國其他州）通過的修正版。當民眾更新自己的駕駛執照時，會被詢問是否願意成為器官捐贈者，只要簡單地問一句且立即記錄他們的選擇，就可以讓民眾註冊加入器官捐贈的行列（多數州政府以「第一人同意」的法律明智地結合這項政策，即如果捐贈者過世便應該遵照死者遺志，以免讓家屬在傷痛時刻仍須艱難地做出選擇）。在阿拉斯加和蒙大拿州，這個作法已經讓捐贈率超

過了80％。在器官捐贈研究文獻中，該政策被冠以「明令選擇」，我們在本書也採用此一詞彙。

我後來才知道選擇這個術語，竟造成令人遺憾的結果。本書出版一段時間後，我在《紐約時報》寫了一篇關於器官捐贈和伊利諾伊州倡導政策的專欄文章，繼續稱其為「明令選擇」。數週後，《今日美國》社論版的某位人士打電話給我，並跟我討論這項政策，因為該報打算為它背書。幾天後，我接到來自主筆的緊急電話。原來她曾經致電給負責這項政策的官員，而對方堅決否認有這項政策，我感到大惑不解，因為我最近才更新自己的駕照，並且被問及是否想成為器官捐贈者（我說願意）。後來的幾通電話解開了謎團，原來州務卿傑西‧懷特反對「明令」一詞，他表示沒有人被要求做任何事情，而技術上來說他是對的，被詢問是否願意成為器官捐贈者時，如果有人拒絕回答或是保持沉默，機動車輛管理局的官員會解讀為「不願意」。

事實證明，傑西‧懷特是聰明的政客，這位聰明的政客意識到選民們不喜歡規定②。學到命名重要性的教訓後，我將我偏好的政策稱為「提示的選擇」，這個詞彙更精確，也比較政治正確。跟人類打交道的時候，遣詞用字真的很重要。

---

① 儘管我們認為這個詞完全符合邏輯，卻不是每個人都同意我們的看法。某位法律教授以「自由意志家長式領導是矛盾修飾法」為題，寫了一篇評論文章。我想在網路上回覆他一篇不含任何內文，標題只有「並不是」這三個字的留言，不過桑思汀說服我這樣做無益於事。

② 他可能曾經和美國總統歐巴馬分享了這方面的智慧。歐巴馬健保法案有一個非常不受歡迎的功能被稱為「明令」。由於該法案禁止保險公司歧視曾經患病的投保人，因此需要設下一些規定，以防止投保人等到已經生病或遭逢意外後才買保險。為了解決這個問題，歐巴馬健保推出明令承保選項，但是政府也有其他方式來達成上述目標，例如，我自己偏好自動加入（和選擇性退出）與規定條款（即退保者在特定的時間段，例如三年內，不可以再加保）的組合。

第*33*章

英國政府的行爲洞察團隊

　　2008年7月，當我去愛爾蘭參加桑思汀與薩曼莎‧鮑爾的婚禮時，在倫敦逗留了幾天。儘管《推力》一書已經在美國上市數月，不過在倫敦上架的數量尚且不多，我一直無法明白出版商的出貨方式，可是我懷疑某個出低價得標的出貨商組成了帆船隊伍，以些微差距擊敗了另一組競標的大學賽艇隊。

　　有一位早早暗中取得這本書的特殊人物，名叫理查‧里夫斯。理查是稀有動物，雖然身懷絕學，但是既沒成爲終身教授，也不是專家分析師。當時他即將成爲智庫Demos主任，邀請我針對《推力》發表演講（理查現在已經搬到美國，並在華盛頓特區的布魯金斯研究院高就）。在我和理查會面前，他打電話給我，想知道我是否有興趣和保守黨（也就是托利黨）的領導階層會面，而提出這個請求的人是他的朋友羅漢‧席瓦，他也讀了《推力》並且爲之深深著迷。

　　當時我抱著高度懷疑的態度，不相信這種會議能產生什麼建設性結果。就我記憶所及，本人這輩子不曾在任何場合被描述爲「保守」。我會跟激進、麻煩製造者、煽動性、討厭鬼，

以及各種不適合出現在印刷品的形容詞扯上關係，但保守兩字
絕對跟我無緣。

　　不過，我心裡還是美滋滋的。「當然了。」我說：「把
我的號碼給羅漢，我很樂意和他談談。」羅漢幾乎立刻來電，
問我是否願意當天下午來訪，並和他的一些同事在國會大廈碰
面。對於自己和保守黨高層談話這檔事，我愈想愈迷惑，因為
那天是個難得溫暖且陽光普照的倫敦夏日，我身上穿的是牛仔
褲和T恤這般平常妝束。當時我對英國政壇一無所知，對英國
保守黨議員的印象是一群西裝筆挺的老人，還有可能戴著假
髮、穿著長袍。我告訴羅漢，我不認為自己的穿著適合出現在
國會大廈，但是他要我毋需擔心，他們都不拘小節，而且他在
電話中的聲音聽起來似乎相當年輕。所以我說：「好啊，何不
見個面？」

　　事實證明我對自己可能穿得不得體的擔心，就像對他們
的刻板印象一樣是毫無根據的謬誤。斯里蘭卡裔的羅漢・席爾
瓦當時二十七歲，總是讓人覺得上次刮鬍子至少是三天前的事
了。我唯一一次記得他居然把鬍子刮得乾乾淨淨，已經是過了
幾年之後在他的婚禮上。在這個小團隊中，稍微資深的夥伴是
不到四十歲的史蒂夫・希爾頓，我後來才知道，當時他身上穿
的衣服是他最喜歡的T恤與洛杉磯湖人隊球褲。我們在議員奧
利佛・萊溫的辦公室會面。當時有一小群保守黨議員，以四十
多歲的大衛・卡麥隆與喬治・奧斯本組成的領導小組馬首是
瞻，萊溫是其中一員。我沒有看到任何人戴假髮，好像只有萊

溫穿著西裝（保守黨執政後，卡麥隆爲英國首相，萊溫被任命爲內閣政府政策大臣，奧斯本被任命爲財政大臣）。

　　我發表了簡短的臨時演說，而該團隊似乎認爲我們在《推力》中提倡的公共政策辦法，能夠部分支持卡麥隆與奧斯本正在進行的保守黨品牌重塑。他們的目標是使該黨更加進步且更支持環保。會議結束後，羅漢和我繼續交談，我得知他曾經前往愛荷華州支持歐巴馬在2008年民主黨總統的初選，我對保守黨的印象因此幡然改變。

　　羅漢設法買到了十本《推力》，將書本堆放在桌上，鼓勵路過的人來看上一眼，在下批貨抵達英國之前，他可算是獨占英國市場的供應商了。有一天，未來的首相卡麥隆看到這批書，並且問《推力》是否正是他聽到某些人正在討論的書，於是羅漢建議他不妨一覽。顯然，卡麥隆挺喜歡他所讀到的部分，因爲他後來把這本書列入保守黨議員的暑期閱讀清單上，不過我強烈懷疑羅漢是推薦書單的第一起草者，因爲他的眾多職務當中，其中一個是「指定的閱讀者」。

　　我下一趟去倫敦是2009年的春天，當時新的英國出版商推出了《推力》的平裝本，我去英國是爲了參加出版商舉辦的行銷活動。由於之前的經驗，我很震驚地看到地鐵站旁邊的告示版，出現了以特大字體印刷「你今天被推了嗎？」（HAVE YOU BEEN NUDGED TODAY?）的廣告。後來在某個場合上，我被告知晚餐時坐我旁邊的人會是葛斯・歐唐納。我再次展示自己的無知，詢問歐唐納何許人也，其他人告訴我

歐唐納是內閣祕書長，英國職位最高的公務員。我之後還知道，因為他的名字縮寫與他被賦予的權力，大家常常稱他為神（GOD）。他基本上是這個國家的管理者，令人驚訝的是，他早就是行為經濟學的粉絲。

　　現在已經有爵士頭銜的歐唐納擁有亮眼的背景。他在牛津大學取得經濟博士學位，在那裡教了一陣子書，之後轉任公職。他在政府裡擔任過很多職位，其中最引人注目的是首相的新聞祕書。我從來沒有認識過任何一個經濟學家能擔任至少一天的新聞祕書，更不用說效勞對象是國家首腦。在經歷過幾個職位後，他最後成為英國最高階的公務員。美國沒有相當於英國內閣祕書的職位。我必須說，在我和葛斯及其繼任者傑若米・海伍德交涉後，我認為美國也應該設立同樣的職位。2010年5月的大選過後，沒有任何政黨贏得多數席位，政府像往常一樣運轉，在政客們忙著搞定由哪些政黨組成聯合政府之際，歐唐納則負責掌舵。

　　後來保守黨同意與自由民主黨組成聯合政府，大衛・卡麥隆將成為下屆首相，自由民主黨的領袖尼克・克萊格則擔任副首相，而克萊格挑誰做為他的首席政策顧問呢？理查・里夫斯，前文提及當時他即將成為智庫Demos主任，邀請我針對《推力》發表演講。同時，羅漢和史蒂夫・希爾頓成為首相的資深政策顧問，至於「資深」一詞是否適合不到三十歲的人，那又是另一回事了。他們的偉大計畫肯定包括重用行為科學，而葛斯・歐唐納則是推行該計畫的不二人選。拜訪倫敦的短短

數天中，我似乎不斷遇到認眞看待《推力》想法的人，而這些人也在思索是否能將本書的概念付諸實踐。

行爲洞察團隊計畫

卡麥隆和克萊格組成聯合政府後，羅漢就與我聯繫，新政府非常認眞地應用行爲經濟學（或廣泛地說是行爲科學），讓政府變得更有效率和效用。他想知道我是否願意幫忙，我當然回答沒問題。我們在微弱的希望中執筆寫了《推力》，就是期盼一些具備影響力的少數人能夠讀這本書，並且能從中擷取有用的政策想法。在那之後，桑思汀爲後來成爲美國總統的芝加哥大學法學院同事暨老友歐巴馬工作，而現在英國人也開始對這本書產生興趣。

靠著運氣、聰明才智和時機，大衛・哈爾彭獲選來主持這個尚未命名的計畫，他不僅是在劍橋大學任教的一流社會科學家，也是前英國首相東尼・布萊爾的戰略部首席分析師。此外，他還與人合寫了關於行爲學派方法如何運用於施政的報告，其中一篇論文是他在爲布萊爾工作時完成的，這意味著兩件事情：他擁有政府如何運作的豐富知識和經驗，並且具備超越黨派的公信力。這對建立一個提供公正資訊來源的團隊可說是至關重要。哈爾彭也迷人而謙遜，如果你無法與他打成一片，那麼有問題的一定是你。

在這趟行程中，這支團隊前往巴黎短暫拜訪心理學家奧

利維・奧利爾，試圖引發薩科齊政府對行為科學的興趣（薩科
奇為法國第23任總統，任期從2007年5月16日至2012年5月15
日）。在火車上，史蒂夫・希爾頓和我加入了新團隊命名的激
辯，史蒂夫想將團隊命名為「行為改變」，我覺得這聽起來有
個可怕的言外之意，大衛・哈爾彭和我為「行為洞察團隊」拉
票，這個名字最後總算雀屏中選。這番討論消磨了前往到巴黎
的大部分路途。羅漢把史蒂夫拉到一邊，勸他就範並且發出預
言：「不管我們對外選定的詞彙是什麼，團隊裡的每一個人都
得用『推力小組』一詞。」

　　下一次我去倫敦的時候，最初的小組已經正式成立，並且
在海軍拱門旁邊的不起眼角落設了臨時辦公室，距離唐寧街10
號和議會大廈只有幾步之遙。當時是冬天，倫敦被當地人所謂
的暴風雪襲擊，積雪約為一英吋，團隊臨時辦公室位於一棟建
材單薄的建築中，裡面不比外面溫暖多少。

　　行為洞察團隊的官方使命相當廣泛：在至少兩個主要政策
領域發揮重大影響、到政府各部門宣傳行為學方法，並且至少
讓該單位的回報率達到成本的十倍。基本的想法是透過行為科
學的研究結果，改善政府的運作。這項任務並沒有工作手冊，
我們必須現學現賣。在這次與隨後的訪問中，我常常與某些高
層政府官員、部門首長或次長會面，哈爾彭和其他團隊成員也
會加入。會議開始時，我們通常先詢問部門面臨哪些問題，然
後集思廣益，想想我們可以提出哪些幫助。這項專案若要成
功，唯一的方法是讓部門自行選擇議題，而非單方面對他們傳

道或讚揚行爲科學的榮耀。

　　我第一次參加的會議運作得非常順暢，很容易讓人誤以爲用行爲學改變公共政策簡直是易如反掌。英國稅務與海關總署官員尼克‧唐恩聽過行爲洞察團隊，也聯絡上我們。他的工作是向欠稅者收稅，對大部分英國納稅人來說，落入這種情況的風險其實很低，因爲雇主通過所謂的「即賺即付」制度先預扣所得稅。以鐘點工資和薪金賺取收入的人無須申報退稅，也不必另外繳稅。若是自雇，或有正常工作之外收入來源的人則必須申請退稅，並且可能面臨龐大的稅金。

　　對於那些必須申報的納稅人，繳款截止日是1月31日和7月31日。如果第二次付款沒在期限內收到，納稅人會先收到提醒通知，如若持續逾期不繳，隨後就會收到信件和電話，最終面臨法律行動。和任何債權人一樣，英國稅務與海關總署把討債機構或是法律行動視爲最後的手段，因爲此舉成本昂貴，而且會惹毛納稅人──別忘了納稅人也是選民。如果第一次提醒通知的公文可以更有力，那麼稅務海關總署官員就能省下不少錢。這正是尼克‧唐恩的目標。

　　他已經有了良好的開始。他讀過心理學家羅伯‧席爾迪尼的經典著作《影響力》。很多人都認爲丹尼爾‧康納曼是當代最重要的心理學家，我也很難不以爲然，不過我認爲當代最實用心理學家的頭銜，席爾迪尼則是當之無愧。除了席爾迪尼的著作，尼克‧唐恩也接受席爾迪尼旗下顧問機構的協助，幫他尋找對策，設法讓納稅人準時繳稅。

　　尼克的團隊已經開始進行試點實驗，催繳信函採用席爾迪尼聖經中的標準建議：如果你希望人們遵守一些規範或規則，告知他們多數人都遵守規矩①（如果爲眞）是個很好的策略。在《推力》一書中，我們提到明尼蘇達州成功地應用這個想法。在該研究中，政府寄信給欠稅人並設法讓他們繳稅，信件內容包括告知欠稅人稅金的用途，或是威脅要採取法律途徑。不過最有效的訊息僅僅是簡單地告訴欠稅人，超過90％的明尼蘇達州納稅人都按時繳稅。同樣方式也適用於英國。試點實驗的催繳信函中使用類似的語言，而結果似乎支持實驗假說。不過試點實驗無法以更科學、更嚴謹的方式完成，該實驗缺乏對照組，而且不同變數往往同時出現。尼克想要做更多，但是他缺乏相關訓練或人力來進行妥善的實驗，也沒有延攬外部顧問的預算。

　　在行爲洞察團隊的早期發展階段就可以遇見尼克，是我們的福氣。他已經相信行爲科學可以幫助他把工作做得更好，也願意進行實驗。實驗其實還算便宜，我們所要做的就是調整催繳信的用語，也不用擔心郵寄費用。最重要的是，微調催繳信的內容就有機會省下數百萬英鎊。行爲洞察團隊打算進行爲期兩年的計畫，並在這之後進行檢討，看樣子稅務實驗有機會帶來初步勝利，讓懷疑行爲科學用於政府政策是不值一哂且註定失敗的人閉嘴。

　　我們的初次會議，最終促成了三輪水平日益成熟的實驗。行爲洞察團隊的麥可・豪茲沃斯和一群學者進行最新的實驗，

樣本包括近12萬名納稅人，欠稅金額在351英鎊～5萬英鎊之間（積欠更多稅款的欠稅大戶則以不同方式來處理）。他們每個人都收到了催繳函，內容說明稅金的付款方式，除了控制條件以外，每封信還包括了一句具備推力效果的話，是席爾迪尼的「多數人都準時繳稅」基本主軸之變體。以下是一些例子：

> 英國絕大多數人按時繳納稅款。
>
> 在您的居住地，絕大多數人皆按時繳納稅款。
>
> 您目前是極少數沒有按時繳稅的人。

　　倘若你好奇為什麼要用「絕大多數」來取代更精確的「90%的納稅人」，這是因為某些催繳信是根據特定區域量身訂做，而行為洞察團隊無法確認90%這數字是否在每一區都是如此。這當中包含了一個重要觀念，即道德推力必須透明且屬實，這是行為洞察團隊恪守的規則[②]。

　　上述種種操作都對現況有所幫助，但是最有效的訊息結合了兩種情緒：1.大部分人都會繳稅；2.你是為數不多的欠稅者。這封信讓在二十三天內繳清欠稅的人數增加了超過五個百分點[③]。 由於在催繳信中多加一行字並不需要額外增加成本，這可說是個極具成本效益的策略。我們很難計算這樣做到底省了多少錢，因為多數人最後還是會乖乖繳稅，可是這項實驗讓高達九百萬英鎊的稅款較往常提前二十三天入帳。說不定從這個實驗學到的經驗，還可以讓英國政府省下足夠經費，用以支

與尼克‧唐恩的合作非屬典型。更多的時候，我們會先對部長或一些機構負責人推銷行爲科學的價值，然後再推銷進行實驗之必要。我發現自己得在許多會議上一再重複這兩件事，它們都快成了我們的隊呼。

一，如果你想鼓勵某人做某事，就得把它弄得容易一點。丹尼爾‧康納曼根據20世紀上半葉的著名心理學家庫特‧勒溫的研究，讓我學到了上述心得。勒溫將人們改變行爲的第一步稱爲「解凍」，而解凍的其中一種方法是移除阻止他們改變的障礙（不管這些障礙有多細微）。

二，我們不能進行沒有證據做爲基礎的政策，儘管許多關於行爲洞察團隊的宣傳，恰如其分地強調該組織透過行爲學的洞見來設計並改變政府運作，但是然而一個同樣重要的創新正是堅持不管在哪裡進行實驗，所有干預在測試時都會採用「隨機對照試驗」的黃金準則，這套方法通常用於醫學研究。在任一個隨機對照試驗中，受試者會被隨機分配接受不同的治療（在稅務研究中即催繳函的用語），包括沒有接受治療的對照組（在此就是指原來的措辭）。雖然這套試驗方式十分理想，卻不一定總是可行[4]。有時候研究者必須做出妥協，以便能夠將它運用於任何類型的試驗。下面的例子說明了這兩大原則的重要性，以及在大機構（公部門和私部門機構）進行實驗時遭遇到的實際困難。

有一次，我和行爲洞察團隊的組員與能源與氣候變遷部門

的代表會面。在那個禮拜開會很合適，因為議程是討論讓更多人為閣樓增加隔熱建材，而當地人習慣把閣樓稱為loft，而那個禮拜大家都在設法取暖。在理性經濟人的世界中，每個人都應該已經為閣樓增加隔熱建材，一年省下的電費便足以支付隔熱建材成本，但是英國大約三分之一的閣樓都沒有足夠的隔熱設計。該部門已經提出一項計畫，鼓勵懶得改裝的住戶不要再拖延，這項計畫提供房客和房東補貼，以鼓勵他們安裝隔熱材料以及節能產品，可是依舊沒有很多人認真採納這項計畫，因此行為洞察團隊承諾將另謀他法。

　　後來提出的干預計畫秉持著「讓事情變得簡單」的箴言。他們採訪屋主，並詢問他們明明可以省錢，為什麼不加裝隔熱設備，很多人的回答都是說太麻煩了，因為閣樓裡堆滿了雜物。行為洞察團隊建議安裝隔熱設備的私人企業應該提供隔熱設備安裝和閣樓清理的包套服務，如果屋主購買這項包套服務，就會有兩個人負責清空閣樓，並且協助屋主分類閣樓的雜物，在此同時，另一組人馬則忙著安裝隔熱材料。負責公司推出了兩套服務以供選擇：一套是特價（190英鎊），另一套則是安裝價（271英鎊）。這兩項是隔熱材料成本（179英鎊）之外增加的金額。

　　為了測試上述想法，他們做了項實驗，而結果顯示這項計畫可能會勝出。我說「可能」是因為數據非常稀少，因此有必要謹慎以對。為了節省預算，這筆交易只開放三個不同但相似區域的住戶，並且透過郵寄傳單的方式將訊息告知這些可能符

合資格的屋主。所有在特定區域的屋主都會收到同樣信函⑤，內容是提供折扣、零售，或是標準節能的清潔服務（後面這一組是對照組）。研究人員大約分發了2.4萬張傳單給這三區的每戶屋主。

　　不幸的是，這個實驗的主要研究結果是多數人不願意在閣樓安裝隔熱設備。不管是因為他們根本沒打開自己的郵箱，認為這此交易不具吸引力，或是非常享受從天花板飄進來的冷風，總之安裝的人非常少，只有二十八間閣樓新安裝了隔熱系統。不過這個實驗至少強烈暗示「清理閣樓」是很好的想法，儘管樣本數大致相等，只有三戶人家選擇直接安裝隔熱設備，十六戶人家則選擇包含便宜清潔服務的方案，九家選擇了較昂貴的方案，所以如果有人願意幫助他們清理閣樓，幾乎每戶都願意安裝隔熱設施。不過這個實驗的規模非常小，需要被複製以驗證實驗結果的可信度。就目前而言，我認為這個例子的可信度大概是落在科學實驗結果和漂亮的故事之間。

　　儘管團隊成員十分樂意複製實驗，可是整體低迷的採用率會讓研究部門不願意投入。我個人為什麼從行為洞察團隊的眾多研究方案中選擇了這個例子？首先，就勒溫的消除障礙原則來說，我從來沒有看過比這更好的例子，在這個案例中，移除障礙的作法可說相當明確。無論上述試驗後來是否會大規模複製，只要大家記得這個例子，它們也許能在其他情況下給予他人靈感。

　　其次，此例說明了隨機對照試驗的現場設計有哪些潛在的

隱患。這樣的實驗不但昂貴，很多東西都可能會出錯，在實驗室所進行的實驗常常因為人為因素而搞砸，支付給受試者的少量金錢可能就此付諸流水，實驗者通常有本錢可再試一次。此外，聰明的實驗者會進行低成本的初次試驗，藉此偵測任何實驗環境設計上的缺失，但是這很難運用在大規模的田野實驗，更糟的是，實驗者通常不可能到場，在進行每個實驗步驟時也不可能親臨現場監督。當然了，嫻熟於隨機對照試驗的科學家可以減少錯誤跟搞砸的風險，但風險永遠無法完全消弭。

　　儘管有種種挫折，我們仍得繼續運行試驗，繼續測試想法，因為我們沒有其他辦法能確認哪些因素是真正有效的。或許行為洞察團隊的最重要遺澤，就是在政府將想法付諸實現前鼓勵當局先進行測試。2013年，英國政府成立了一個「可行之道」網站，鼓勵透過測試來改善政府在各領域的效能，範圍從健康、犯罪防治到教育。每個政府，甚至任何大機構，都應該有類似的小組不斷測試新點子。我們也須實際看待這些測試的結果：不是每一個想法會都能成功。任何科學家都可以證明這個血淋淋的現實。

　　有一點很重要的是，各位得明白許多改進或許表面上看來非常微小：某些試驗結果帶來的改進只有1％或是2％，儘管如此也不應該因而嗤之以鼻，尤其是當干預幾乎沒有增加成本的情況下，更是不應該嗤之以鼻。確實，我們有可能落入競賽節目參賽者常遇到的「大花生偏誤」。就某些方案來說，增加2％的效果看起來並沒有什麼了不起，但是當賭注是數十億美

元的時候，微小比率的改變就不容小覷了。借用一位美國參議員的名言：「這裡十億美元，那裡十億美元，很快地你就會談到真正的錢。」

我們應該節制對於最後效果的期望，因為自動加入制度與「明天存更多」的成功，容易帶給人小小改變就能達到可觀成效的假象，可是實情並非如此，這些存款干預帶有三個重要因素，大幅增加了計畫成功達成既定目標的機率。首先，計畫設計者有很好的理由相信，有一部分的人會因為改變行為而受惠。在此情況下，對於幾乎或完全沒有存款以因應退休生活的人，自動加入退休金計畫是個順水推舟的選擇。再者，目標群眾必須認同這會是理想的改變。調查已顯示，多數員工認為自己應該要更節省。第三，改變可以是幾乎零成本的動作（以自動加入制度為例，改變根本不需要採取任何額外動作）。我把這樣的政策稱為「一鍵」干預，員工只要打勾同意就可以加入「明天省更多」方案，隨著時間的推移，此人什麼都不用做就能持續提升儲蓄率。

可惜的是，許多問題即使滿足前兩個條件，也不會有任何「一鍵」解決方案。舉例來說，對於某些比理想體重多出上百磅的人，減重是個好建議，多數在那種情況下的人都會同意這樣的評估，但是除了動手術之外，目前沒有其他更輕鬆的減肥方案。我一直沒能發想出能夠嘉惠自己或是其他人的「明天吃更少」計畫，長期來看，我們也知道多數飲食控制計畫都是失敗的。雖然我無法用「一鍵解決」應付所有問題，有些方案還

是可以設計出這樣的政策，我建議有志於實施新行為改變政策的人努力尋找可以「一鍵解決」的想法，在公共政策的世界，這些想法其實是唾手可得。

舉個具體的例子：如果政策目標是減少青少年懷孕，最有效的策略就是利用長期的可逆性避孕工具，如子宮內避孕器。接受試驗的性活躍年輕女性樣本顯示，這項工具的失敗率小於1％。子宮內避孕器的失敗率比起其他形式的避孕手段要低得多，植入該裝置後，便不需要下一步的動作。在所有尋求高成功率的行為干預手段中，可以一次完成的方式通常達成率最高。如果還沒找到一次性的解決方案，不妨自己發明一個吧！

在某些情況下，成功的干預只不過是提醒人們可能會忘記的事情。透過手機簡訊，這種類型已經有許多成功的例子，而這樣的成功也顯示，所謂推力不一定要很有創造力、很精密，或是得巧妙隱身。簡訊的形式簡單，而且直接提醒也可以非常有效。舉個來自健康領域的例子：一項在加納進行的研究中，非營利組織「創新扶貧行動」進行了幾個隨機對照試驗，目的是測試提醒服用瘧疾藥物的簡訊是否能夠幫助病患在整個療程中按時服藥。測試結果不只顯示簡訊提醒非常有效，還發現最有效的簡訊通常都很短，畢竟提醒本身才是最重要的資訊，而非其他額外資訊。

同樣的，教育領域中的研究凸顯了簡單文字提醒的有效性與彈性。該研究測量的是READY4K!計畫的效果。READY4K!計畫為針對學齡前兒童的父母定期發送優質教養內容的簡訊，

例如幫助孩童學習讀寫的技巧。這項研究結果顯示，無論是在家中或在學校，父母對學習識字的參與都因此而加深，學童的學習表現也隨之提高。

這種簡單的提醒就是個很好的例子，即使推力輕柔且透明，依舊能發揮相當的效果（簡訊提醒也示範推力在很多情況下原本就是透明的，沒有理由加上「順帶一提，這條短訊的目的是提醒你吃藥」這句廢話）。

行為洞察團隊通過了兩年一次的審查，2012年由內閣辦公室核准延續。由於團隊規模持續快速成長，看來有必要找個新家了。通風良好的原辦公室只是短暫的仁慈，財政部出借空間規畫而成的新家實在太小，無法支應該團隊需求，因此當局在2014年決定將行為洞察團隊民營化。該機構現在由內閣辦公室、旗下雇員和非營利組織國家科學技術與藝術基金會（NESTA，該機構提供團隊現在的工作空間）三分天下。行為洞察團隊與內閣辦公室簽訂了為期五年的合約，因此該機構可以獨立運作，不受2015年5月選舉結果的影響。如今行為洞察團隊已經成長到近五十人，除了支援英國許多公共機構，也逐漸開始幫助其他政府，包括瓜地馬拉令人振奮的稅務合規研究。

我插手介入英國行為洞察團隊的努力時，桑思汀忙著在華盛頓擔任「資訊與法規事務辦公室」主任（簡稱OIRA，其發音是「哦，艾拉」）。正式來說，1980年成立的資訊與法規事

務辦公室是白宮「管理與預算辦公室」的一部分，任務爲評估
政府新政策對經濟的影響，以確保新政策的施行是利大於弊。
雖然桑思汀並沒有權力或預算去進行隨機對照實驗，不過某種
程度來說，桑思汀可說在歐巴馬的首次任期中建立了單人版的
行爲洞察團隊團隊。

　　結束了四年的公職之後，桑思汀重拾教鞭，在哈佛法學院
任教。他在爲歐巴馬工作前就在哈佛教書，但是美國的推力議
題並沒有因爲桑思汀的離職而結束。2014年初，曾經是小提琴
神童的認知神經科學家瑪雅・尙卡爾博士加入陣營，在白宮設
立了一個小單位。瑪雅有勁量電池兔子望塵莫及的活力，還有
推動事物的不凡本領。在「美國科學促進會」的資助下，瑪雅
擔任白宮辦公室的科技政策顧問，在此崗位上，他肩負成立美
國行爲洞察團隊的使命。神奇的是，她在沒有任何政府授權或
資金的情況下，以不到一年的時間就達成了使命。

　　這個團隊的正式名稱爲「白宮社會暨行爲科學小組」，剛
開始只是個六人小組：包括瑪雅、兩名仍積欠學貸的研究員、
三名來自非營利智庫，也就是專事隨機對照試驗的「賈米爾貧
困行動實驗室」的北美分會成員，以及以行爲經濟學爲核心力
量的非營利組織ideas42。

　　團隊在第一年就參與了十幾項聯邦計畫中以行爲科學爲
基礎的隨機對照試驗，政策目標範圍從提升退伍軍人領取並使
用福利的人數，到幫助民眾還清學貸不一而足。該團隊的規模
也持續成長，聯邦政府最近爲其編列預算，以回應該團隊的初

期成功。由於聯邦政府和其他外部團隊的支援,在本書付梓之際,該團隊的成員人數已經增加了一倍。

其他國家也加入了此一行列。經濟與社會研究理事會在2014年發布的研究報告指出,世界各地已有一百三十六個國家在公共政策面納入行為科學,其中五十一國「已經發展出受到新行為科學影響的中央主導施政措施」。顯然行為科學的口碑越傳越廣了。

值得強調的是,這份研究報告的作者選擇了「行為科學」一詞來描述施政所運用的技術。行為洞察團隊的工作常常被曲解為奠基於行為經濟學,實際上,至少到目前為止,行為經濟學很少參與。這些政策工具和洞見主要來自心理學和其他社會科學,行為洞察團隊成軍的重點是運用其他社會科學的研究成果,以強化經濟學家所提的一般建議。如果大家堅持將任何政策都稱為某種經濟學,這將是對其他社會科學的嚴重貶低。

當有人要我為拙作《推力》一書簽名,我總是會加上一句「微調之道應從善。」推力只是一種工具,在我和桑思汀為這本書命名之前,推力早已存在。民眾可因推力而儲蓄退休金、增加運動量,或是準時繳稅,但是他們也會因為推力而申請次級房貸,並且將貸得的錢隨意揮霍。心懷不軌的企業或政府可以借用行為科學的研究結果,讓受到推力影響的人犧牲,藉此達到利己的目的,騙子並不需要讀我們的書就知道該如何拓展自己的業務。行為科學家有許多智慧能提供幫助,讓這個世界

變得更加美好，我們應借助他們的智慧，根據科學來細心選擇良性推力，然後對這些干預手段進行嚴格測試。

　　我可以很自豪地說，在ideas42的協助下，我的家鄉芝加哥剛剛推出了自己的行為洞察團隊。請鼓勵你自己的政府也這樣做，倘若未能做到，就可能會導致嚴重的行為失當呢！

---

① 有人把這個吸引人的策略解讀為「有條件的合作者」，本書第15章中已有討論。

② 當然，「透明」一詞的定義可能會有些含糊不清。如果沙拉吧放在自助餐廳的顯著位置（我可以自豪地報告，就像在芝加哥大學布斯商學院一樣），我不認為有其必另外張貼「放在顯著位置，就是要鼓勵你選擇沙拉放棄漢堡」的海報。同樣的道理也適用催繳信中的用語，沒有必要特別點出關鍵句，並且說我們插入的這些句子已提高收信者準時繳稅的機率，畢竟整封信的目的就是請各位準時繳稅。所以我對透明的定義是一切皆不隱藏，並在最後公布所有研究結果（凱斯‧桑思汀最近針對這項主題發表了報告，標題為〈推力倫理學〉）。

③ 你可能會問，二十三天是什麼魔術數字嗎？由於稅務與海關總署的電腦系統設定，欠稅人若在逾期二十三天後仍未繳交稅金，英國稅務與海關總署就會寄出催繳函，因為該署設立電腦系統的目的就是要監測是否有準時收到稅金。在政府機關做實驗，非常需要接受已經設下的限制。

④ 例如，據我所知，「明天存更多」從來沒有出現過「隨機對照試驗」，原因是我們永遠無法讓公司同意隨機挑選一些員工，讓他們

加入這些計畫,卻不給其他員工一樣的退休金計畫。我們最接近
的努力是讓一家公司旗下的兩個工廠進行不同計畫,並且和其他
二十六家工廠的員工做對照。儘管這些試驗並不完美,還是學到不
少東西,比如說關於教育訓練的價值。不過解釋這些試驗結果時必
須謹慎,因爲是否接受教育訓練是員工們的自行選擇。在政府和企
業機構內做實驗時,想當個純粹主義者根本不切實際。

⑤ 這樣的設計不算是純粹的隨機分配,因爲只有三個街區,會擔心
三區的細微差異可能會混淆結果其實是很合理的。

結語

接下來呢？

打從我開始在辦公室黑板上列出異例清單，迄今已過了四十多年，許多情況已不復當初。行為經濟學不再是邪魔歪道，論文中把研究主體視為真實人類也不再是錯誤作法，至少年紀在五十歲以下的大多數經濟學家是可以認同的，當了一輩子的學術圈叛徒，我總算逐漸習慣行為經濟學正朝主流之路邁進。這個領域已達高度成熟，以至於本書在2015年出版時，本人正在擔任美國經濟學會理事長，除非我遭到彈劾，而諾貝爾經濟學獎得主羅伯‧席勒將繼任我的職位，這下收容所全被瘋子把持了！

不過，發展以真實人類為核心且更加周延圓滿的經濟學，其建構工作還有很長的一段路要走。我想談談個人對未來的期待，並把重點放在「希望」。我還沒傻到膽敢預言一門學科將如何隨時間而演變，只能說未來發生的事必將出乎大家的意料之外。所以，與其妄加預言，我不如列出一份對該領域未來發展的願望清單吧，其中大部分願望得靠經濟學研究的生產者，也就是我的經濟學家同儕們來實現，也有些必須倚靠這些研究

的消費者，譬如經理人、政府官員、足球隊老闆，或是屋主。

　　展望經濟學的未來之前，我們似乎應該先盤點一下過往歷史。讓大家頗感意外的是，從行為學角度研究經濟學，受其影響最深的領域竟是財政金融，1980年時，沒人會預料到這樣的結果。事實上，這完全是不可想像的，因為經濟學家當時認為金融市場是最有效率的市場，在所有市場中，金融市場套利最容易，也最不可能出現不當行為。依本人的事後之見，行為金融學之所以花繁葉茂顯然有兩個原因：首先，行為金融學有具體而嚴謹的理論，例如單一價格法則。其次，研究者可取得用於測試相關理論的詳實數據，包括追溯自1926年的數千檔股票每日各項數值。除了行為金融學，我想不出任何其他金融學領域能找到像Palm或3Com公司如此悖反經濟學理論的案例（若市場會犯錯，金融市場就是最有機會賺錢的地方，才會有不少研究者的聰明才智都投注在鑽研可望帶來利潤的投資策略）。

　　當然了，不是所有金融經濟學家都放棄他們對效率市場假說的忠誠，但是他們確實認真看待行為學研究方法，以其理性派與行為學陣營的攻防戰，成為二十多年來金融經濟學文獻的主流論述。雙方的辯論若要有憑有據且（大部分來說）具有建設性，他們就必須聚焦在數據上。誠如尤金‧法馬常說的，當他被問及對我們的「異見」有何看法時，他如此回答：「我們同意那些事實，只不過我們不同意他們的詮釋。」事實是資本資產定價模型（CAPM）顯然已不適用於描述股價波動，一度被認為重要的貝他值似乎也不能解釋什麼，許多曾經被視為無

關的因素如今也被納入重要考量了，雖然它們之所以重要的原因猶有爭議。這個領域看來正逐漸聚攏成為我所稱的「證據本位經濟學」。我們當然會想知道，除了行為經濟學，還有哪些經濟學分枝值得一探，但是絕大多數經濟學理論並非源自於實證觀察，而是推論自理性選擇定理，無論這些定理是否符合我們對日常生活的觀察。一個理論若是建立在理性經濟人行為之上，就不可能有實證的基礎，因為理性經濟人根本不存在於這個世界。

大量悖離效率市場假說的事實，以及行為經濟學家在該領域內的強烈呼籲，在在使得金融學成為「看不見的手勢」受到最積極審視的領域。在一個公司部分事業市值竟可高於整體公司市值的世界，顯然再多看不見的手勢也不足以解釋事實真相。金融經濟學家已不得不認真看待「有限套利」，我們也大可稱之為手勢的局限。對於價格會在何時，以何種方式背離內含價值，以及妨礙「聰明錢」將價格拉回均衡水準的理由，如今我們已經有了更深入的了解（在某些情況下，立志成為「聰明錢」的投資人投身炒作行情，並且期望自己能比其他人更快獲利了結抽身，確實可比賭市場恢復理智賺到更多錢）。金融學也讓我們看到，以證據為基礎的經濟學能夠帶來理論的發展，正如孔恩所言，新發現始於異例，厚植證據本位的金融經濟學仍屬未竟之功，但是已經走在康莊大道上。經濟學的其他分支也該努力達成同樣的進展了。

若要說我最急切看到哪一個領域能夠善加運用重視實際的

行爲學研究方法，我得說那就是迄今爲止最不爲所動的總體經濟學了。對任何國家來說，貨幣與財政政策的宏大議題都攸關著全體國民的福祉，但是對人類本質的理解正是明智選擇政策的關鍵所在。凱恩斯透過行爲學角度研究宏觀經濟，可是這項傳統已失落多年，兩位力圖恢復上述傳統的知名學者喬治·艾克羅夫與羅伯·席勒，多年來一直在協助籌備國家經濟研究局舉辦的行爲總體經濟學年會，但是他們很難找到足夠數量的優秀總體經濟學論文來支撐議程（相較之下，我與席勒共同籌辦的行爲金融學雙年會，每次會議都能吸引到數十份內容紮實的論文投稿，很難從中選出六篇在研討會上用），艾克羅夫和席勒最後不得不放棄這項努力。

　　我們之所以未能看到眾多行爲經濟學家從事總體經濟學研究，原因之一或許是這個領域缺乏兩個爲行爲金融學帶來成功的關鍵成份：相關理論並未提出容易被證僞的預測，而且研究數據相對稀缺，表示存在於金融學的「確鑿」實證證據，在這個領域依舊不見蹤影。

　　或許，更重要的是經濟學家們對於2007年～2008年金融危機這類事件發生時究竟該如何應對，就連最基本的建議都沒有共識。左派採用凱恩斯主義觀點，認爲政府應該趁高失業率與低（或負）利率同時發生之際，進行基礎建設的投資；右派則擔心這類投資恐流於浪費，而國債高築將導致預算危機或通貨膨脹。後者相信減稅能刺激增長，凱恩斯信徒卻主張公共支出才能刺激增長，雙方陣營互相怪罪對方拖累經濟復甦──撙節

支出不是做得太多，就是做得太少。既然我們不可能要政府隨機選擇對抗景氣衰退政策，為了隨機對照試驗能夠持續進行，雙方的爭論可能永無終結之日（一些「自然」試驗，例如柏林圍牆倒塌也為我們帶來了助益，因而得以比較市場經濟與計畫經濟的優劣）。

對「理性」總體經濟模型的核心構成要素缺乏共識，並不意謂行為經濟學原理對於宏觀政策議題毫無裨益。即便沒有清晰明確的假設可依據或反駁，行為學觀點依舊能夠為總體經濟議題添增層次，蒐集的證據也不必要非得是鐵證。

一個亟待行為學分析的重要總體經濟政策，就是如何打造能夠提振經濟的減稅方案。無論減稅的動機是出自凱恩斯主義，即增加商品需求，或是出自於供給方，也就是讓「職缺創造者」來創造更多工作機會，行為學分析或多或少都會有所幫助。已有重要的行為學研究結果顯示減稅方式所造成的影響，然而其細節在任何理性架構中都被看成是無關的因素。若促使政策制定者提出減稅方案的原因是凱恩斯主義，那麼他們的目的是希望盡量鼓勵消費支出行為，這時候他們應該考慮到一個原本認為無關的因素，退稅應該一次給足或在一年內分多次給，若缺乏建立在證據之上的消費者行為模型，上述問題根本不可能找到答案（若目標設在刺激消費支出，我的建議是分成多次給[①]。一次給足的退稅可能會變成存款，或被用於償還貸款）。

同樣問題也可套用在供給方的減稅。假設當局考慮為把

錢匯回美國,而非為了避稅而把錢囤積在海外分支的企業提供租稅假期。為了設計和評估該政策,我們需要一個證據本位模型來告訴我們,企業將如何運用這筆因免稅而省下的錢,會用於投資、退回給股東,或是跟許多美國企業一樣在金融危機爆發後持續囤積現金?更廣泛地來說,除非我們深入了解真實企業,意即由人類經營之公司的行為,否則我們無法準確評估重要公共政策措施的影響。對於這一點,我稍後會做進一步的闡述。

另一個亟需透過行為學檢視分析的宏觀問題是,鼓勵民眾創業的最佳方式究竟為何(尤其是鼓勵那些成功機率較高的)?右派經濟學家傾向於強調,降低高收入者的邊際稅率是促進經濟成長的關鍵;左派經濟學家則傾向於推動對特定產業的補助(譬如清潔能源這類當局有意鼓勵的產業),或放寬小企業管理局的貸款資格。小企業管理局的使命正是鼓勵新企業的創生與興旺,但是各種立場的經濟學家與政治人物都支持政府減少對小企業的管制,因為遵守這些管制的成本不菲。以上種種政策都值得深思熟慮,我們卻極少聽到經濟學家討論若新事業失敗,當局該如何為創業者緩和風險,畢竟創業失敗機率若非過半,也至少有五成[2]。我們知道人類對損失比起對獲得更有感覺,所以這個問題或許應該是個重要考量。下面這段從即興電視訪談引述的話提供了建議(所以各位請別介意文法不夠標準):

　　這個國家該做的，是為失敗提供較柔軟的緩衝墊。因為
那些右派說創造職缺的人需要更多減稅，而且他們因為承受風
險，也需要更高的報酬……但假如你不敢離職創業，因為你的
健康保險都押在這份工作上呢？……我們為什麼不能推銷這個
理念，說在這個國家追求成功不必冒著付出沉重代價的風險，
而風險帶來的傷害需要被減低？

　　上述想法並非來自經濟學家，更非行為經濟學家，而是來
自《每日秀》主持人，也就是喜劇明星喬恩・史都華。他在訪
問曾任歐巴馬總統經濟顧問委員會主席，也就是我的芝大同事
奧斯騰・古斯比時，說了以上這番話。經濟學家實在不應該靠
新聞評論節目主持人來指出，設法降低失敗的成本會比為年收
入超過25萬美元的人減稅要來得更有助於鼓勵創業，尤其是當
97%的美國小企業主收入不及於此。

　　行為總體經濟學雖然名列我的願望清單榜首，實際上，
經濟學的每個領域都能在深入審視人類主體所扮演的角色中獲
益。除了金融學，發展經濟學或許也是個行為經濟學家能發揮
更多影響力的領域，部分原因在於重振這個領域的功臣，是一
大群運用隨機對照試驗在貧窮國家測試其概念的經濟學家。一
些非洲窮國不會在短時間內蛻變成瑞士，我們仍舊可以透過一
次一項試驗，從中學到如何讓世界變得更好。

　　我們需要更多證據本位的經濟學，無論是在理論上，抑或

實證上。展望理論對行為經濟學而言，當然是潛在性的證據本位理論。康納曼與特維斯基最初從蒐集人類真實行為的相關數據著手（從自身經驗出發），然後建構出旨在簡單扼要描述這些行為的一套理論。期望效用理論則截然相反，它是關於選擇的規範性理論，衍生自理性定律。展望理論經歷了反覆且嚴謹的測試，研究人員採用的數據取材廣泛，從競賽節目參賽者、專業高爾夫球選手，到股市投資者的行為等。新一代的行為經濟學理論專家，包括尼古拉斯·巴伯瑞斯、大衛·萊布森，以及馬修·拉賓也是先從事實出發，然後才推衍出理論。

　　為了建構新理論，我們需要新的事實。好消息是如今我在頂尖經濟學期刊看到了不少頗具創意的證據蒐集。從發展經濟學領域出發，蓬勃發展中的隨機對照試驗充分展現了這個趨勢，顯示實驗如何為經濟學家添增了研究利器，而在此之前經濟學家通常只有一項工具可用 —— 金錢誘因。不過，就如各位在本書所見，對所有金錢一視同仁看待且將之視為人類動機的主要驅力，並不全然符合我們的真實世界。

　　由經濟學家操作的實地實驗，真正能發揮影響力的一個好例子是教育領域。對於如何讓孩子們在學校學到最多東西，經濟學家尚未提出任何理論（除了營利性學校已施行最佳教學方法的這個明顯錯誤假設）。一個過度簡化的想法是，我們可以透過給予父母、教師或孩子們金錢誘因來提升學生表現，遺憾的是幾乎沒有證據可支持這種誘因的有效性，不過有些細節反倒能夠發揮影響。舉例來說，羅倫·佛萊爾的一個有趣研究

結果指出，獎勵學生的輸入（譬如做功課）而非產出（譬如成績）是有效果的。我覺得這項研究結果一看就很吸引人，因為最需要幫助的學生其實並不知道如何提升自己的程度，獎勵他們投入於教育者相信能夠發揮效益的事物，自然是合理的作法。

另一個有趣的研究結果，直接來自行為經濟學家的設定腳本。佛萊爾、約翰・里斯特、史帝芬・列維特，以及莎莉・賽道夫組成的研究團隊發現，獎勵金的給予方式會對教師們造成莫大影響，若規定未達目標必須返還獎勵金，在學年一開始就收到獎勵金的教師，其學生表現的進步幅度明顯高過那些目標相同但學年末才能視情況得到獎勵金的教師（這項發現有個要特別注意的地方，就是收回獎勵金會讓教師們非常不高興，原因之一是職場上幾乎沒見過「負數」獎勵金。把錢收回去可能會被認為「不公平」）。

第三個實驗結果距離傳統金錢誘因就更遠了。它來自於英國研究團隊最近做的一項隨機對照試驗，採用的是日益流行且低成本的簡訊提醒。研究人員在數學科大考的前五天、前三天，以及前一天傳簡訊給學校半數家長，讓他們知道自己的孩子該準備這項考試。研究人員稱此方法為「預先告知」。另一半的家長則完全沒有收到任何通知簡訊。結果，這些簡訊提升數學測驗成績的程度相當於額外多上一個月的課，而且程度位於最後四分之一的學生獲益最多。相較於控制組，這些學生的進步程度相當於額外多上兩個月的課。這項試驗結束後，家長

與學生們都說他們希望該作法能持續下去，顯然他們挺樂意被輕輕推一把。試驗結果顯示，所謂推力必須祕而不宣才能發揮效果的流行說法非但沒有任何證據支持，如今也證明根本是錯的。

公立學校就和貧窮國家的偏鄉一樣，對實驗人員來說是個充滿挑戰的環境。然而我們從如何教育孩子，讓他們保持學習動力當中學到的重要教訓，應該也能鼓舞教育界和發展經濟學之外領域的人努力蒐集真實數據。田野實驗或許正是我們為證據本位經濟學蒐證的最大利器。

如何在日常生活中應用行為經濟學？

我對非經濟學家也有類似的期待。學校是歷史最悠久的社會機構之一，我們卻顯然還沒想出如何為孩子們提供完善的教育。我們必須透過實際試驗來找出改進之道，卻才剛剛開始由此著手。至於那些比學校更年輕的機構，例如現代企業，我們又該抱持什麼想法？有理由可自認為已掌握經營企業的最佳方式了嗎？現在每個人，無論經濟學家、政府官僚、學校教師或企業領導，都應該體認到他們生活在一個由真實人類構成的世界，並且將優秀科學家所運用的數據導向研究方法引援至工作與生活之中。對行為經濟學發展過程的參與，使我從中學到一些適用於各種情況的基本觀念，只要運用時足夠審慎。以下就是我學到的三件事。

　　首先，細心觀察。行為經濟學始於簡單的觀察。假如碗就放在附近，我們可能會順手吃掉太多腰果。此外，常人有其心理帳戶，對於金錢並非一視同仁看待。人類是會犯錯的，而且還會出不少錯。之前的引述可換個方式來說：「環顧四周，盡是常人。」當傳統智慧犯錯，推翻它的第一步就是睜大眼看看周遭的世界，看清它的真實樣貌，而非其他人一廂情願認為世界該是什麼模樣。

　　第二，蒐集數據。故事有其力量，能常駐人心。這就是為什麼本書講述了許多故事。不過，個人軼事也只能當成補充說明，要完全說服自己，更別說取信於他人，我們得改變作法，也就是蒐集數據，而且是大量的數據。誠如馬克・吐溫所言：「讓你陷入困境的並非是你所不知道的事物，而是你自以為知道的錯誤判斷。」一般人之所以過度自信，是因為他們向來懶得費心記錄自己過去的錯誤預測，可怕的確認偏誤更是助紂為虐，導致他們只尋找能夠支持其假設的證據。抵禦過度自信的唯一方法就是有系統地蒐集數據，特別是那些能夠證明自己錯誤的數據。就如我的芝大同仁琳達・金索對學生的一再告誡：「沒寫下來的，就不存在。」

　　此外，絕大多數組織機構對於「學習如何學習」都有著迫切需求，而且也為了累積知識投身於這項學習，至少表示他們必須嘗試新事物，隨時追蹤現況發展。如果還能實際進行試驗就更好了，倘若組織裡沒人知道如何設計周全的實驗，就聘用一名當地的行為科學家吧，他們比律師或顧問便宜多了。

　　第三，勇敢表達。組織的許多缺失原本是可以輕易避免的，只要有人願意直言告知頂頭上司事情出差錯了。一個最鮮明的例子來自於高風險的商業航空世界。矢志減少人類犯錯機率的葛文德在他近期出版的著作《檢查表》記錄了這個例子。1977年，超過五百人在跑道的飛機相撞意外中喪命，就因為荷蘭航空的副駕駛不敢質疑機長，也就是「老闆」的權威。荷航機長聽錯指令，不知道另外一架飛機仍在跑道上，於是加速準備起飛，副駕駛曾試著警告機長，可是後者沒多加理會，於是副駕駛便乖乖閉上嘴巴，直到兩架飛機相撞。葛文德將事件緣由診斷為組織失敗：「他們並未針對這樣的時刻做好防範準備，沒能採取步驟組成團隊，結果就是副駕駛從不認為自己有阻止機長並釐清狀況的權限，更別說責任，機長反而被容許一意孤行、害死所有人。」

　　另一個例子則來自強・克拉庫爾在《聖母峰之死》中生動地記錄一場山難。經過了幾週的適應期，一行人在史考特・費雪與羅伯・霍爾這兩名探險隊嚮導的帶領下緩緩走向高海拔基地營。他們一再強調若沒能在預定時間下午一點前抵達山巔就必須立即原路返回，但是這兩名嚮導卻都在違反自己的規定後喪命，隊員之中沒有一個曾試圖介入或提醒他們遵守自己立下的規定。這兩個例子都顯示，有些時候即便對象是你的老闆，你依然必須挺身而出，對迫在眉睫的災難發出警告。

　　行為經濟學的形塑過程，包含了勇於向經濟學界至尊們大聲說出超理性模型的不切實際之處。我不能鼓勵所有人都跟

我一樣踏上高風險的事業路途，畢竟本人當時的處境不同於一般，我十分幸運地在天時地利人和之際，認識了康納曼與特維斯基。再說，我的論文指導教授曾坦率直言，本人的經濟學家前途並不光明：「我們對他沒什麼期待。」機會成本低的時候，直言不諱倒是值得的一試的冒險，特別是當你所投入的課程就跟我曾經修過的同樣有趣時。但是，有些人若甘冒大不諱說出個人觀點可能會遭到開除，這時候我們就不能期待他們冒險了。優秀的領導人能創造出一個環境，讓員工覺得依證據來做決定必定能獲得獎勵，無論最後的結果爲何。理想的組織環境可鼓勵每個人細心觀察、蒐集數據、毫無保留說出看法，創造這種環境的老闆唯一要冒的風險是：自我被打出幾處瘀青，不過與激發新想法、降低災難發生機率的收穫相比，這只是個微不足道的代價。

雖然我在本書中不時批判經濟學家，但是我對經濟學的未來其實充滿樂觀期待。有一個特別令人振奮的跡象是近年來許多不將自己歸類爲「行爲學派」的經濟學家，發表了品質一流的行爲經濟學論文。這些經濟學家做了扎實的實證研究，不管最後結果將如何。先前我已提過兩份這類論文，即賈絲汀·海斯亭斯與傑斯·夏皮洛針對汽油所做的心理帳戶研究，以及拉吉·切提與其團隊研究丹麥的退休金儲蓄數據。各位還記得切提的團隊發現，賦稅減免這項經濟誘因對民眾的實際行爲毫無影響，眞正發揮絕大多數影響力的因素反而是預設儲蓄率這類

方案的選擇。換句話說,值得關注的正是那些原本以為無關的因素。切提的團隊已在許多研究中發現,行為學可深化我們對公共政策的理解,這份退休金儲蓄研究僅僅是其中一例。

當所有經濟學家都同樣敞開心胸,願意把理性模型視為無關的因素都納入重要考量時,行為經濟學領域便將不復存在。所有經濟學家都會依照需要,引入行為科學的觀察角度,而那些不願離開僅有理性經濟人存在的想像世界,堅持繼續負隅頑抗者,最後揮舞的絕非看不見的手勢,而是投降白旗。

---

① 就連減稅的名目也是重要影響因素。尼可拉斯·艾普利等人在 2006年共同發表的研究指出,倘若減稅被稱為「津貼」而非「退稅」,民眾就會更傾向於花掉這筆錢。

② 當然了,不是每個人都應該被鼓勵成為創業者。許多人一開始就對成功機率懷抱不切實際的期望:絕大多數創業者相信自己的成功機率遠超過平均,三分之一左右的創業者相信他們鐵定成功(參考 Cooper、Woo與Dunkelberg在1988年共同發表的論文)!或許小企業管理局應該為初出茅廬的新老闆們提供基本比率的相關訓練,以免任何人變得過度自信。

Eurasian Publishing Group
圓神出版事業機構
用心閱讀對話・視野無限寬廣

先覺出版社
Prophet Press

www.booklife.com.tw   reader@mail.eurasian.com.tw

商戰　148

不當行為：行為經濟學之父教你更聰明的思考、理財、看世界

作　　　者／理查・塞勒
譯　　　者／劉怡女
發 行 人／簡志忠
出 版 者／先覺出版股份有限公司
地　　　址／台北市南京東路四段50號6樓之1
電　　　話／（02）2579-6600・2579-8800・2570-3939
傳　　　真／（02）2579-0338・2577-3220・2570-3636
總 編 輯／陳秋月
主　　　編／莊淑涵
責任編輯／鍾旻錦
校　　　對／莊淑涵・鍾旻錦
美術編輯／黃一涵
行銷企畫／吳幸芳・荊晟庭
印務統籌／劉鳳剛・高榮祥
監　　　印／高榮祥
排　　　版／陳采淇
經 銷 商／叩應股份有限公司
郵撥帳號／18707239
法律顧問／圓神出版事業機構法律顧問　蕭雄淋律師
印　　　刷／祥峯印刷廠
2016年6月　初版
2024年4月　33刷

Misbehaving: The Making of Behavioral Economics
Copyright © 2015 by Richard H. Thaler. All rights reserved.
Published by arrangement with Brockman, Inc.
Complex Chinese edition copyright © 2016 by Prophet Press, an imprint of Eurasian
Publishing Group.
All rights reserved.

定價440元　　　　ISBN 978-986-134-277-1　　　　版權所有・翻印必究

◎本書如有缺頁、破損、裝訂錯誤，請寄回本公司調換　　　　Printed in Taiwan

當所有經濟學家都同樣敞開心胸，願意把理性模型視爲無關的因素都納入重要考量時，行爲經濟學領域便將不復存在。所有經濟學家都會依照需要，引入行爲科學的觀察角度，而那些不願離開僅有理性經濟人存在的想像世界，堅持繼續負隅頑抗者，最後揮舞的絕非看不見的手勢，而是投降白旗。

—— 理查·塞勒，《不當行爲》

◆ **很喜歡這本書，很想要分享**

　　圓神書活網線上提供團購優惠，
　　或洽讀者服務部 02-2579-6600。

◆ **美好生活的提案家，期待為您服務**

　　圓神書活網 www.Booklife.com.tw
　　非會員歡迎體驗優惠，會員獨享累計福利！

國家圖書館出版品預行編目資料

不當行為：行為經濟學之父教你更聰明的思考、理財、看世界／
理查·塞勒（Richard H. Thaler）著；劉怡女 譯.
-- 初版. -- 臺北市：先覺，2016.05
464面；14.8×20.8公分. --（商戰；148）
譯自：Misbehaving : the making of behavioral economics
ISBN 978-986-134-277-1（平裝）
1.經濟學 2.行為心理學
550.14   105005574